国际贸易理论的
传承与发展

GuoJi MaoYi LiLun De ChuanCheng Yu FaZhan

赵春明　等著

中国财经出版传媒集团

经济科学出版社
Economic Science Press

图书在版编目（CIP）数据

国际贸易理论的传承与发展/赵春明等著．—北京：
经济科学出版社，2017.3
ISBN 978 - 7 - 5141 - 7809 - 8

Ⅰ.①国… Ⅱ.①赵… Ⅲ.①国际贸易理论 - 研究
Ⅳ.①F740

中国版本图书馆 CIP 数据核字（2017）第 040595 号

责任编辑：王柳松
责任校对：王苗苗
版式设计：齐　杰
责任印制：邱　天

国际贸易理论的传承与发展

赵春明　等著

经济科学出版社出版、发行　新华书店经销
社址：北京市海淀区阜成路甲 28 号　邮编：100142
总编部电话：010 - 88191217　发行部电话：010 - 88191522
网址：www. esp. com. cn
电子邮件：esp@ esp. com. cn
天猫网店：经济科学出版社旗舰店
网址：http://jjkxcbs. tmall. com
北京万友印刷有限公司印装
710×1000　16 开　17 印张　320000 字
2017 年 3 月第 1 版　2017 年 3 月第 1 次印刷
印数：0001—2000 册
ISBN 978 - 7 - 5141 - 7809 - 8　定价：46. 00 元
（图书出现印装问题，本社负责调换。电话：010 - 88191510）
（版权所有　侵权必究　举报电话：010 - 88191586
电子邮箱：dbts@ esp. com. cn）

目　录

第一章

早期贸易思想的起源与创立

　　贸易是指商品之间的交换，是人类历史发展到一定阶段必然产生的经济行为，剩余物品的出现和私有产权得到保护是贸易产生、发展的前提。贸易思想的萌芽最早可以追溯到古希腊、古罗马，并在中世纪和西方资本主义萌芽时期得到一定的发展，为古典政治经济学形成贸易理论奠定了一定的基础。

第一节　早期贸易思想的起源

一、古希腊、古罗马时期的贸易思想起源

　　希腊是西方古代文化的发源地，希腊人最早探讨了商品、货币、贸易和生息资本等问题，古罗马尤其是罗马帝国时期，罗马思想家的精力和才华主要表现在实际经济活动方面。这一时期的贸易思想，主要体现在色诺芬（Xenophon）、柏拉图（Plato）、亚里士多德（Aristotle）、贾图、瓦罗以及西塞罗（Cicero）的有关著作和论述中。

　　色诺芬是希腊哲学家苏格拉底（Socrates）的弟子，最早提出了"经济"一词（原指家庭管理），其贸易思想主要体现在其重要经济著作《经济论》中。他对贸易的前提——分工最早提出了一些有益的见解。他举例说，在波斯国王的餐桌上享用食物，不仅是一种荣誉，而且这些食物实际上比一般菜肴可口。他认为，这是由于分工可以提高物品质量，因为国王的厨房里有广泛的分工，每位厨师只做一两种食品，由此做出来的食物当然十分精美。他还了解到分工程度取决于市场范围大小，在大城市中，一个人往往只要从事一项手艺，就可以维持生活。色诺芬的上述分工思想，为斯密带来了灵感并得到斯密的进一步发展。

柏拉图也是苏格拉底的弟子，他的分工思想在他的主要经济著作《理想国》中占有重要的地位。两千年后，同样成为亚当·斯密（Adam Smith）经济学体系的一块基石。他强调，当一个人在集体中从事自己天生便非常适合的工作时，商品便会更容易、更大量地生产出来，而且质量更高。他认为，人们有各种需要，但这些需要必须通过许多人的供给方能满足。为解决个人需要与个人能力之间的冲突，就要在人们之间实行分工，因为分工使每一个人都从事自己较为擅长的行业。柏拉图进而阐述，劳动分工的观念同样可以扩展到去考虑从邻邦进口的需要，以及为交换进口所必需的出口的需要。柏拉图还根据他的分工思想勾画出他的理想国。

亚里士多德的著作，几乎涉及当时人类知识的每一个领域。他首次阐述了商品交换的三种方式，即物物交换（W－W），以货币为媒介的交换（W－G－W），以货币增殖为目的的交换（G－W－G'）。亚里士多德认为，交换的商品必须具有质的等同性，如"5 张床＝1 间屋"，要求床与屋在质上等同，没有等同性，就不能交换，没有可同质性，就不能等同。亚里士多德最早分析了价值形式，不过他错误地把这种等同性归结为货币，认为商品的货币形式不过是简单的价值形式进一步发展的形态。亚里士多德还分析了交换中的公平概念。他首先引入"互惠"概念，互惠意味着报答，人们在"以善报善"中形成了交换中的互惠因素。他认为，交换中的互惠并不是意味着严格对待的回报，而是以"比例式"的方式。如床屋交换中的数量关系为：床：屋＝5：1。

贾图是古罗马时期的一个大奴隶主，著有《论农业》一书。他主张奴隶主农庄要做到自给自足，买入卖出的应该是自己不能生产和自给多余的产品，主张奴隶主在商品交换中必须少买多卖。瓦罗是古罗马著名的思想家，他的《论农业》一书资料丰富，论断富有哲理。瓦罗与贾图等其他人不同，不再无条件地推崇农业，而注意将商品经济中的成本效益观念引入行业和工种的选择方面。西塞罗是罗马的政治家和演说家，在经济思想上主要对前人的观点加以继承和发挥。西塞罗对职业的分工进行了具体的论述，他认为职业有受尊敬的和粗俗之分。如收租和高利贷是粗俗的，小商业是低下的，大商业只是值得一提。有些职业如：医生、艺术家和教育家等需要较高的技艺，对社会颇有助益，因而值得尊敬。

古希腊时期和古罗马时期，商品经济关系相当微弱。这一时期，人们崇尚农业、轻视商业，经济思想、贸易思想比较单纯幼稚，务实探讨较多，理论研究较少。

二、欧洲中世纪的贸易思想起源

欧洲从公元 5 世纪末开始进入长达 1000 年的中世纪。这一时期，确立了教皇在宗教和世俗事物方面的无限权力，经院哲学成为中世纪占统治地位的意识形态。从 11 世纪开始，西欧商品经济广泛发展，工商业城市迅速崛起，至 13 世纪达到全盛。在经济思想方面，亚里士多德在《政治论》和《伦理学》中关于买卖、货币和高利贷等方面的论述，成为经院哲学的精神食粮。有关贸易思想可以从奥古斯丁（Augustinus）、梭斯德姆、阿奎那（Aquinas）、斯格特的著作和论述中体现。

奥古斯丁是罗马时期最著名的思想家，他将贸易和贸易者本人相区别。他认为，贸易将物品运到所需之处，有益于社会，因而应该得到报酬，但贸易者使用的手段常常是卑劣的，不应有任何所得。贸易如能摒弃各种不公正的手段，仍不失为一种值得尊敬的职业。这与基督教早期神父赞赏劳动，谴责不正当手段致富是一致的。希腊神父梭斯德姆认为，为自己和为他人利益进行劳动常常是不可分割的，没有一个人能够不通过为他人提供物品而为自己获得收入。

13 世纪的阿奎那广泛吸收前人的观点，将圣经、教父的教义和亚里士多德的著作综合起来，建立了完整的经院哲学体系，他的贸易思想主要体现在"公平价格"上。公平原则是人类事务必须遵循的一个基本原则，人们之间的相互需求产生了交换，但服务于共同利益的交换不能有益于某人而有损于他人，必须公平地进行。在论及何为公平价格时，他既有供求论和效用论的观点，又有生产量用论的提法。阿奎那仿效奥古斯丁将商人与商业相区别，将为满足需要的交换与为满足利润的交换相区别。前者为家庭和国家所必需，后者不应提倡。公平价格是交换公平的核心，因此，它一直是中世纪经院哲学的中心议题。经院哲学晚期代表人物斯格特继阿奎那之后进一步将价格明确归纳为生产成本和所费劳动。他认为，物品价格必须弥补商人购买、运输和储藏物品的费用以及商人的辛劳和所冒的风险。

三、重商主义时期的贸易思想起源

重商主义产生于 15 世纪，全盛于 16～17 世纪，衰落于 18 世纪下半叶。重商主义的形成和发展时期，是商人资本占统治地位，资本进行原始积累的时期。重商主义从货币即财富，商业是致富之源的观点出发，创造性地发展了贸易思想。认为只有将商品输往国外，才能增加一国的货币量，也就增加一国的财富；国家要富强，必须大力发展对外贸易，在对外贸易中遵守多卖少买或不买的原则，进口廉价原材料，出口制成品。国家必须积极干预贸易活动，大力发展出口品工业，利用税收等手段保护国内工商业。

16世纪下半期，由于英国呢绒出口遭遇危机，引发了一系列经济问题，于是爆发了一场经济大讨论。过去重要的思想家都是传教士和社会改革家，当时是商人和政治家；过去表达的典型媒介是布道和文章，当时是更讲究技巧的备忘录或便函；过去检验生活的是社会正义，当时是经济私利；过去最大的讨论题目是农业，当时是商业和工业。当时的议会和政府召开了许多调查会，鼓励也训练人们讨论当时的经济问题，有关经济问题的讨论由此而在16世纪得到了很大改进，有时甚至具有"科学"意义。当时讨论的问题有：圈地、行会、公司、中心市场制度、垄断、税收、通货、关税、济贫、工资、工业管理等。人们就这些问题向各皇家委员会（例如，1564年建立的皇家汇兑委员会）作证，发表讲演，递交请愿书，出版小册子。查理·威尔逊（Charlie Wilson）指出，正是在这种请愿的洪流中，持续不断地讨论中，经济需求和国家需求的妥协中，重商主义思想应运而生。

此次讨论的思想结晶，就是重商主义思想形成了自己的初期形态，反映了资本主义还处于自卫的阶段，早期资产者还需要依靠国家来应对经济波动所产生的经济和社会问题，控制国内工商业、海外贸易甚至百姓的日常生活，克服困难，同时需要凭借国家授予的垄断权而发家致富。资产者的需求与当时的统治者稳定社会秩序的愿望相契合，国家对经济的管制不断加强，到伊丽莎白时期终于形成国家对经济生活的全面控制。从思想内容来说，这一阶段的重商主义概念，基本等同于相信国家对经济活动干预的正义和有效。

四、重农主义时期的贸易思想起源

（一）社会政治和经济背景

法国是农业大国，18世纪的法国，国民经济中以小农经济为主，农奴制依然存在，封建农业生产方式广泛存在。在一个小农经济为主体，农民为主要国民的国家，封建性质的法国政府是如何统治的呢？

国王路易十四贪图享乐，大肆挥霍，修建凡尔赛宫，搜刮民脂民膏，对农业征收大量间接税，造成农产品产量下降，价格压低，农民负担过重。再加上连年征战，人口数量锐减，农业劳动力不足，产量进一步下降，单个农民税收负担加重。到路易十五时期，继续推行柯尔培尔牺牲农业的重商主义政策，全力发展工商业对外贸易，大举兴办皇家工场手工业，工商业虽获得一定发展，但落后的封建农业仍居支配地位，社会矛盾重重，经济每况愈下。为了挽救经济，主政者竟然推行金融证券投机致富的经济制度，最后也以惨败告终，使经济更加陷入僵局。

大片土地被占，农民拥有的土地不够养活自己，大批青壮年从农村流入城市，乡村荒芜，土地租金减少，价格下降，影响土地所有者的收入，社会财富日益集中在少数人手中，皇宫富丽堂皇，沉重的赋税落到农民头上，农民收入下降。此情此景，无论从广大农民，还是从统治者的角度来说，都有了变革的需要。

（二）思想准备

启蒙运动平等、理性、民主的观念深入民心，这就为重农主义思想的哲学基础——"自然秩序"的早期唯物主义世界观的确立奠定了基础。正是因为平等、民主的启蒙思想，人民才迫切需要一种社会变革来推翻封建制度，重农主义哲学也就应运而生了。

中国传统的重农抑商、重本抑末的经济思想，对重农主义的产生也有了重大影响。魁奈是中国文化的坚定拥护者，他所在的时代正是中国的清朝乾隆时期。他看到中国封建王朝的繁荣和兴盛，受到很大震撼，积极为推崇中国开明的封建统治而游说。实际上，重农学派就是企图在封建社会的"框架"中，开辟新兴资本主义的道路。

第二节　早期贸易思想的创立

早期代表性的贸易思想，主要有重商主义和重农主义。重商主义的经济学说存在于中世纪之后，自由主义盛行之前。重商主义大致可以追溯到 1500～1776 年。重农学派出现于重商主义时代后期的法国，可以追溯到 1756 年，魁奈在《百科全书》中发表了他的第一篇经济学论文。这一学派结束于 1776 年，杜尔阁（Turgot）失去了他在法国政府的官位，而亚当·斯密则出版了他的《国富论》。重商主义学派和重农主义学派都在引导着当时的世界经济思想，但两个学派的影响远远超出了他们的时代。

一、重商主义

（一）重商主义的主要信条

1. 金银是最佳的财富形式

重商主义者倾向于将一国的财富等同于该国所拥有的金和银的数量。早期的一些重商主义者甚至认为，贵金属是唯一值得追求的财富形式。他们都把金银作为获取权力和财富的途径。对于一国来说，贸易顺差就意味着可以获得更多的硬通货。甚至在战争期间，只要敌国愿意为商品支付黄金，一些国家也会向敌国出口商品。

2. 民族主义

所有的国家不可能同时出口多于进口。因此，一国只有以邻国为代价才能扩大出口和积累财富。只有强大的国家才能攫取和控制殖民地、主导贸易规则、取得对敌战争的胜利，并在国际贸易竞争中获取优势。从经济生活的静态方面来看，整个世界的经济资源的数量是一定的，一个国家只有在减少其他国家资源的前提下才能增加自身的资源。法国评论家米歇尔·德·蒙田（Michel de Montaigne）1580 年写道：“一个人的获利即为另一个人的损失……在别人没有损失的情况下不可能获得任何额外的利益”。

重商主义者的民族主义观念的实现，需要强大的海军和商业舰队。由于渔场是海军的摇篮也就是海军人员的训练基地，所以英国的重商主义者在 1549 年强制实行了“政治斋戒”：法律规定人们在一周特定的几天中不准吃肉，以保证鱼类有国内市场并由此引致对海员的需求。这个法令被严格执行了大约一个世纪，直到 19 世纪才从法规全书中消失。

3. 对本国不能生产的进口原材料免征关税，对本国能够生产的制成品和原材料进行保护，并严格限制原材料出口

重视出口而不愿意进口被称为“对商品的恐惧”。商人的利益超过了国内消费者的利益。商人收到作为他们出口回报的黄金流入，而对进口的限制却使国内可以消费的商品大为减少。结果是，金银得到积累，国家的财富和力量被认为得到增强。

禁止原材料外流有利于制成品出口价格保持在较低价位上。例如，1565年，伊丽莎白女王统治时期就曾通过法律禁止出口活羊。违反这个法律，将被处以没收财产、一年监禁和砍掉左手的处罚，第二次触犯将被处以死刑。在查尔斯二世（1660～1685 年）统治期间，羊毛被禁止出口，而违反者也将被处

以同样的刑罚。

4. 殖民化和对殖民地贸易的垄断

商业资本家喜欢实行殖民化和保持殖民地对宗主国的永久依赖和屈从。宗主国经济增长和军事实力给殖民地所带来的任何利益，都只是宗主国剥削政策的一个偶然的副产品。

1651 年和 1660 年的英国航海法案便是这种政策的很好的例子。进口到英国或其殖民地的物品必须用英国或其殖民地的船只来运输，或者必须用原产国的船只来运输。某些殖民地的产品只能卖给英国，而其他的一些产品在卖给国外之前也必须先运到英国。殖民地从国外进口是受到严格限制或禁止的。殖民地的制造业受到严格限制，在某些情况下是法律禁止的，因此，殖民地永远只能是低价原材料的供给者和英国制成品的进口者。

5. 反对妨碍商品流动的各种国内通行费、税收和其他各种限制

重商主义的理论家和实践者认识到，各种通行费和税收会扼杀工商业经济并引起一国出口价格的上升。一个极端的例子，是 1685 年发生在易北河上的情形。将 60 块木板从萨克森运到汉堡，沿途需要向各个收费站交纳的费用就相当于 54 块木板！结果是，只有 6 块木板到达了目的地。

然而，需要着重指出的是，重商主义者不希望别人也能够从事他们所愿意从事的贸易，从这个意义上说，他们并不赞成自由的内部贸易。相反，重商主义者希望尽可能地获得垄断特许权或排他的贸易特权。

6. 强大的中央政府

一个强大的中央政府的存在，可以保证实现重商主义者的目标。政府授予从事对外贸易的公司垄断特许权，控制国内商业活动的自由进入以限制竞争。农业、采矿业和工业由于政府提供津贴而得以快速发展，并且由于政府对进口产品征收关税而受到保护。此外，政府严格控制生产的工艺流程和产品质量，从而使该国的产品不至于在国外市场上因声誉不好而被迫减少出口。换言之，重商主义者并不相信自己的判断力和诚实，他们认为商人们的共同利益要求政府必须对粗制滥造和劣质原材料加以禁止。其结果是政府对商品生产的管制陷入了令人困惑的境地。

因此，一个强大的国家政府必须实行全国统一的管制措施。中央政府也必须能够实现以上讨论过的各种目标，民族主义、保护主义、殖民主义以及不受各种通行费与过度征税所妨碍的国内贸易。

7. 人口众多并且人们努力工作的重要性

人口众多、人们勤奋工作，不仅能够提供大量的为保护国家荣誉和财富而战斗的士兵和水手，并且能够保证劳动力的充足供应从而可以保持较低的工资水

平。这有什么好处呢？较低的工资水平，其一可以降低出口产品的价格，从而增加黄金的流入；其二可以减少人们的懒惰，促使更多的人加入劳动力大军。

人们对于身体健全的人游手好闲和乞讨决不同情，偷窃行为会受到严厉惩罚。在英国国王亨利八世统治时期（1509～1547年），有7200名小偷被绞死。1536年颁布的法令宣布"身体健全的流浪汉"将被割去耳朵，第三次被发现的流浪汉将被处以死刑。1547年，那些拒绝工作的人们将被判给揭发他们的人做奴隶。1572年，伊丽莎白女王统治时期通过了一项法令，未经当局许可的14岁及14岁以上的乞丐都要受到鞭打并被打上烙印，除非有人愿意雇佣他们；若第二次触犯，如果没有人愿意雇佣他们，他们将被处死；若第三次违反这项法令，他们将被视为重罪犯而被毫不留情地处死。

（二）重商主义为谁谋利

这一学派的观点，显然对商业资本家、国王和政府官员是有利的。它特别有利于那些最强大的、地位稳固的以及拥有最优惠的垄断地位与特权的人。一些经济思想史学家认为，最好把重商主义理解为"寻租"行为的一个极端的例子。在这里，经济租金适用的定义为，其利润除了必须能够正好满足商业资本家从事目前经济活动的需要外，还必须正好能够充分补偿其从事该项经济活动的机会成本。"寻租"行为就是私人部门尝试从政府那里获得可靠、有利的法律规章的保护，从而增加其利润的行为。

如果法律采取允许垄断地位存在、禁止进口以及管制等措施，那么，会使得新加入的生产者和商人很难与已经在该行业存在着的其他生产者进行竞争并取得优势。由此可推论，掌握权力的政府官员也愿意通过制定这些法规来分配经济租金，以便为他们自己或他们所服务的王室获取利益。例如，在英国，为确保羊毛制品的利益，羊毛制品的替代品——被称之为"印花布"的印制棉制品的进口，是被禁止的。1721年，法律禁止使用印花布，但却允许生产和出口该种商品。在17世纪晚期，按照宗教传统，人去世后在被埋葬时应该用亚麻制品裹尸，但是相关法规却要求必须使用羊毛制品。

法国的重商主义有着浓厚的封建色彩，地位牢固的垄断者更是成功地获得了政府对其利益的支持。在1686～1759年，生产、进口和使用印花布都是被禁止的。在武装冲突中死亡的人和执行这一法令所处死的人数估计约有16000人，而更多的人则被发配充当海员。

还有另外一个例子，法国在1686～1730年仅纺织品方面颁布的规则就多达七卷。在当时宣称是最详细的染色技术说明书的染色工艺手册中包含317项条款。这些条款防止了劣质工艺的使用，但同时也严重阻碍了新工艺的实验和发展，而新工艺本来极有可能被与现有的厂商竞争的生产者创造出来。

许多政府官员、检察官、法官以及执行官，都能从重商主义的管制中获利。法国政府从罚款、向商业机构出售特许权、垄断权中获取极大收入。官员们从对政府诸多法规的违反者征收的罚款中提取一定比例。而且，重商主义政策带来的金银流入，增加了国家的税收收入，增强了一个国家通过战争获取经济利益的能力。

二、重农主义

（一）重农主义的主要信条

1. 自然秩序

重农学派把自然秩序的概念引入经济学思想中。重农学派（physiocrat）这个单词本身的意思就是"自然规律"。根据这个思想，自然规律统治着人类社会，就像牛顿发现的那些自然规律统治着物质世界一样。因此，人类的所有活动都应该与自然规律相一致。所有科学的目的，都是去发现整个宇宙现象所遵循的各种规律。在经济学的范畴内，自然规律赋予个人以享受自己劳动果实的自然权利，条件是这种享受要与他人的利益相协调。

2. 自由放任

"自由放任"这个短语是文森特·德·古尔内（1712~1759年）提出的，它的实际意思是"让人们去干他们乐意干的事情而不要政府干预"。政府除了保证最低的、绝对必须的基本保障如保护生命与产权、维持合同的自由等之外，不要对经济生活施加任何干预。因此，重农学派几乎反对一切封建主义、重商主义和各种政府管制，倾向于国内的工商业自由和与国外自由贸易。古尔内是重商主义体系内少有的几个政府高级官员之一，他的经历使他后来成为一个自由放任主义的追随者。

3. 重视农业

重农学派认为，工业、贸易和各种职业都是有用的但不是生产性的，只不过是再生产了以原材料的形式被消费掉的价值和工人们的基本生活必需品。只有农业（可能还包括采矿业）是生产性的，因为它们产生了剩余，产生了超过生产中所耗费资源价值的净产品。

4. 对土地所有者课税

重农学派认为，应该只对土地所有者课税，因为只有农业才产生剩余，并且土地所有者以地租的形式获得了这些剩余。课征于其他人的税收，最终将被通过某种形式转嫁给土地所有者。间接税将随着它们被转嫁而有所提高，因此，对土地所有者的直接税优于各种间接税。

5. 整体经济的相互关联

重农主义者特别是魁奈，从总体上分析了整体经济中商品和货币的循环流动。

（二）重农学派对谁有利或者为谁谋利

农民最终将从重农学派的观点中获益，因为农民对地主的各种繁重的义务被取消了。如果重农学派的观点能够成为主导，农民将成为大农场的雇佣工人。商业将从取消对生产和商品流通各种限制的法规中获益。通过倡导自由放任主义的信条，重农学派促进了工业的发展，尽管这并不是他们原来的目的；他们对鼓励更加自由的国内谷物贸易、刺激农产品出口和工业制成品进口更感兴趣。

重农学派特别支持使用雇佣劳动力和先进技术的资本主义农场。这些先进的农场，主要位于法国北部。大生产者有大量的生产剩余要进行销售，重农学派对农业和谷物国内自由贸易的强调对他们特别有利。对农业生产剩余进行课税降低了土地的价值，这只会伤害那些拥有土地的贵族而不会伤害支付地租的现在的或潜在的农业资本家。贵族和神职人员不负担各种税收，这加重了普通平民土地所有者的负担，对所有生产者的土地课征统一的一种税收将有利于在社会中分散税收负担。

重农学派希望通过捍卫贵族拥有土地和收取地租的权利来安抚他们。19世纪80年代，美国的亨利·乔治（Henry George）想通过税收拿走全部地租，与他不同，重农学派认为税收占全部经济剩余的1/3就已经足够。他们认为，这不会引起财富从富人到穷人的再分配，因为无论在何种情况下都是地主承担全部税收；相反，把税收从间接税改为直接税有利于降低整体负担。从这个观点来看，如果重农学派的计划能够得到实施，贵族将会从中受益。但这个观点是错误的，因为它基于这样一种错误的分析：所有的可征税的经济剩余都产生于土地。

第三节　对早期贸易思想的简要评述

一、早期贸易思想的特点

（一）形成了比较系统的分工思想

古希腊、古罗马贸易思想的闪光点在论述分工的重要性上，色诺芬是从提高物品质量上认为分工比不分工更可取。柏拉图认为，因为人们有各种需要，所以必须在人们之间进行分工。亚里士多德认为，是劳动分工产生了不同物品之间质的等同性，而西塞罗则更进一步提出职业分工的最初思想。比较这一时期的分工思想与亚当·斯密的劳动分工思想，虽然出发点不一样，但后来的分工思想只不过是在此基础上的系统化和实证化而已。

（二）贸易由"指责和轻视"发展为"鼓励和扶持"

古希腊、古罗马的思想家，主张自然经济，推崇农业，轻视商业和手工业。认为贸易使用的手段常常是卑劣的，往往是采取不正常的手段来获取财富。如亚里士多德谴责以获取货币为目的的货币增殖行为，认为无限度的货殖是违反自然的。到了中世纪，人们对商业、贸易的态度有所转变，阿奎那认为如果商人的收入中如出于以下动机可予以默认，一是获取利润是为了维持生活，二是将利润用于慈善事业。

封建制度的瓦解，带来封建意识形态的瓦解。西欧在 15 世纪进入封建社会解体的阶段。地理大发现、资本原始积累、商业资本的突出作用，西欧各国王权同商业资本的联盟改变了人们对世界的看法，也改变了人们对商业、贸易的观点。重商主义以商人的世俗观念研究社会经济活动。认为对外贸易是获取财富、国家富强的重要途径，并要求国家通过法律和政策等手段来鼓励对外贸易，扶持本国工商业。

（三）贸易思想和贸易活动由城邦贸易、国内贸易向国际贸易、无形贸易发展

贸易思想的发展与人们活动空间和商品经济的发展密切相关，最初人们生活空间相对封闭狭小，农业占经济的主导地位，物品之间的交换一般限于城邦内部或城邦之间，随着罗马帝国的东征西讨，疆土扩大，人们将贸易空间逐渐扩大到整个帝国范围内，并开始重视运输等在贸易中的作用。地理大发现带来了商业资本的扩大，国际贸易或对外贸易成为商业资本摄取财富和增进国家财富的重要途径。并且意识到，为保证对外贸易顺差不仅要发展有形贸易，还要发展如航运、渔业、保险、旅游等无形贸易。

二、早期贸易思想的长远影响

（一）重商主义思想的长远影响

重商主义者对经济学的长远影响，在于其强调了国际贸易的重要性。在这方

面，他们还发展了如今被称为国际收支平衡表的经济学和会计学思想，用来反映一国与世界上其他国家之间的支付关系。但是，除了这些贡献外，重商主义学派中的大多数人并不了解，要使一个国家变得富有，不仅可以通过使邻国变得贫困来达到，还可以通过在国内发现更多的自然资源、制造出更多的资本货物以及更有效地使用劳动力来达到这一目的。他们也没有理解，通过专业化分工和贸易可以同时增加所有国家的财富，以及给工人支付高工资并不一定会导致工人的懒惰和劳动力的减少。然而，虽然重商主义者并没有对经济学理论做出直接的贡献，但是他们确实曾对经济学的发展做出了间接的贡献。

首先，他们持久地影响了人们对待商人的态度。中世纪的贵族曾将经商的人视为可鄙的二等公民，认为这些商人只知道推销商品和交换货币。重商主义者指出，如果商人的活动由政府施予适当的引导，商人不仅会使其自身变得富有，也会使其国家及国家的统治者变得富有，从而赋予了商人以尊贵和重要的地位。拥有土地的贵族最终也开始参与商业投机，也并没有因此失去地位和尊严。后来，他们让他们的孩子与商人的后代通婚，从而将贵族血统与巨大的商业财富结合了起来。

其次，重商主义对经济学的另外一个间接影响是提倡民族主义，这种影响持续到今天。当出现如下情形时，中央政府的管理将是必要的，需要使用统一的度量衡、货币制度和法律法规时；生产和贸易还没有充分发展到可以依赖竞争为消费者提供大范围可供选择的商品时；当贸易的财务风险是如此之高以至于垄断特权是必需的，因为它能比其他情况降低更多的风险。

再次，拥有特权的贸易公司，也就是现代公司的前身，通过引进新产品、为生产出来的产品提供销路以及刺激资本投资的不断增长等措施，帮助改造了欧洲的经济组织。

最后，重商主义对经济发展也产生了长远的影响。即扩展了国内市场，提倡货物不受通行费阻碍而自由流动，建立了统一的法律和税收制度，保护人员与货物在国内与国际运送过程中的安全等。

重商主义的某些观点并没有完全消失，在20世纪和21世纪所提出的一些观点和政策与两三百年前重商主义的某些观点是相似的。

例如，在20世纪30年代席卷全球的大萧条时期，许多国家都采取提高进口关税、将本币贬值的措施以限制进口和刺激出口。征收高关税的原意是减少进口，以便使国内闲置的劳动力和资本资源能够被使用以满足国内先前对进口品的需求。产生的理想结果是，可以增加国内的产量和收入。另外，本币贬值也被认为有助于减少一国的进口，因为本币贬值将使用本币定义的进口商品的价格变得更加昂贵。此外，一国的货币贬值被设想可以增加其出口，因为本币贬值将使外国人可以支付较少的该国货币来购买国外的商品。

不幸的是，如果贸易伙伴对高关税和本币贬值进行报复，那么，这些重商主义政策将不能取得预想的效果。事实上，在大萧条时期就发生了这种报复行为。各国纷纷征收高关税和将本币贬值。最终的后果是，没有国家从国际化的专业分工和贸易中获利以及国际货币体系的崩溃。

关于重商主义影响的一个时间更近的例子，发生于 20 世纪 80 年代晚期～90 年代早期，许多美国人对美国国际收支平衡表中庞大的贸易赤字表现出了极大地关注。这些巨额赤字反映了迟早需要调整的国内状况及国际状况，在这个程度上这种"对商品的恐惧"是合理的。然而，这一恐惧却导致了大量的提议，征收关税，加强进口配额，给予出口商补贴，要求一些进口产品必须达到规定的"国内含量"，给予美国从事出口业务的公司反托拉斯豁免等。经济学家指出，如果这一系列政策得以实施，将会返回到过时的重商主义的思想体系中去。

日本也曾因一直实行刺激出口、限制进口的政策而遭受指责。在整个 20 世纪 80～90 年代，日本持续的巨额贸易盈余在某种程度上反映了对国外"商品的恐惧"，还反映了日本"攫取"利润丰厚的国际市场的渴望。为了保持数额巨大的贸易盈余，日本的消费者丧失了一些本来可以从国际化的专业分工和贸易中得到的潜在的消费利益。

一些发展中国家仍然提倡将民族主义作为一种途径，用来克服阻碍经济发展的部落主义和地方主义。这些国家还经常授予垄断特许权以鼓励新建的投资项目，设置贸易壁垒以保护新生的国内工业。

简而言之，重商主义的思想依然存在，并且仍然被广泛应用。然而，非常重要的一点是，我们必须意识到这些观点和政策仅反映了重商主义学派所有观点中的某些方面。而且，如今各国是在不同的情况下、出于不同的原因以及不同于重商主义时代的社会政策背景应用这些思想。

（二）重农主义思想的长远影响

重农学派的一些观点明显是错误的。重农学派认为，工业和贸易是非生产性的，在这一点上他们是错误的。法国的工业和贸易越发达，重农学派的错误也就越明显。他们在这方面的错误导致了另外一个错误的观点——认为只有土地才产生经济剩余，因此应该只对土地所有者课税。富有的工业资本家赞成因为他们没有创造财富所以不应被课税的观点，同时他们却在暗自高兴。重农学派错误的税收概念，造成了长期的影响。约翰·斯图亚特·穆勒（John Stuart Mill）在 19 世纪中期撰文倡议，政府应该得到由于地价上涨而增加的全部资本利得，其方式是政府应对将来增加的地租征税。亨利·乔治在重农学派 100 多年以后在美国撰文倡导"单一税收运动"，其目的是没收所有的租金。

重农学派把资本主义农场主看作是法国经济发展的主导力量，但他们在两个方面是错误的。一是工业资本家和雇佣工人成为这个国家经济增长中最重要的力量，而农业的重要性却相对降低了；二是小农场主而不是大的农业资本家成为法国农业的主导形式。如果土地仍然控制在贵族手中，对土地所有权的课税将会限制奢侈浪费。但当法国大革命以后，规模较小的农民得到了土地，他们将承担绝大部分税收负担。

但是，重农学派对经济学做出了以下几个具有长远价值的贡献：

第一，通过将社会作为一个整体来考察并分析财富与商品流转的规律，重农学派为经济学发展成为一门社会科学奠定了基础。我们将会发现魁奈的经济表是现代经济学课本中两个重要概念——经济环流图和国民收入账户的先驱。

第二，通常被认为是由马尔萨斯（Malthus）和李嘉图（David Ricardo）提出的收益递减规律，实际上是重农学派的杜尔阁在更早的时候提出来的。

第三，重农学派最早分析了税收转嫁和税收归宿问题，这在今天仍然是应用微观经济学的一个重要组成部分。

第四，通过提倡自由放任，他们把经济学家的注意力吸引到了分析政府在经济中的适当作用上来。

第二章

古典贸易理论的起源与发展

古典贸易理论的集中表现是比较优势理论。如果把经济学看作社会科学中的皇后，那么，比较优势理论理所当然地是皇后皇冠上的那颗珍珠，它是经济学最深刻、最卓越的研究成果（Bernhofen，2005）。自重商主义以来，国际贸易理论的发展层出不穷，不断扩展和深化，但被看作国际贸易理论逻辑起点的比较优势理论的主流地位却始终没有动摇。比较优势理论的开创性贡献，首先要归于斯密的绝对优势，它以李嘉图的比较成本理论为核心，经过众多理论学家的补充、完善与发展，已经形成一个完整的理论体系，成为解释国际贸易模式和贸易利益的基础性理论。在西方经济理论论著中，绝对优势的概念和绝对成本的概念具有相同的含义，相对优势或比较优势的概念和比较成本的概念具有相同的含义。因此，绝对优势理论就是绝对成本理论，相对优势理论或比较优势理论也就是比较成本理论。①

随着经济理论的发展和国际经济实践的进步，新的贸易理论不断涌现，在解释当前国际贸易现象方面都显示出自身的力量，而比较优势理论作为经济学理论中一颗耀眼的明珠，"它具有无比优美的逻辑结构"，② 在历经了数百年的发展、扩展和更新，呈现出越来越强的包容性和综合性，许多国际贸易理论的分支都可以融入比较优势的思想框架内，从广义上来讲，比较优势理论的内涵已经远远超出了李嘉图比较成本理论的范畴。但是，为了对整个国际贸易理论的发展进行详细的刻画与描绘，我们认为把李嘉图意义上的比较优势与广义的比较优势区分开来进行分析，有助于对国际贸易理论的发展勾勒出一幅更清晰的景象，因此，本章把分析的内容限定在李嘉图意义上的狭义比较优势范畴。

---

① 吴易风：《英国古典经济理论》，商务印书馆 1988 年版，第 554 页。
② 保罗·萨缪尔森：《经济学》，商务印书馆 1982 年版，第 55 页。

第一节 比较优势理论的起源

国际贸易理论的起点，始于亚当·斯密（Adam Smith）。斯密以分工理论为基础，第一个系统地分析了国际贸易产生的原因，他的理论为国际贸易的古典分析奠定了基础。国际贸易理论源于分工交换的思想，作为一种经济思想的萌芽可以追溯到久远的古希腊时期，但是作为完整的国际贸易理论，发端于亚当·斯密。斯密寻找国际贸易发生的原因，是从经济主体自身拥有的绝对优势入手的，绝对优势差异是国家间分工选择、贸易模式不同的根本原因，从而创立了绝对优势理论。

一、绝对优势理论的产生

在18世纪中期开始的工业革命的推动下，英国工场手工业迅速壮大起来，国内市场和对外贸易也获得了快速发展，虽然资本主义发展在国内贸易中所面临的障碍逐步消除，但是在对外贸易中，重商主义的政策严重束缚了资本主义发展对国外市场的需求。针对重商主义不合时宜的贸易限制措施，斯密以绝对优势理论为基础提出了自由贸易学说，斯密在他的经典著作《国富论》中阐述了这一贸易思想。

（一）对重商主义的批判

斯密首先对于重商主义的财富观点给予了猛烈抨击。"如果力求认真地证明，财富不由货币或金银构成，而由货币所购各物构成，并且只在购买货物时货币才有价值，那就未免过于滑稽。无疑，货币总是国民资本的一部分；但我们已经说过，它通常只是一小部分，并总是最无利可图的一部分"。[①] 在斯密看来，重商主义的财富观点是极端狭隘的，虽然货币是财富构成的一部分，但是货币的主要效用是其执行价值尺度和交换媒介的职能，在这些方面金银天然地拥有超越其他商品的优势。正是因为重商主义狭隘的财富观念，导致了其错误的政策主张，"他们（重商主义者）的论证往往认为：一切财富在于金银，增加那些金属是国家工商业的巨大目标。但是，财富在于金银，以及无金银矿山的国家只有通过贸易差额、即使输出价值超过输入价值才能输入金银这两个原则，既然已经确立，

---

① 亚当·斯密：《国民财富的性质和原因的研究》（下卷），商务印书馆1983年版，第10页。

那么，政治经济学的巨大目的就一定变成尽量减少供国内消费的外国商品的输入，尽量增加国内产业产品的输出。因此，使国家致富的两大手段就是限制输入和奖励输出"。① 明显地，重商主义把财富视作货币对于人民的福利来说是相当不利的，因为执着于对货币的追求并不一定能促进财富生产的增加和消费者福利的提高。"一个有资力购买金银的国家，如果在任何时候缺乏金银，要想法补足，那就比补足其他任何商品的缺乏都更方便。如果制造业的原料不足，工业必陷于停顿。如果食粮不足，人民必然为饥饿所苦。但如果货币不足，则既可代之以物物交换，又可赊账买卖而每月或每年清算一次，更可用调节得当的纸币来加以弥补"。② 斯密认为，能够满足消费者需求的劳动年产物才是财富的主要内容，社会生产的主要目的在于增加劳动年产物形式的社会财富来满足消费者的需要，提高其福利，但是重商主义的限制措施显然有悖于此目的，它是为了生产者的利益以牺牲消费者的福利为代价的。因为在重商主义的限制措施下，"消费者的利益，几乎都是为着生产者的利益而被牺牲了，这种主义似乎不把消费看作一切工商业的终极目的，而把生产看作工商业的终极目的。对于凡能与本国产物和制造品竞争的一切外国商品，在输入时加以限制，就显然是为着生产者的利益而牺牲国内消费者的利益了。为了前者的利益，后者不得不支付此种独占所增加的价格。对于本国某些生产物，在输出时发给奖励金，那也全是为了生产者的利益。国内消费者，第一不得不缴纳为支付奖励金所必要征收的赋税；第二不得不缴纳商品在国内市场上价格抬高所必然产生的更大的赋税"。③

斯密的财富观大大超越了重商主义把财富限于金银货币的认识，埃里克·罗尔认为斯密"对重商主义进行了有名的毁灭性的批判，它不仅抨击重商主义国家所采取的个别政策，而且抨击整个重商主义制度，其猛烈程度迄今还没有谁超过"。④ 斯密对于重商主义的毁灭性批判使得自由贸易的思想深入人心，为英国自由贸易政策的实施提供了强大的理论支撑。

（二）绝对优势理论的提出

斯密的经济理论强调分工贸易的思想，分工是解释较高劳动生产率的主要原因。无论是个人还是国家都应该根据自身的绝对优势选择最有利的分工模式，从而不仅可以实现自身利益的最大化，而且能够实现整个社会资源的最优配置。

斯密对于绝对优势决定分工选择的论述，首先是从经济个体的分析入手的。

---

①②③　亚当·斯密：《国民财富的性质和原因的研究》（下卷），商务印书馆1983年版，第22页、第9页、第227页。

④　埃里克·罗尔：《纪念〈国富论〉出版二百周年》，载于《现代经济学论文选（第四辑）》，商务印书馆1982年版，第7页。

斯密认为,"如果一件东西在购买时所费的代价比在家内生产时所费的小,就永远不会想要在家内生产,这是每一个精明的家长都知道的格言。裁缝不想制作他自己的鞋子,而向鞋匠购买。鞋匠不想制作他自己的衣服,而雇裁缝制作。农民不想缝衣,也不想制鞋,而宁愿雇用那些不同的工匠去做。他们都感到,为了他们自身的利益,应当把他们的全部精力集中使用到比邻人处于某种有利地位的方面,而以劳动生产物的一部分或同样的东西,即其一部分的价格,购买他们所需要的其他任何物品"。① 在斯密看来,裁缝、鞋匠、农民分别在他们自己所从事行业的产品生产上具有成本上的绝对优势,出于自利的因素考虑,他们会专业化于具有绝对优势行业产品的生产,并且用他们能够以低成本生产的产品交换自己所需要的其他种类的产品,这对他们来说是最为有利的,不仅可以实现其消费种类的多样化,也会使他们在各种所能获得到的商品消费数量达到最大化,从而实现自身效用的最大满足。自利的个人在追求自身效用最大满足的过程中,会自发地选择对自己最有利的专业化分工,然后通过交换实现自身消费利益最大化,而社会资源也会在这个过程中达到最优配置。因此,经济社会应当在个体自愿分工、自由贸易的原则下运行,政府不应当加以不必要的干预和限制,只是经济自由运行的"守夜人",这充分体现了斯密自由主义的经济思想。

作为斯密经济自由主义思想的延伸,适用于个人的分工原则也适用于国家间分工的选择。斯密指出,"如果外国能以比我们自己制造还便宜的商品供应我们,我们最好就用我们有利地使用自己的产业生产出来的物品的一部分向他们购买。国家的总劳动既然总是同维持它的产业的资本成比例,就绝不会因此减少,正如上述工匠的劳动并不减少一样,只不过听其随意寻找最有利的用途罢了。要是把劳动用来生产那些购买比自己制造还便宜的商品,那一定不是用得最为有利。劳动像这样地不去用于显然比这更有价值的商品的生产,那一定或多或少会减损其年产物的价值。按照假设,向外国购买这种商品,所费比国内制造未得便宜。所以,如果听其自然,仅以等量资本雇用劳动,在国内所生产商品的一部分或其价格的一部分,就可把这商品购买进来"。② 斯密在此开始明确强调绝对优势在决定国家分工选择中的作用,每个国家应当专业化于本国具有绝对优势的产品生产,用本国能够以低成本生产的产品交换本国处于绝对劣势的产品,独立的生产者在追求自身利益最大化的过程中,必然能够实现社会资本的最大产出,带来劳动价值的最大回报,实现经济资源的最佳配置,而政府对于资本投入的干预则可能会导致资本的错配,因此政府不应当对对外贸易加以干涉,而应实行自由贸易的政策。在《国富论》中,斯密已经意识到存在自然条件先天决定的绝对优势与

---

①② 亚当·斯密:《国民财富的性质和原因的研究》(下卷),商务印书馆1983年版,第28页。

后天习得性绝对优势的区别，但是却没有具体加以区分，也不认为有区分的必要。斯密对此做出了解释："至于一国比另一国优越的地位，是固有的，或是后来获得的，在这方面，无关重要。只要甲国有此优势，乙国无此优势，乙国向甲国购买，总是比自己制造有利。一种技艺的工匠比另一种技艺的工匠优越的地位，只是后来获得的，但他们两者都认为，互相交换彼此产品比自己制造更有利"。①

斯密不仅明确指出绝对优势在各国分工选择中的决定作用，而且说明了一国违背绝对优势进行分工干预时的不合理之处。他说："有时，在某些特定商品的生产上，某一国占有那么大的自然优势，以致全世界都认为，跟这种优势做斗争是枉然的。通过嵌玻璃、设温床、建温壁，苏格兰也能栽种极好的葡萄，并酿造极好的葡萄酒，其费用大约三十倍于能由外国购买的至少是同样好品质的葡萄酒。单单为了要奖励苏格兰酿造波尔多和布冈迪红葡萄酒，便以法律禁止一切外国葡萄酒输入，这难道是合理的吗？但是，如果苏格兰不向外国购买它所需要的一定数量的葡萄酒，而竟使用比购买所需的多三十倍的资本和劳动来自己制造，显然是不合理的，那么所使用的资本与劳动，仅多三十分之一，甚或仅多三百分之一，也是不合理的，不合理的程度虽没有那么惊人，但却完全是同样不合理"。②

绝对优势理论解释了国际贸易产生的部分原因，为探寻国际贸易发生的基本理由和国际贸易的互利性所在提供了启迪性认识，为新理论的诞生奠定了基础。

二、统一于比较优势理论的绝对优势

主流的贸易理论家普遍认可绝对优势理论是比较优势理论特例的观点，因为从产生国际贸易的直接原因来看，比较优势的分析可以包容绝对优势的情形，但是反之则不一定成立。我们从两个方面说明绝对优势理论与比较优势理论的统一，它可以视作比较优势理论的起源。

（一）为比较优势理论提供思想萌芽

斯密的经典著作《国民财富的性质和原因的研究》（1776）是一部综合性的跨时代巨著，它奠定了古典经济学的理论体系，标志着经济学作为一门独立的学科开始发展起来，为经济理论的发展做出了不可磨灭的贡献，代表了经济思想史上的第一场革命。国际贸易理论是斯密经济理论的重要构成部分，斯密绝对优势

---

①②　亚当·斯密：《国民财富的性质和原因的研究》（下卷），商务印书馆 1983 年版，第 29～30 页。

理论一直被视作国际贸易理论发展的始点。"优势概念虽然在重商主义著作中以及在英国古典政治经济学产生时期从配第到休谟的著作中就可以找到，然而只有在亚当·斯密的《国民财富》（即《国富论》）中才第一次得到比较明确地论述"。① 斯密的贸易理论以绝对比较优势而得到多数贸易理论家的认可，至少是由于两方面的原因造成的：一方面，是因为在《国富论》一书中，斯密明确论述贸易发生的理论基础的地方并不多，并且这些内容也不是集中于一处，而是分散在整部著作中的不同章节中，甚至这些揭示其贸易发生基础的论述并非直接针对贸易，而是在于说明分工，因此不同的部分抽象出来的理论概括难免产生差异；另一方面，斯密阐述其贸易理论思想的语言不同于现代通行教材中的规范表述，这也是造成差异性认识的重要原因。② 但是，全面地审视斯密国际贸易的理论内核，我们认为把斯密的贸易理论视作比较优势理论的起源是恰当合理的。

斯密在《国富论》一书中对于贸易理论思想的阐述，侧重于说明绝对优势在决定分工选择中的影响和作用，尽管在书中直接涉及贸易理论分析的部分较少，并且在内容上极为分散，但并没有完全忽略比较优势存在的可能，他对于比较优势思想的表述甚至接近于比较优势理论的规范表达，只是他对于比较优势的发现很快就淹没于绝对优势的分析。正如吴易风先生所言："有一个重要事实为政治经济史研究者和国际贸易理论家所忽视。这个事实就是，在政治经济学史上首先把优势区分为绝对优势（absolute advantage）和相对优势（relative advantage）的，不是别人，正是亚当·斯密。虽然这两个术语在斯密的著作中的含义和后来的不尽相同"。③

应当说斯密已经明显意识到相对优势在决定国家间分工中的重要作用，并且在《国富论》中还给出了精辟的描述。在《国富论》第一篇第一章论分工中，斯密在介绍了他著名的制针实例之后，紧接着分析了制造业分工与农业分工的差异，斯密认为，"现在最富裕的国家，固然在农业和制造业上都优于邻国，但制造业方面的优越程度，必定大于农业方面的优越程度。富国的土地一般都耕耘得较好，投在土地上的劳动与费用也比较多，生产出来的产品按照土地面积与肥沃的比例来说也较多；但是，这样较大的生产量，很少在比例上大大超过所花的较大劳动量和费用。在农业方面，富国劳动生产力未必都比贫国劳动生产力大得

---

①③　吴易风：《英国古典经济理论》，商务印书馆 1988 年版，第 655～656 页。

②　马歇尔在其经济学原理中指出："亚当·斯密和许多以前的经济学家依照谈话的习惯，省掉了许多假设句，因而作品表面上取得了简洁的效果。不过，这样做却使得他们常常遭到误解，并在无益的争论中造成了许多时间上的浪费和麻烦"。（阿弗里德·马歇尔：《经济学原理》，华夏出版社，2006 年版，第 23 页）。

多，至少不像制造业方面一般情况那样大得多。所以，如果品质同样优良，富国小麦在市场上的售价，未必都比贫国低廉。就富裕和进步的程度说，法国远胜于波兰，但波兰小麦的价格，与品质同样优良的法国小麦同样低廉。与英格兰比较，论富裕，论进步，法国可能要逊一筹，但法国产麦省出产的小麦，其品质之优良完全和英格兰小麦相同，而且在大多数年头，两者的价格也大致相同。可是，英格兰的麦田耕种得比法国好，而法国的麦田，据说耕种得比波兰好得多。贫国的耕作，尽管不及富国，但贫国生产的小麦，在品质优良及售价低廉方面，却能在相当程度上与富国竞争。但是，贫国在制造业上不能和富国竞争；至少在富国土壤气候位置适宜于这类制造业的场合，贫国不能和富国竞争"。① 可以看出，此处斯密已经超越了对于绝对优势的理解，基本上给出了相对优势决定分工的一个完整诠释，无论是从制造业还是农业来看，富国都占据着绝对优势，而穷国则处于绝对劣势地位，但是富国在制造业上的绝对优势要超过在农业上的绝对优势，这是由农业分工的性质所决定的，因为"农业上劳动生产力的增进，总跟不上制造业上劳动生产力的增进的主要原因，也许就是农业不能采用完全的分工制度"。②斯密此处所要论证的也正是农业内部分工的不彻底性决定了国家间在农业生产上绝对差距相对较小的根本原因，而农业的这种特性恰恰构成了穷国在农业竞争上的相对优势，使得"贫国生产的小麦，在品质优良及售价低廉方面，却能在相当程度上与富国竞争"。引文中斯密两次提到不同水平国家间（分别指英国和法国以及法国和波兰）农业产出的比较，其目的虽然不在于强调比较优势，而是在于说明农业分工的不彻底性以及国家间农业劳动生产率差距的相对微弱性。因为在斯密看来，劳动分工是提高生产率的根本原因，由于农业分工范围和环节的局限性，农业劳动生产率提高的速度慢于制造业生产率的进步，从而导致不同国家相对优势的差异，富国在制造业上占据绝对优势，贫国在农业上处于相对优势地位。因此，富国应当专业化于既具有绝对优势且具有相对优势的制造业的生产，而贫国则是专业化于虽处绝对劣势但却有相对优势的农业的生产，这正是比较优势理论"两优取其重，两劣取其轻"的分工思想。

但是紧接着，斯密论述的指向就显得不够明确。他说："法国绸所以比英国绸又好又便宜，就是因为织绸业，至少在今日原丝进口税很高的条件下，更适合于法国气候，而不十分适合于英国气候。但英国的铁器和粗毛织物，却远胜于法国，而且品质同样优良的英国货品，在价格上比法国低廉得多。据说，波兰除了

---

① ② 亚当·斯密：《国民财富的性质和原因的研究》（上卷），商务印书馆 1983 年版，第 7～8 页。

少数立国所需的粗糙家庭制造业外，几乎没有什么制造业"。③ 斯密的论述好像突然间转到了绝对优势的分析上，并且这里对于外生绝对优势和内生绝对优势也没有加以具体区分，法国绸生产上的优势更像是自然气候条件决定的绝对优势，而英国铁器和粗毛织物生产上的优势更像是劳动分工演化导致的内生绝对优势。④ 并且，随后斯密把注意力转向了分工提高劳动生产率原因的论述上去，恰恰是斯密把分工作为其整个理论基础的表现，斯密所要强调指出的是，无论是个人还是国家都应该根据自身的优势选择对自己有利的分工模式，至于这种优势是相对优势还是绝对优势，却没有具体加以区分，因为"至于一国比另一国优越的地位，是固有的，或是后来获得的，在这方面，无关重要"。⑤ 只是他更多的是在强调绝对优势的重要性，但也并没有忽视相对优势的存在。相对于斯密《国富论》所构建的整个经济理论体系来说，他对于比较优势思想的发现并没有像他的分工理论和绝对优势理论那样引起学者们的注意，但从比较优势理论的发展历程来看这可能算得上是宝贵的思想萌芽了。

（二）绝对优势理论与比较优势理论的内在一致性

我们在前一部分内容中已经论述了斯密较早提出了比较优势的思想，只是斯密没有对经济主体所具有的优势加以具体区分，没有具体指出哪些分工是由绝对优势决定的，哪些分工是由相对优势决定的，使得他对优势的分析更多地偏向于绝对优势决定的分工。但即使单纯地把斯密的贸易理论理解为绝对优势理论，在理论上也是和比较优势理论相一致的。因为李嘉图比较优势的概念既可以指绝对优势中的最大优势，又可以指绝对劣势中的最小劣势，斯密的绝对优势概念在李嘉图这里表现为比较优势的一种特殊情况。

根据斯密的绝对优势理论，一国应当专业化于具有绝对优势产品的生产，用该产品去交换其在生产上处于绝对劣势的产品，即该国将专业化生产并出口劳动生产率较高或者生产成本绝对低的产品，进口其生产率绝对低或生产耗费绝对高的产品。这可以解释部分国家在某些产品上的分工和贸易的原因，例如，法国通过葡萄酒的出口交换英国的制造业产品，这是法国在葡萄酒生产上具有绝对优势，英国在制造业生产上具有绝对优势的表现，正是绝对优势理论的生命力所在。但是，绝对优势理论却无法解释经济发展水平不同的两个国家之间的贸易现象，虽然经济发达国家在两种产品的生产上都具有绝对优势，但是发达国家却依

---

③ 亚当·斯密：《国民财富的性质和原因的研究》（上卷），商务印书馆1983年版，第8页。
④ 我们这里借用了杨小凯等外生比较优势和内生比较优势的概念。
⑤ 亚当·斯密：《国民财富的性质和原因的研究》（下卷），商务印书馆1983年版，第30页。

然与经济落后国家之间发生很大的贸易额，这是绝对优势理论无法解释的。因为根据绝对优势理论，如果一国在两种产品生产上生产率绝对高，而另一国在两种产品生产上生产率绝对低，那么，两国之间将不会发生贸易，这与国际贸易发展的事实是不符的。李嘉图的比较优势理论消除了绝对优势理论的局限，不仅可以解释绝对优势存在条件下的国际贸易发生的原因，而且可以解释不同发展水平国家即使不存在绝对优势时国际贸易发生的原因，因而斯密的绝对优势理论实际上成为比较优势理论的一个特例。

三、斯密对国际贸易利益的论述

以分工贸易为基础的绝对优势理论，构成了斯密自由主义贸易学说的核心内容，但这并未概括其贸易理论的全部。因为斯密对于国际贸易问题的研究和对经济增长问题的研究紧密结合在一起，斯密不仅关注国际贸易在静态资源配置中的利益，即对外贸易带来的消费者福利增进的利益，而且也非常关注对外贸易影响经济增长的动态利益。斯密认为，"金银的输入，不是一国得自国外贸易的主要利益，更不是唯一利益。经营国外贸易的任何地方之间，毫不例外地都可从中得到两种不同的利益。那就是，输出他们所不需要的土地和劳动年产物的剩余部分，换回他们所需要的其他物品。通过以剩余物品换取其他物品来满足他们一部分的需要并增加他们的享受，这种贸易使剩余物品有了价值。利用这个办法，国内市场的狭隘性并不妨碍任何工艺或制造业部门的分工发展到十分完善的程度。由于给国内消费不了的那一部分劳动成果开拓了一个比较广阔的市场，就可以鼓励他们去改进劳动生产力，竭力增加他们的年产物，从而增加社会的真实财富与收入。对于彼此进行对外贸易的所有不同的国家，对外贸易都不断地从事完成这些伟大而重要的工作。当然，经营国外贸易的商人一般总是较多地注意供应本国人民的需要和输出本国的剩余物品，较少地注意供应别国人民的需要和输出别国的剩余物品，所以最受国外贸易的利益的，是商人所在的国家，但通商各国也都得到巨大的利益"。[①] 斯密这里提到的"两种不同的利益"，前者是指贸易产生的资源配置方面的静态利益，因为贸易让一国剩余产品实现了其价值，并带来了增进其享乐的其他物品，这种静态贸易利益在后期古典经济学家的理论中逐渐演化为对国际贸易静态水平效应的分析。而后种利益则体现为对外贸易通过市场扩大效应促进国内分工，改进了他们的生产力，增加了国内财富的创造，这明显是国际贸易对国内经济增长的动态利益。

---

① 亚当·斯密：《国民财富的性质和原因的研究》（下卷），商务印书馆1983年版，第18～19页。

劳动分工是斯密解释贸易和增长的核心，在斯密看来，劳动分工是生产率增长的主要来源，所以在《国富论》开篇第一句话斯密即指出，"劳动生产力最大的改良，以及在任何处指导劳动或应用劳动时所用的熟练技巧和判断力的大部分，都是分工的结果"。① 他的制针实例充分论证了这一点，并且斯密还明确指出分工的三个直接好处。"有了分工，同数劳动者就能完成比过去多得多的工作量，其原因有三：第一，劳动者的技巧因业专而日进；第二，由一种工作转到另一种工作，通常须损失不少时间，有了分工，就可以免除这种损失；第三，许多简化劳动和缩减劳动的机械的发明，使一个人能够做许多人的工作"。② 国际贸易扩展了国内市场，克服了国内市场的狭小，为国内市场资源的充分利用创造了条件，可以使国内分工发展到尽可能完善的程度，提高了一国的生产能力使其年产出最大化。因为一国国内市场的有限性限制了分工的深化和发展，这不利于财富的创造和增进，一国专业化于其优势产品的生产，交换其处于不利情况下的产品，不仅可以保证消费者以较低的价格获得更高的福利，而且可以保证国内资本的更充分利用，克服国内市场狭隘的束缚。对于斯密来说，增长理论和贸易理论是一个问题的两个方面，二者是如此紧密地结合在一起，因此有必要把二者结合起来进行考虑（Chandra，2004）。

第二节　比较优势理论的创立

比较优势理论从思想概念的提出到最终成为普遍接受的一个系统化理论体系，经历了很长的时期，虽然大卫·李嘉图（David Ricardo）是比较优势理论的集大成者，但是许多学者对比较优势理论的完善和精炼做出了巨大贡献，使之逐渐成为学术界普遍接受的一个信条。

一、关于比较优势原创性的插曲

关于比较优势理论最早提出者的争论已经持续了100多年，以塞利格曼（Seligman，1903，1911）、契普曼（Chipman，1965）、伊文（Iewin，1996）、曼尼奇（Maneschi，1998）为代表的一批理论学家认为，比较优势思想最早提出者的荣誉应当归于托伦斯（Torrens，1808，1815，1826），而以豪兰德（Hollander，

①② 亚当·斯密：《国民财富的性质和原因的研究》（上卷），商务印书馆1983年版，第5页、第8页。

1911）、斯拉法（Sraffa，1930）、拉芬（Ruffin，2002）为代表的众多理论学者则坚称比较优势理论思想最早的正确提出主要是李嘉图的贡献，相信在此问题上的争论还会引起许多经济史学家的兴趣。我们这里无意对比较优势最早提出者问题上的争议加以详细评析，但是为了全面正确地认识比较优势的发展历程，我们认为有必要把托伦斯和李嘉图早期对比较优势思想的论述加以简单地介绍说明。

在经济学说史上，罗伯特·托伦斯被认为是 19 世纪上半期一位非常出众的经济学家，他的思想反映了经济思想的主要潮流，但他在地租理论、工资理论、比较优势、利润理论等对构成经济思想主流方面的内容做出了众多贡献，却因为同时代更伟大经济学家——李嘉图、马尔萨斯、约翰·斯图亚特·穆勒的成就而显得失色。[①] 的确，在比较优势理论方面的成就，似乎学术界更偏向于把它归功于李嘉图而不是托伦斯，这可能也是斯皮格尔为之感到惋惜和不平的原因之一。正如契普曼（1965）所说，正确认识托伦斯在提出比较优势上作用的关键是：（1）托伦斯是否论及比较优势原则；（2）托伦斯对于比较优势的论述是否正确；（3）托伦斯对比较优势的论述是否受到李嘉图的影响。这就要求我们对托伦斯的原述加以重新审视，从而对其在比较优势理论发展上的原创性做出审慎的辨别。

托伦斯对比较优势思想有关的论述虽然曾多次出现在他不同时期的著作当中，但是基本内容主要体现在他早期的两篇论文中，一篇是 1808 年的《被驳斥的经济学家》（*the economists refuted*），另一篇是 1815 年的《关于对外谷物贸易》（*an essay on the external corn trade*）。虽然有学者（Ruffin，2002）认为，李嘉图早在 1816 年就正确地形成了关于比较优势的思想，但是李嘉图对比较优势理论的完整表述则出现在他 1817 年的代表作《政治经济学及赋税原理》中。从产生时间上来看，托伦斯对于比较优势思想的论述明显早于李嘉图，这可能是许多学者把比较优势思想的首创荣誉归于托伦斯的重要原因，从这一点上来看，托伦斯对于比较优势思想的论述应当是独立于李嘉图的。

托伦斯在《被驳斥的经济学家》一文中，对于国际交换的论述被许多学者认为是比较优势思想的最早起源，他说："确定从商业中获利数量的唯一方法就是要确定国外劳动分工增加人类工业生产力的程度。这样，如果我想知道英国在从用价值 100 英镑的精细棉布（broadcloth）交换法国价值 100 英镑的缎带（lace）中获利的程度，我将拿英国在交易中获得的缎带的数量与其在国内花费同样的劳动和资本费用所生产的数量进行比较。交换中英国得到的缎带数量，超过同样价值布的生产所用的资本和劳动如果在国内用来生产缎带的数量，就是英国从交换

---

① 亨利·威廉·斯皮格尔：《经济思想的成长》（上册），中国社会科学出版社 1999 年版，第 299~301 页。

中所得到的利益量"。这里托伦斯对于国际交换的分析还不能清晰地看出比较优势分析的轮廓，因为首先托伦斯这里的分析不是基于李嘉图意义上的比较成本的分析，而是基于区域劳动分工（territorial division of labour）的分析，他没有对两国内两种商品的交换比率进行比较，而比较优势的核心强调两国内两种商品交换比率的比较。再者，托伦斯这里的分析虽然从李嘉图比较优势的角度分析可以成立，但是此处对于比较优势的表述也不够准确，没有明确指出英国在布和缎带上优势的大小，所以即使按照斯密绝对优势的分析，这里英国在以布交换法国缎带上的优势也是可以成立的。因此，拉芬（Ruffin, 2002）认为，在没有李嘉图比较优势理论的前提下，把托伦斯在这里对贸易交换的论述看作是对比较优势思想的表述可能是不正确的。

虽然托伦斯后来明确地指出他在 1808 年对于贸易交换的分析是与李嘉图比较优势原则相一致的，但是只有在 1815 年《关于对外谷物贸易》一文中我们才可以清晰地看出比较优势的轮廓。在该文中他在谈论对外谷物自由贸易对农业进步的影响时指出，很多人认为，如果英国可以和波兰同样便宜地种植谷物，谷物就应在英国国内种植。虽然这看似正确，实则谬误。如果英国在制造业上获得了如此程度的技术，即用任意给定比例数量的资本生产一定数量的布从波兰交换的谷物数量，要高于用这些资本在本国土地上种植谷物时的数量。这样即使英国的土地与波兰的一样好，甚至好于波兰，英国也会有部分土地闲置。因为，虽然资本用于国内种植带来的利益要高于在把这些资本用在国外种植上获得的利润，但是在前面的假设条件下，应当把那些资本用于制造业上的生产以创造更多的利润，这些更大的利润将决定英国工业的发展方向。此处，虽然托伦斯没有像李嘉图一样用具体的数字比较分析两国间在谷物和制造业上的差异，但是托伦斯明显地意识到以斯密绝对优势分析国际贸易的不足，而把贸易动因和分工基础的考虑归于比较优势方面的差异，并且对于比较优势的表述也基本上和李嘉图相一致。1826 年，托伦斯重述了自己在《关于对外谷物贸易》一文中的思想："国外生产成本高于国内的商品仍然可能会进口，只要国外资本家在生产我们进口品上的比较劣势（comparative advantage）低于交换中英国国内资本家在出口品生产上的比较优势（comparative advantage）"。[①] 这里，托伦斯不仅把自己的比较优势思想表述得更加清晰，而且正式使用了标准理论意义上的"比较优势"（comparative advantage）这一概念，对于比较优势理论思想的发展来说也是一个进步。对于托伦斯在比较优势原创性上的贡献，约翰·斯图亚特·穆勒（1862）最早给予了肯

---

① 转引自：Edwin R. A. Seligman, On Some Neglected British Economists, The Economic Journal, 1903, Vol. 13, No. 51, pp. 335 – 363.

定："有一个时候我曾经相信，李嘉图先生是目前政治经济学家所普遍承认的一种学说，即关于一国得自对外贸易的利益的性质和尺度的学说的唯一的创造者。但是，由于托伦斯上校的早期著作之一《对经济学家的反驳》的再版至少已证实托伦斯有权同李嘉图先生一起成为这个学说的创始者，而就他最早发明这一点而言，他还可以独占创始这个学说的功绩"。①

托伦斯与李嘉图作为同时期的经济学家，他们在理论研究上曾经保持着沟通，甚至连托伦斯自己也承认在价值、利润等理论上受到了李嘉图的影响，但是现有的文献资料没有清晰的证据表明，二者在比较优势理论的形成上产生了相互影响。托伦斯先于李嘉图解释了比较优势的思想，但是李嘉图的经典著作中并未提及托伦斯，虽然托伦斯先于李嘉图对比较优势思想做出了阐述，但是他的论述并不完整，而李嘉图不仅清晰地阐明了比较优势在决定国际分工和贸易中的作用，还对比较优势成立的前提做出了详细说明，例如，比较优势理论要素在国家间不可自由流动的核心假设，并且对于贸易利益的分析，李嘉图的论述也明显要比托伦斯的说明更加全面、详细。所以，李嘉图经典著作《政治经济学及赋税原理》一书一经问世，就使得比较优势理论很快地被贴上了"李嘉图"的标签，成为李嘉图的"专利"，但是，比较公允的评判是二者都对比较优势思想的形成做出了原创性贡献。

二、比较优势理论的初步形成

虽然在比较优势理论思想的提出上，托伦斯走在了李嘉图的前面，但是毫无疑问李嘉图第一个较为完整且令人信服地论证了比较优势在决定贸易模式中的作用，并对整个贸易理论进行了系统地阐述。李嘉图对于比较优势理论的论述是如此的清晰、完美，以至于托伦斯在 1844 年放弃了对比较优势的著述权，并把比较优势理论归为李嘉图关于国际交换的贸易学说（Hollander，1911）。虽然，约翰·斯图亚特·穆勒在《经济学原理》（第六版）中对于托伦斯在比较优势上的发现给予了肯定，但是李嘉图在比较优势理论的假设条件、理论叙述和贸易利益上的认识为比较优势理论的形成奠定了最为坚实的基础，因此，比较优势理论的形成更大程度上还是被普遍认为是李嘉图的贡献。

（一）李嘉图关于比较优势理论的经典假设

主流国际贸易教材充分地揭示出，比较优势理论完美逻辑的起点在于它的严

---

① 约翰·穆勒:《政治经济学原理》，商务印书馆 1991 年版，第 116～117 页脚注。

格的假设条件，埃奇沃思（F. Y. Edgeworth）最先指出李嘉图之后的国际贸易学说中暗含着诸如成本不变、国际间生产要素不能完全流动等一系列假定（姚贤镐，漆长华，1990），但是作为比较优势理论成立的重要前提，李嘉图已经充分认识到这些假设的重要性，并且多次对此进行了强调。

李嘉图比较优势模型的重要特征，是只存在一种生产要素——劳动，这是因为李嘉图认为劳动是决定商品价值大小的唯一因素，虽然资本和土地等要素在商品的生产过程中发挥着重要影响，但是却不会影响商品价值。李嘉图认为，支配一个国家中商品相对价值的法则不能支配两个或更多国家间互相交换的商品的相对价值。[①] 在国内商品价值的决定上，劳动价值论发挥着决定作用，而支配国际交换的却是比较优势原则。"对外贸易的扩张虽然大大有助于一国商品总量的增长，从而使享受品总量增加，但却不会直接增加一国的价值总额"。[②]虽然李嘉图不认为国家间劳动价值能够像国内一样具有可比性，但是他在价值决定上依然坚守了劳动的核心作用，似乎是把比较优势的分析引向单一劳动因素分析的重要原因。

生产要素的流动性也是比较优势模型的重要假定条件，即生产要素在国内不同的部门和地区间可以自由流动，但是在国际间完全不可流动，该假定是比较优势原则成立的关键，也被契普曼（Chipman，1965）认为是李嘉图贸易学说最突出的特征，因此李嘉图在《政治经济学及赋税原理》一书中不遗余力地强调其重要性。首先，李嘉图深刻地认识到生产要素在国家间流动面临明显高于在国内流动所要克服的困难，他明确指出，"只要想到资本由一国转移到另一国以寻找更为有利的用途是怎样困难，而在同一国家中资本必然会十分容易地从一省转移到另一省，情形就很清楚了"。[③] "不过经验表明，有种种因素阻碍着资本移出"。[④]国家间要素不可流动为国家差异导致的商品交换奠定了前提，因为商品在国际间流动的障碍要低于生产要素所要面临的障碍。再者，李嘉图之所以非常强调要素在国际间不可流动性的重要性，也是因为他意识到如果要素可以完全自由流动的话，国家差异导致的分工贸易就将成为多余，因为生产要素的自由流动会在很大程度上消除这些差异，要素所有者对于利益的追逐将导致要素的流动代替产品的进出口。

李嘉图不仅注意到众多假定条件在比较优势原则成立中的作用，他甚至还指出许多现实因素对于国际交换可能产生的影响，例如，他曾深刻认识到需求偏好等因素的作用，"任何一种制造品的需求都不仅要受购买者的需要支配，并且要受其嗜好和变化无常的欲念支配"。[⑤]当然，现今主流国际贸易教材对李嘉图比较优势理论所给出的假设条件更加严格，但是也许正是李嘉图较为宽松的假定才使

---

① ② ③ ④ ⑤　大卫·李嘉图：《政治经济学及赋税原理》，商务印书馆1962年版，第112页、第108页、第114页、第115页、第224页。

得比较优势从一开始就对国际贸易现实具有了较强的解释力。

(二) 李嘉图对比较优势理论的精美阐释

随着经济学的发展，比较优势理论在分析工具和分析方法上都在不断地取得进步，但是比较优势理论的核心却仍然是李嘉图利用四个神奇的数字所揭示的精髓。《政治经济学及赋税原理》第七章——《论对外贸易》被认为是李嘉图对比较优势贸易理论学说的经典阐述，但是李嘉图对于比较优势原则的强调并不仅仅体现在该章中，在其他章节中李嘉图对比较优势原则也有过多次精彩阐述，例如，第九章论农产品税、第二十一章积累对利润和利息的影响，不仅充分体现出比较优势理论作为李嘉图贸易理论学说基础的作用，也在一定程度上表明了比较优势理论在李嘉图整个经济理论体系中的作用。

前文指出，亚当·斯密绝对优势理论与李嘉图比较优势理论具有内在的逻辑一致性，绝对成本理论构成了比较优势理论的起源，但是李嘉图对于绝对成本理论的继承和发展是在对斯密的经济理论进行系统批判的基础上进行的。李嘉图首先对贸易可以提高一国的一般利润率的观点进行了批驳，他认为对外贸易的扩张虽然可以增加可消费商品的总量，并增加维持劳动者就业的基金和在投入上所需的原料，但是国内利润率的提高却不是市场扩张的结果，提高利润的唯一途径必须是降低工资，对外贸易的扩张只有在带来广大劳动者消费的食物和必需品价格降低的情况下才会导致国内利润的上升。同时，李嘉图对斯密一国内部利润率趋于相等的观点给予了肯定，但是，却指出由于生产要素在国内外流动性上的差异导致了各国间在产品生产上的分工和贸易，李嘉图对各国分工和交换基础的分析不再遵从斯密绝对优势差异的分析，而认为是国家间比较优势理论上的差异构成了国家间分工和贸易的互利结果。

李嘉图认为，绝对优势在国际贸易模式决定中的作用有可能失效，"支配一个国家中商品相对价值的法则不能支配两个或更多国家间互相交换的商品的相对价值，"因而把对贸易动因的分析归于国家间比较优势的差异，他利用四个神奇的数字，精美地诠释比较优势的内在逻辑，他的方法可以简单地概括在表2-1中。[①]

表2-1　　　　　　　　两国生产毛呢和葡萄酒的劳动耗费

	英国	葡萄牙
1单位毛呢	100人·年	80人·年
1单位葡萄酒	120人·年	90人·年

---

① 大卫·李嘉图：《政治经济学及赋税原理》，商务印书馆1962年版，第113~114页。

表 2-1 中数据表示了英国、葡萄牙两国在单位毛呢和葡萄酒生产耗费上的差异。根据斯密绝对优势理论，葡萄牙在两种产品的生产上都占绝对优势，英国则处于绝对劣势，我们无法确定两国之间的贸易模式。但是李嘉图认为，如果放弃两国在绝对生产成本上的比较，而比较两国分别在两种产品比较成本上的差异的话，就可以确定英国应该专业化生产毛呢而进口葡萄酒，葡萄牙专业化于葡萄酒的生产而从英国进口毛呢，这对两国来说都非常有利。因为在英国单位毛呢与葡萄酒的价值比率是 5/6，但是在葡萄牙这一比率则是 8/9，毛呢在英国相对便宜，因此英国在毛呢的生产上具有比较优势，同样，葡萄牙在葡萄酒的生产上具有比较优势。

这样，李嘉图在坚持劳动价值分析的基础上，利用比较优势原理解决了国际分工和国际贸易模式的决定问题，也解决了劳动价值规律在国际间"失效"的问题。因此，英国将以一百人的劳动产品交换八十人的劳动产品。这种交换在同一国家中的不同个人间是不可能发生的。不可能用一百个英国人的劳动交换八十个英国人的劳动，但却可能用一百个英国人劳动的产品去交换八十个葡萄牙人、六十个俄国人或一百二十个东印度人的劳动产品。[①]

虽然李嘉图用四个简单的数字清晰地阐述了比较优势的基本内容，但他并未忽略对比较优势进行系统地概括，他指出"由此看来，一个在机器和技术方面占有极大优势因而能够用远少于邻国的劳动来制造商品的国家，即使土地较为肥沃，种植谷物所需的劳动由于比输出国更少，也仍然可以输出这些商品以输入本国消费所需的一部分谷物。比方说，如果两人都能制造鞋和帽，其中一个人在两种职业上都比另一个人强一些，不过制帽时只强五分之一或百分之二十，而制鞋时则强三分之一或百分之三十三，那么这个较强的人专门制鞋，而那个较差的人专门制帽，岂不是对于双方都有利么？"[②]这是李嘉图在他的代表著作中对比较优势理论又一次精准地概述，他不仅精确地表达了"两优取其重，两劣取其轻"的原则，而且把国家间比较优势原则推演到适用于个人的分析，也构成了国家内部分工的理论基础。虽然在李嘉图之后，比较优势理论在表示方法和分析工具上在不断地向前推进，但是比较优势的基本逻辑基本上都囿于李嘉图的框架。

（三）李嘉图关于贸易利益和贸易政策的认识

李嘉图比较优势贸易学说的阐述，贯穿了对于贸易利益和贸易政策的分析，是其形成完整贸易理论的必备要件。

李嘉图认为，各国按照各自比较优势进行分工贸易，将获得多种巨大的贸易

---

①②　大卫·李嘉图：《政治经济学及赋税原理》，商务印书馆 1962 年版，第 114 页、第 138 页注释。

利益，这不仅包括直接的静态水平分工利益和动态经济增长利益，也包括一些间接社会利益。从静态贸易利益来看，国际贸易可以增加一国产品消费的种类、数量和质量。李嘉图指出，"我们之所以制造商品并用来在外国换购其他物品，是因为这样做比在国内制造能获得更多的数量。如果没有这种贸易，我们马上就会再行自己制造"。[①] 如果葡萄牙和其他国家没有通商关系，那么，它便不能用大部分资本和劳动制造葡萄酒，然后用来从其他国家换回本身需用的毛呢和金属制品，而必须用这资本的一部分制造这些商品。它这样获得的这些商品在质量和数量上也许都要差些。[②]

李嘉图对于动态贸易利益的强调，是和生产率进步和经济增长相联系的。他认为，各国按照比较优势进行分工和交易，有助于各自在所专业化行业的生产率进步，这将推动各国专业化行业生产能力的扩张。李嘉图还意识到，对外贸易通过增加一国所获得的产品的种类和数量，降低了消费品的价格，这有助于刺激一国的储蓄和资本积累，二者可以为经济的长期增长提供持久动力。

对外贸易的间接利益也引起了李嘉图的极大兴趣，他说："在商业完全自由的制度下，各国都必然把它的资本和劳动用在最有利于本国的用途上。这种个体利益的追求很好地和整体的普遍幸福结合在一起。由于鼓励勤勉、奖励智巧，并最有效地利用自然所赋与的各种特殊力量，它使劳动得到最有效和最经济的分配；同时，由于增加生产总额，它使人们都得到好处，并以利害关系和互相交往的共同纽带把文明世界各民族结合成一个统一的社会"。[③]

对外贸易的巨大利益，让李嘉图提出了对自由贸易政策的强烈诉求。因为李嘉图看来，"最能保障整体利益的莫过于把总资本作最有利的分配，也就是实行普遍的自由贸易"，[④]"如果将国家在贸易上所加的一切限制一扫而空，让贸易在它自己富有活力的原则下寻找它的道路前进，那就准定会使贸易在差不多漫无止境的情况下增长"。[⑤]因此，实行自由贸易才可能实现各国获得最大的福利，在自由市场的作用下，经济主体的自利化最优选择也将保证社会资源配置的最优化，政府不应当对进口贸易有所限制和干预，否则，市场自发有效配置资源的机制就将遭到破坏，配置效率也将下降。

（四）对于李嘉图比较优势理论的简单评述

李嘉图以比较优势理论为核心，系统地阐发了对于贸易理论和实践的深刻认识，市场自由主义的思想在李嘉图的推动下获得了较大发展，《谷物法》的废除

---

① ② ③ ④ 大卫·李嘉图：《政治经济学及赋税原理》，商务印书馆 1962 年版，第 251 页、第 113 页。
⑤ 斯拉法：《李嘉图著作和通信集》（第 7 卷），商务印书馆 1983 年版，第 447 页。

代表着他把自由贸易主义的思想大大地向前推进了一步。李嘉图比较优势理论以很强的包容性开启了贸易理论发展的新纪元，它不仅为斯密绝对优势理论的分析提供一个更加一般性的分析框架，而且也能够为要素禀赋理论提供一个借鉴性的逻辑框架。

虽然比较优势理论几乎被视作李嘉图的专利，但是李嘉图实际上很少用到比较优势（comparative advantage）或比较成本（comparative cost）来称呼自己的理论，他多次使用了一个意思有些接近的比较价值（comparative value）的概念，即使在少有的几次用到比较优势（comparative advantage）和比较劣势（comparative disadvantage），他也不是用在贸易理论的表述上，意思也不同于一般理论意义上的比较优势，或许李嘉图太注重强调比较优势理论在应用上的价值，而不认为称谓上会有什么重要性。李嘉图比较优势理论以单一要素劳动作为分析国际贸易产生的动因和影响，对于国际贸易现实来说具有一定的局限性，李嘉图模型在形式和内容上还存在一些缺陷，也许正是因为在这些方面的不足，使得比较优势理论在发展过程中为进一步深化研究提供了巨大空间。

三、李嘉图比较优势理论基础地位的确立

李嘉图对于比较优势原理的精美诠释，得到了他的信徒詹姆斯·穆勒（James Mill）和约翰·斯图亚特·穆勒（John Stuart Mill，以下穆勒特指约翰·斯图亚特·穆勒）的坚决拥护，一定意义上说，正是穆勒对李嘉图比较优势不遗余力地支持与宣扬才使得比较优势理论确立了在贸易理论分析中的核心地位。穆勒对于比较优势理论的发展做出了重要的贡献，这突出表现在三个方面：第一，他完整地继承了李嘉图比较优势思想，并把比较优势理论写进了他的经典教科书《经济学原理及其在社会哲学上的若干应用》，使得比较优势理论的基础性地位得以确立；第二，穆勒在贸易利益的认识上发展了斯密和李嘉图的思想，他对贸易利益的认识代表了古典贸易理论发展的最高水准；第三，穆勒解决了国际交换条件的确立问题，这对于比较优势理论是一个重大补充。对于穆勒第三方面的贡献我们将在下节中详细介绍，本节我们将具体介绍其前两个方面的贡献。

（一）比较优势理论的确立

埃尔斯沃斯和利思（Ellsworth, Leith, 1992）对于穆勒在贸易理论上的成就给予了充分肯定，他们指出：整个19世纪，有两个人在国际贸易理论领域是出类拔萃的，那就是大卫·李嘉图和约翰·斯图亚特·穆勒，约翰·穆勒除

了在贸易条件分析上的巨大贡献外，还以更明确的方式复述了比较成本学说。约翰·穆勒所给出的比较优势的分析形式，成为未来几代人分析比较优势的工具（engine），并且在贸易理论上构成了一切向前发展的起点（Ruffin，2002）。

穆勒是一位谦逊的经济学家，他把《政治经济学原理》视作对斯密、李嘉图等人理论的重述，但是"在结合现代广泛的知识和新进的思想对旧理论加以补充、引申时，穆勒提出了许多自己的意见"。[①] 在对比较优势理论的处理上，穆勒把它归为主要是李嘉图的贡献，但是穆勒在对李嘉图比较优势理论复述的过程中的确增加了不少并非微不足道的补充。

穆勒在价值理论上接受了李嘉图的劳动价值论，他说："生产费用的主要组成部分是劳动，劳动如此重要，以致可以说是生产费用的唯一组成部分。生产某物品使生产者或者说一系列生产者花费的，是用来生产该物品的劳动"。[②] 与李嘉图一样，穆勒也意识到国家间劳动力的非同质性对于适用于国内价值决定和国际价值决定上的冲突，因为"如果用一天的劳动在美国可以买到的普通消费品，比在英国多一倍，那么坚持认为劳动在这两个国家具有同样的价值，不同的只是其他各种物品的价值，则似乎是一种徒劳无益的狡辩"。[③] 这样，国际贸易理论首先要解决的就是国际价值的决定问题，虽然穆勒同样采用了比较优势原则对此做出了解释，但是他采用了一种更加接近现实的方法，而穆勒在此问题上的分析似乎没有引起后来学者们的注意。穆勒认为，对于许多商品来说，价格差异是产生贸易的主要原因，他说："有许多商品虽然可以毫无困难的尽量生产，却仍由远方输入。对于这种情况的一般解释是，输入比生产便宜；这种解释确实是有道理的。但是，这个解释本身仍需要加以解释"。[④] 因为国际上不同国家间在相同商品生产上的劳动耗费无法比较，适合国内价值分析的原则在国际价值的分析上并不适用，所以："售价最低的物品有时并不是在能以最少的劳动和节欲生产的地方生产的。英格兰可以从波兰输入谷物，而以毛织品偿付，虽然英格兰在谷物和毛织品的生产上（从劳动耗费来看）都比波兰具有大得多的优势。英格兰也可以将棉织品输往葡萄牙以换取葡萄酒，虽然葡萄牙能以少于英格兰的劳动和资本生产棉织品"。[⑤] 这表明，以劳动为主要构成的绝对生产费用不能作为衡量国际价值的尺度，随后穆勒从生产要素国家间流动的限制说明内在的原因，因为人口和资本在国家间的流动远比一国内部的流动困难，因此劳动和资本的报酬在国家间存在极大的不平等，并且这种报酬差异无法通过人口和资本的流动而改变。由于各

---

① 引自陈岱孙为约翰·穆勒：《政治经济学原理》所做的中译本序言。

② 约翰·穆勒：《政治经济学原理》（上卷），商务印书馆1991年版，第512页。

③④⑤ 约翰·穆勒：《政治经济学原理》（下卷），商务印书馆1991年版，第106页、第114页、第114～115页。

国在不同商品的生产上的劳动生产率的差异程度不同，导致不同国家在他们优势较大的产品的生产上具有相应的价格优势，价格的差异导致了国际贸易的产生。这样，国家间比较优势上的差异构成了国际贸易的基础：虽然这些国家在一切生产上较之这一国家都具有优势，但是它们生产某些物品可能比生产其他物品更为有利，它们将由此发现，输入在生产上优越性最小的物品，从而能以较多的劳动和资本来生产优越性最大的物品，是它们的利益所在。[①]

虽然李嘉图已经指出绝对优势理论在分析国际贸易动因上的局限性，但是穆勒更明确区分了绝对优势与比较优势在分析国际贸易动因上的差异，这种区分成为之后国际贸易理论对绝对成本和比较成本理论的标准划分。穆勒说："决定交换的不是绝对生产费用的不同，而是比较生产费用的不同。虽然英格兰的矿山和棉纺厂较之瑞典都更具生产性，但是英格兰用棉织品交换瑞典的生铁，仍可获得利益；因为如果英格兰生产棉织品的利益大于瑞典一半，而生产生铁的利益只大于瑞典四分之一，而且，如果英格兰可以按照瑞典自行生产时所必需支付的价格将棉织品卖给瑞典，那么，英格兰换取瑞典的生铁，将同生产棉织品一样获得大于瑞典二分之一的利益。在同外国人做生意时，我们常常能以小于外国人自己生产时所需花费的劳动和资本来获得他们的商品。这种交易对外国人仍然是有利的，因为他在交换中得到的商品，虽然我们生产时所花费的较少，但是他自己生产却需较多的费用"。[②]为了更加准确具体地说明绝对成本差异并不能构成国际贸易产生的充分条件，只有比较成本差异才会导致不同国家专业化于各自具有比较优势产品的生产并相互交换，从而提高各自的福利。

假设波兰和英国在单位毛织物和谷物生产商的劳动耗费，如表2-2所示。根据绝对优势理论，波兰在两种商品的生产上都拥有绝对优势，英格兰则均处于绝对劣势，两国没有发生贸易的可能，同时两国也没有发生贸易的必要。因为即使在不考虑运输成本和交易成本的条件下，英格兰1单位的毛织物运到波兰所能交换的谷物数量并不比在国内换到的多，这不会产生任何利益，因此两国不会发生产品的贸易，说明绝对成本的差异不一定能产生国际贸易。

表2-2 两国生产毛织物和谷物具有相同的劳动耗费

	英格兰	波兰
1 单位毛织物	150 天	100 天
1 单位谷物	150 天	100 天

①② 约翰·穆勒：《政治经济学原理》（下卷），商务印书馆1991年版，第116页、第116~117页。

如表 2-3 所示，如果英格兰与波兰在两种物品的生产上不仅绝对生产费用不同，而且比较生产费用也不同，那么，两国分别选择生产自己具有比较优势的产品，并交换自己处于比较劣势的物品，则两国都可以获益。可以看出，波兰在谷物的生产上具有比较优势，英格兰在毛织物的生产上具有比较优势。因为一国内部不同商品的相对价值由所耗费的劳动数量决定，因此，在波兰 1 单位谷物可以交换 1 单位的毛织物，在波兰 1 单位谷物可以交换 4/3 单位的毛织物。如果波兰专业化于谷物的生产，并用谷物交换英格兰专业化生产的毛织物，1 单位波兰谷物在英格兰则可以得到 4/3 单位的毛织物，高于在国内市场上两种产品同时生产时所获得的毛织物数量。同样，英国也会在交换中获益。

表 2-3　　　　　　　　两国生产毛织物和谷物具有不同的劳动耗费

	英格兰	波兰
1 单位毛织物	150 天	100 天
1 单位谷物	200 天	100 天

（二）贸易利益的全面阐述

斯密和李嘉图都对国际贸易的利益有过深刻地论述，并且他们都指出国际贸易的多种利益所在，但是他们对于贸易利益的认识缺乏系统地分析，在个别方面的认识上还存在有待澄清的地方。穆勒在接受李嘉图比较优势分工贸易理论的基础上，对于国际贸易的利益做出了更加系统全面的阐述，代表着古典贸易利益认识上的最高水平。

1. 比较优势分工的直接利益

遵循李嘉图在贸易利益上的分析思路，穆勒首先指出国际贸易的直接利益所在："将它可以使一些国家借此获得它们自己完全不能生产的商品这一点略去不计，它的好处在于能使世界上的各种生产力得到更为有效的利用。如果相互交易的两国试图在物质条件许可的范围内，为它们自己生产目前相互输入的物品，那么，两国的劳动和资本就不会具有现在这样大的生产性，两国也不会获得如果将劳动和资本用于生产（为本国，也为别国）劳动效率相对最高的物品而可能获得的那么多商品。因而，两国生产物的增加，便是从事贸易的利益所在"。[①] 即使一国在所有商品的生产上都具有绝对优势，但只要存在比较成本的差异，则各国

---

① 约翰·穆勒：《政治经济学原理》（下卷），商务印书馆 1991 年版，第 119 页。

专业化于比较优势产品的生产，各国均可以获得"直接贸易利益"。

在穆勒看来，对外贸易的唯一直接利益在于输入，不仅表现为一国通过贸易获得本国无法生产的某些物品，还表现为可以获得它必须用比生产供偿付用的输出品所花费更多的劳动和资本才能生产的某些物品。因而，这一国家可由同一劳动和资本获得其所必需的商品的更充分供给；或者以较少的劳动和资本换得同样的供给，而以剩余的劳动和资本生产其他物品。进而，穆勒对重商主义只注重商品输出的观点提出了尖锐的批评，"庸俗的理论无视这种利益，认为通商的利益在于输出；似乎一国对外贸易的利益不是由其所输入的物品构成，而是由其所输出的物品构成"。[①] 穆勒认为，斯密对外贸易可以为本国剩余产品提供出路的观点是重商主义思想的残余，"这种说法所包含的观念同人们清楚地看到的与此有关的现象是不相容的"。[②] 穆勒还区分了对外贸易的商人利益和国家利益，他认为对外贸易的直接利益并不是表现为商人财富的增加，而主要体现为消费者所付的较低价格，"通商实际上是使生产物便宜的一种方法；因此在这种情况下，最终得到利益的人是消费者"。

2. 比较优势分工的间接利益

相对于对外贸易的直接经济利益，穆勒认为对外贸易所带来的间接利益是更高一级的利益。穆勒把对外贸易的经济增长利益视作间接利益的重要构成，他认为对外贸易会从两个方面对一国经济增长产生积极影响。一方面，对外贸易通过市场的扩大效应可以促进分工，促进机械的发明和改进，不仅带来同一地方某种物品生产能力的增进，而且有助于普遍地增加世界上的各种生产力；另一方面，对于一些落后国家和民族来说，对外贸易可能会通过激发其人民对新的物品消费和追求的欲望，来消除其本身可能存在的怠惰，使其更勤奋地工作，"甚至为了将来能够更加充分地满足这些爱好而积蓄金钱和积累资本"。

与间接的经济利益相比，穆勒更看重通商在知识和道德上所起的作用。他认为，对外贸易，首先，可以促进思想方式和行为方式在国家和民族间的传播，各文明国家之间通过商业上的往来是现代社会进步的主要源泉。其次，各民族之间的彼此差异至少使每个民族具有特性上的比较优势，这可以为其他民族提供经验和借鉴，也有利于各民族的共同进步。最后，对外贸易还可以使各民族认识到一个富裕的近邻远比一个衰弱、贫穷和管理不善的邻国重要，通商的增加可以消除战争的威胁。因此，穆勒总结道："可以毫不夸张地说，国际贸易的高度扩展和

---

① 约翰·穆勒：《政治经济学原理》（下卷），商务印书馆1991年版，第120页。

② 穆勒对于斯密剩余产品出路的解读并不高明，因为斯密剩余产品出路理论同时包含静态贸易利益和动态贸易理论的分析，但是穆勒仅就斯密的静态贸易利益提出了批评，而在间接利益的分析上，又回到了斯密的分工学说上，这似乎显得有失偏颇。

迅速增加，是世界和平的主要保证，是人类的思想、制度和品性不断进步的巨大而永久的保障"。[1]

四、李嘉图模型的扩展

李嘉图以比较成本为基础对于国际贸易模式的分析，只考虑了两国两种产品的情形，但是他并不是没有注意到国际交换中超过两种商品存在的现实，他说："为了使问题简单起见，我一直假定两国之间的交易只限于葡萄酒和毛呢两种商品。但是大家知道，在输出和输入的贸易单上所列的物品却是种类繁多、千差万别的"。[2] 在李嘉图看来，适用于两国两种商品分析的比较优势原则同样也适用于多国、多种商品情形，只不过对于这些扩展的复杂情形，李嘉图并没有给出具体的分析。对此，许多古典贸易理论学家根据比较优势分析的基本原则，把李嘉图的两国、两商品情形扩展到为更加符合实际的多国、多商品情形的分析，从而把比较优势理论的研究和理解不断向前推进。

比较优势模型的扩展分析是从两个基本方向入手的：第一是在两国的基础上引入了多种产品进出口商品决定的分析，第二是在两种商品的基础上把参与交换的国家扩展到两个以上，这都会使得贸易模式的分析复杂化。至于多国、多种商品的情形，则要把上述两种扩展情形结合起来进行综合分析，以确定各国参与国际交换的具体模式，这将会使问题的分析更趋复杂，但是所使用的原则并无二致，因此，我们这里简单介绍两种基本的扩展研究。

(一) 两国多种产品情形

朗菲尔德（Longfield，1835）第一个尝试把李嘉图的两国两产品分析扩展到多于两产品的情形，在只考虑劳动成本的情况下，他把参与贸易的两国的工资率与各自的平均劳动生产率相联系，来确定一国将会在哪些商品上会是出口，在哪些商品上会是进口。在这个问题的分析上，朗菲尔德接近于给出了一个令人满意的解决办法，他指出一国将会出口那些真实成本比较优势较高的产品，进口真实成本比较劣势较大的产品，而两国的比较货币工资率将会决定进口产品与出口产品的分割线，但是他对于决定两国工资比率因素的分析却并不令人满意，在一些地方的分析上，他给出的解释前后也不一致，甚至有的地方是错误的。但是，朗菲尔德在对比较优势模型的扩展上，应该说是在朝着正确的方向上迈出了重要的

---

① 约翰·穆勒：《政治经济学原理》（下卷），商务印书馆 1991 年版，第 124 页。
② 大卫·李嘉图：《政治经济学及赋税原理》，商务印书馆 1962 年版，第 119 页。

一步，但是他的研究很长时期内并没有引起太多的关注。

穆勒作为李嘉图经济理论的坚决拥护者，他对于两国、两产品的比较优势法则在多国和多产品中的适应性深信不疑，他说："不论多少国家之间的贸易，也不论多少商品之间的贸易，都必然要按照同两国、两种商品之间的贸易一样的基本原理进行。插入大量十分相似的因素，并不会改变这些因素的活动法则，正如增加天平的两个钟盘的重量，不能改变引力法则一样。这只是改变数字上的结果而已"。① 穆勒在两国两产品分析的基础上，通过增加一个贸易国或者一种贸易产品的方法，研究了复杂情况下各国贸易条件和贸易利益的变动，为比较优势法则在复杂条件下的应用性提供了间接的佐证，但穆勒更重要的目的在于研究国际贸易条件和贸易利益的变动，对此我们在第三节将具体加以分析。

曼戈尔特（Mangoldt，1863）、埃奇沃思（Edgeworth，1894）、格莱汉姆（Graham，1923，1932，1948）等也对于两国多产品贸易模式的决定做出了基本的分析，格莱汉姆的分析被认为是对多国多产品分析中的经典，为了更直观地理解比较优势在决定各国不同产品的进出口地位，我们这里参照梅茨勒（Metzler，1950）对格莱汉姆的多国多产品情形的分析做一简单介绍。格莱汉姆认为，把国际价值理论与国内价值理论区分开来基本上是多余和没有必要的，适用于国内价值分析的法则同样也适用于国家价值决定的分析。如果贸易网络足够复杂的话，国际贸易对于扰动调节的过程与国内贸易调节的过程并无很大区别。在一个存在许多国家、许多产品的复杂国际贸易环境中，一些产品对于一些国家来说注定将会是边际产品，边际的意思是指在现行价格和成本条件下，一国或多国对于是进口该种产品，还是在国内生产甚至出口该种产品都没有差别。格莱汉姆在分析两国多种产品的分工和贸易的过程中，不仅按照比较优势原则确定各国产品的进出口情况，实际上他对国际贸易收支的调节过程给出了一个清晰的描述。我们仅以一个两国、三种产品的情形来分析各国贸易模式的确定。

假定存在两个国家：英国和法国；存在三种贸易品：小麦、布和机器；只有一种生产要素即劳动参与产品的生产；各种产品的生产成本不变。英法两国单位劳动在各种产品上的产出如表2-4所示。

表2-4　　　　　　　　　两国单位劳动在各种产品上的产出

	小麦	布	机器
英国	1	2	4
法国	1	1	1

① 约翰·穆勒：《政治经济学原理》（下卷），商务印书馆1991年版，第131页。

在格莱汉姆看来，对于两国多种产品的分析，比较优势法则也是成立的。英法两国在小麦、布和机器生产上的劳动生产率的比率之间存在如下关系：$\frac{1}{1}$（小麦）$<\frac{2}{1}$（布）$<\frac{4}{1}$（机器）。两国单位劳动力在小麦的生产率上相同，英国在布和机器的生产上处于绝对优势，但是比较优势来看，英国在机器生产上的比较优势最大，在布的生产上的比较优势次之，而在小麦的生产上处于劣势。这样，对于英法两国均有利的分工模式将是英国专业化生产并出口机器，而由法国进口小麦，法国则是专业化生产并出口小麦，而进口英国的机器。布的生产情形则由两国工资和生产成本的比较来决定，并且受到两国需求程度的影响。我们在不考虑需求的情况下，假定英国单位劳动工资为 2 英镑，法国劳动工资为 1 英镑。则可以看出，英国在小麦、布、机器生产上的货币成本分别为 2 英镑、1 英镑、0.5 英镑，而法国在三种产品上的生产成本分别为 1 英镑、1 英镑、1 英镑。小麦和布的货币价格与我们前面的分析一致，但是布的货币价格在两国一样，因此，布将会成为一种边际产品。

在两国三种产品情形下，一国将会专业化生产并出口其比较优势较大的商品，进口其比较优势较小的产品，而两国工资率的比率将决定其产品组中哪些产品将会被出口，哪些产品将会被进口的分割线，并且对于超过三种产品的情形也同样成立。

（二）两种产品多国情形

多数古典贸易理论家对比较优势原则的分析都限定在两国贸易间，只有少数贸易理论家考察讨论了超过两国间贸易条件的确定问题。埃利斯（Ellis，1815）第一个在两国基础上引入第三国来分析对各国贸易的影响问题。穆勒（1852）也在其经典著作中论及第三国加入美德贸易可能对两国贸易条件的影响问题。维纳（Viner，1937）借助缜密的几何图示在凯尔恩斯（Cairnes，1874）分析的基础上，对于三国在两种产品上如何根据比较优势进行分工贸易来确定贸易条件进行了研究。但是，格莱汉姆对此问题的实例分析相对更容易让我们理解该种情形的作用机理，我们这里就格莱汉姆的相关分析进行介绍。

假定存在三个国家：英国、法国、匈牙利；存在两种商品：布和小麦。英国、法国、匈牙利在两种商品上单位劳动的产出，如表 2 - 5 所示。

表 2-5　　　　　　　　三国在两种商品上单位劳动的产出

	布	小麦
英国	2	1
法国	1	1
匈牙利	0.5	1

英国、法国、匈牙利三国在布与小麦两种产品生产率的比率排序关系为：$\frac{2}{1} >$ $\frac{1}{1} > \frac{1}{2}$。英国在布的生产上比较优势最大，匈牙利在小麦的生产上比较优势最大，法国在布（小麦）的生产上与英国比处于比较劣势（优势），但与匈牙利比则处于比较优势（劣势），我们把法国称为中间国家。根据比较优势原则，英国将专业化生产并出口布进口小麦，匈牙利将专业化生产并出口小麦进口布，至于法国的专业化生产模式的选择则无法确定，它由法国与其他两国的贸易条件和国际上对于两种商品的需求情况共同决定。格莱汉姆认为，随着国际需求的变化，英国与匈牙利的分工和贸易模式不会发生变化，英国将会继续专业化生产并出口布，匈牙利将继续专业化生产并出口小麦，但是法国将会根据国际市场需求调节本国专业化生产和进出口的选择。格莱汉姆除了对两国多种产品与两产品多国分工贸易根据比较优势给出了数字实例的证明，他还对多国多种产品的分工和贸易模式的选择进行了分析，虽然这使问题的分析更加复杂，但是分析的步骤和上述两种情形基本相似，我们在此不再赘述。

五、比较成本理论的发展

比较成本理论在古典贸易理论发展的过程中一直占据着主导地位，比较优势法则成为广大贸易理论学家共同接受的基本法则，但是为了使抽象的比较优势法则与经济现实相结合，许多学者都对比较优势适用的具体条件进行了深化的研究和分析，从而使得比较优势理论在逻辑上更加严谨，实践上也更加具有现实解释力。

（一）比较优势理论中的成本和价格

比较优势概念经常会被人们错误地理解，很大程度是由于在古典贸易理论的发展过程中出现了许多相关的概念，例如，绝对成本、相对成本、真实成本、相对价格、货币价格、供给价格等。这些概念之间存在复杂的关系，但同时也存在显著的区别，不同概念的错误理解导致对于比较优势概念的解释上出现了这样那样的误解。我们认为，正确地区分与比较优势相关的一些重要概念是正确地理解比较优势理论的关键。

比较成本理论以一系列假设为成立的前提条件，它假定一国内部所有劳动者的质量相同，劳动者的劳动强度相同，所有的工作对每一个劳动者敞开，劳动者之间是一种自由竞争关系，劳动是唯一的生产要素，它在一国内部可以完全自由流动，但是在国家之间不可流动。这些苛刻的假定条件在现实中几乎不可能为真，这使得很多古典理论家认为比较成本理论的分析过于偏离国际经济活动的现实，他们首先从与国际交换相关的经济活动的分析入手，直观地去解释国际贸易产生的动因，这样主要以劳动数量单位来衡量的成本概念就显得过于狭隘了，因而货币价格也成为更重要的关注目标。虽然主流的古典贸易理论都以易货贸易作为研究对象，因为他们认为货币并不会影响易货贸易的本质。但是，从国际交换的现实来看，相同的商品往往都是因为价格差异的存在才使得不同国家间的贸易变得有利可图，这导致的一个结果就是，比较成本的分析有时可能会被误认为是比较价格的差异所导致，明显偏离了李嘉图比较成本理论的主旨。

古典经济学在成本和价值（价格）概念的认识上，从来就没有达成一致。以单位商品生产中所耗费的劳动单位作为衡量产品价值的尺度起源于亚当·斯密，构成了其绝对优势理论分析的起点，单位商品生产耗费的绝对劳动数量的大小是判断一国是否具有绝对优势的基础。斯密与价值分析相关的核心概念主要有相对价值、交换价值、真实价格与名义价格，他以劳动价值理论为基础分析商品的一般交换规律。在斯密看来，相对价值与交换价值同义，它由一种商品所能够交换到的另一种商品的数量来测度，而商品之间交换的基础则是它们所耗费的劳动数量，劳动是衡量一切商品交换价值的真实尺度。但是随着物物交换的终止，货币成为商业交换的主要媒介，商品的交换价值很少按照商品所能交换的劳动量或其他商品量计算，而是按照货币量计算。这样，斯密又引入了两个重要的概念：真实价格和名义价格。商品的真实价格可以看作是生产单位商品耗费的劳动数量，名义价格则是以货币表示的商品的价格，商品的名义价格与真实价格成正比例。对于交换价值规律在国际贸易中的运用，斯密并没有做出详细系统的论述，但是在斯密看来适用于一国内部的交换价值规律应该也会在国家间适用。这样，不同国家间在相同产品生产率上的差异将会使各国分别在不同产品上具有绝对优势，如果一国内部某种产品的真实生产成本低于另一国，那么，该国在该种产品的名义价格上也应当低于国外，因此本国在该产品的生产上具有绝对优势。虽然斯密对此并没有给出明确的阐释，但是，陶西格（Taussig，1927）在其经典国际贸易教材中却给出了有力的实证。

价值理论在李嘉图的经济学中占据着举足轻重的地位，他在经典巨著《政治经济学及赋税原理》的第一章即详细地对斯密的价值理论进行了批判地继承，他认为在政治经济学中，造成错误和分歧意见最多的，莫过于价值一词的含糊理解。① 李嘉图所说的价值有时是指，由劳动时间所决定的价值，有时是指表现在另一个使用价值上的交换价值，前者可以理解为绝对价值或真实价值，后者则是指比较价值或相对价值。李嘉图侧重于相对价值或者说是比较价值（comparative value）的分析，不同商品生产中所耗费的相对劳动量是决定商品相对价值的唯一因素，即是商品的真实成本不受货币工资的影响。李嘉图对于绝对价值和相对价值的区分不是很清晰，也缺乏一定的连贯性，但是他认为只有相对价值才是值得重视的，相对价值是交换价值的基础。② 李嘉图明确地使用了绝对价值（absolute value）的概念，③ 他意识到斯密绝对优势分析的局限，因而放弃了国家间商品生产上绝对成本的比较，转而以比较价值的大小来确定一国在商品生产上的比较优势。

李嘉图在其经典著作中也较多地使用了与价格直接相关的一些概念，其中最核心的是自然价格与市场价格的概念，自然价格可以理解为以劳动数量表示的商品实际成本，市场价格则是以货币数量表示的商品的名义价格。李嘉图指出："当我们把劳动当成商品价值的基础，并把商品生产所必需的相对劳动量当成决定各种财货在互相交换中各自所需付与的量的标准尺度时，读者幸勿以为这是否认商品的实际价格或市场价格跟这一尺度——它们的原始价格与自然价格——可以有偶然和暂时的背离"。④ 这里，他明确区分了自然价格与市场价格，并把实际价格与商品的价值联系起来。

虽然李嘉图指出，比较优势是国家之间分工贸易的基础，但是名义价格的差异显然是国际贸易发生的直接原因。李嘉图认为，货币的引入不会对国际贸易物物交换的本质产生实质影响，因此他对于国际贸易动因和影响的分析总是混杂着国际贸易的货币因素分析与实物因素的分析，使得比较优势有时被误解为是一种比较价格优势。对此，我们认为最好还是来分析一下李嘉图的原文，李嘉图曾指出："毛呢在葡萄牙所能换得的黄金如果不比输出国的所费的黄金多，就不可能输入葡萄牙；葡萄酒在英国所能换得的黄金如果不比葡萄牙所费的黄金多，便也不可能输入英国。如果贸易是纯粹的物物交换，那只有当英国能够使毛呢十分便宜，以致用一定量劳动制造毛呢比之栽种葡萄能获得更多的葡萄酒时，或当葡萄牙的工业出现相反的结果时，它才能继续下去"。⑤ 很明显，两国之间贸易之所以发生，是因为毛呢在英国的货币价格低于葡萄牙的货币价格，葡萄酒在葡萄牙的

————————

①②③④⑤ 大卫·李嘉图：《政治经济学及赋税原理》，商务印书馆 1962 年版，第 9 页、第 10～11 页、第 16 页、第 73 页、第 115 页。

货币价格低于在英国的货币价格，并且货币价格的差异与实物方面优势的差异程度相一致。或许连李嘉图也意识到他在这个问题上的阐述可能产生的误读，因此他给出了一个清晰的数字实证："假定在英国酿造葡萄酒的方法改良以前，葡萄酒在英国的价格为每桶五十镑，一定量毛呢的价格为四十五镑；而在葡萄牙，同量葡萄酒的价格为四十五镑，同量毛呢的价格为五十镑；那么葡萄酒从葡萄牙输出可以获得利润五镑，毛呢由英国输出也可以得到同额的利润"。[①] 李嘉图在这里同样以4个神奇的数字对比较成本理论做出了一个很好的补注，国家之间贸易发生的直接原因是商品价格的绝对差异。

穆勒在价值问题上区分了斯密和李嘉图经济学中存在的混乱，他认为价值与交换价值是一回事，它是指物品的一般购买力，即拥有一物品对于一般可购买商品所具有的支配力，而把价格看作是价值的货币表现。[②] 穆勒对比较成本理论的诠释完全继承了李嘉图的观点，他把比较成本差异视作各国比较优势的来源，但是国际贸易的直接原因仍然是绝对价格差异的结果，他在《政治经济学原理》一书中曾说："售价最低的物品有时并不是在能以最少的劳动和节欲生产的地方生产的。英格兰可以从波兰输入谷物，而以毛织品偿付，虽然英格兰在谷物和毛织品的生产上都比波兰具有大得多的优势。英格兰也可以将棉织品输往葡萄牙以换取葡萄酒，虽然葡萄牙能以少于英格兰的劳动和资本生产棉织品"。[③] 穆勒在这里实质上是在区分产品生产上的真实成本（劳动）与货币价格，只是他的分析没有像李嘉图一样用四个神奇的数字说明。在穆勒之后的古典贸易理论家对于比较优势的理解，都没有跳出李嘉图—穆勒的理解框架，只是他们对劳动作为价值的唯一来源提出了一些质疑，而哈伯勒（Haberler）对于比较优势的标准化表述则彻底结束了价值和价格在国际贸易问题中的混乱认识。

（二）比较优势理论的标准化表述

把斯密的优势理论仅仅归结为绝对优势原理，这种观点早已有之。哈伯勒（Haberler）给绝对优势和比较优势以正式定义以后，这种观点就更为流行（吴易风，1988）。哈伯勒在现代国际贸易纯理论的诠释和发展上发挥着核心作用（Baldwin，1982），他对比较优势的重新表述使国际贸易理论发生了革命性的变化，为现代贸易理论奠定了概念基础，这是比较优势理论发展上的一个里程碑。

---

① 大卫·李嘉图：《政治经济学及赋税原理》，商务印书馆1962年版，第116页。
② 约翰·穆勒：《政治经济学原理》（上卷），商务印书馆1991年版，第493页。
③ 约翰·穆勒：《政治经济学原理》（下卷），商务印书馆1991年版，第114～115页。

哈伯勒认为，虽然比较优势理论的发展有了很长的历史，但是对于比较优势本身却没有一个确切的定义，要正确地理解比较优势理论首先要对比较优势的概念加以确切地注记，并且哈伯勒在区分绝对优势与比较优势的基础上，对比较优势理论给出了一个标准化的描述，这为之后通行的主流国际贸易教材所采用。①

哈伯勒认为，比较优势理论的分析至少应存在两个国家，即国家、两种产品，只有在对两种产品在两国的生产成本的比率加以比较才可以确定各自在具体产品上所具有的比较优势。他假定存在两个国家，即国家 1、国家 2，他们都能生产两种产品，即产品 A、产品 B，国家 1 生产一单位两种商品所需的劳动成本（劳动投入）分别为 a_1、b_1，国家 2 生产一单位两种商品所需的劳动成本（劳动投入）分别为 a_2、b_2。

如果 $\frac{a_1}{a_2} < 1 < \frac{b_1}{b_2}$，那么，我们说两国在两种产品的生产成本上存在绝对差异，国家 1 在产品 A 的生产上拥有绝对优势（$a_1 < a_2$），而国家 2 在产品 B 的生产上具有绝对优势（$b_2 < b_1$）。如果 $\frac{a_1}{a_2} < \frac{b_1}{b_2} < 1$，则我们说两国在两种产品的生产上存在相对差异。这意味着，国家 1 在两种产品的生产上都具有绝对优势，但是在产品 A 上的绝对优势要高于在产品 B 上的绝对优势，即国家 1 在产品 1 上不仅具有绝对优势，而且具有比较优势。从产品比较成本差异中我们得到的结论，同样适用于绝对成本差异的情形。

哈伯勒深刻地洞察到国家间产品真实成本差异和绝对成本差异之间的关系，他认为在成本上的比较差异转化成价格上的绝对差异是很容易的，这并不会改变隐藏在货币价格之后商品之间的真实交换关系。对此，他借用陶西格的代数实例给出了说明。

假定美国和德国在两种产品——小麦和亚麻的生产的真实成本如下所示：

在美国

10 天劳动…………………生产 20 单位小麦

10 天劳动…………………20 单位亚麻

在德国

10 天劳动…………………生产 10 单位小麦

10 天劳动…………………15 单位亚麻

那么可以看出，美国在两种产品的生产上均具有绝对优势，但在小麦上具有

---

① Gottfrid Haberler, Theory of International trade, translated from the German by Alfred Stonier and Frederic Benham. Published 1936 by Hodge in London, pp. 125 – 140.

比较优势。假定美国和德国的日均货币工资分别为 1.5 美元、1 美元，那么，两国在两种产品的生产上的货币价格，可以从表 2-6 中得出。

表 2-6 两国在两种产品生产上的货币价格

国家	日均工资（美元）	总工资（美元）	10 天劳动的产出量	单位商品货币成本（或者供给价格）（美元）
美国	1.5	15	20 单位小麦	0.75
美国	1.5	15	20 单位亚麻	0.75
德国	1	10	10 单位小麦	1.00
德国	1	10	15 单位亚麻	0.66

从表 2-6 中可以看出，小麦在美国的货币价格低于在德国的价格，因此，小麦将会从美国出口到德国，同样德国将出口亚麻到美国。这样，现实中的国际贸易在货币存在的条件下得到了解答。虽然国际贸易直接受价格和货币成本差异的控制，但是它们反映了商品生产上真实成本（劳动）的差异，才是货币世界中比较优势的真正内涵。当然，这里虽然只是选定了一定条件的货币工资率，但是这种选择并不是随意给定的，它是受两国在生产率上的差异决定的。两国间的货币工资比率将处于较高的产品生产率比值与较低产品生产率比值的限度之间，只有在这些限度之内，才可以任意选择一个货币工资比率。

假定德国的日均工资为 1 美元，那么，美国的日均工资不应该超过 2 美元。它的上限由美国在小麦上的比较优势确定，即 20∶10。如果美国的日均货币工资上升为 2 美元，那么，美国在两种产品生产上的价格都为 1 美元，小麦的出口将无利可图，但是亚麻将会继续进口，因此美国贸易出现逆差、黄金流出，美国国内价格和工资将下降。同样的道理，美国的日均货币工资将不会低于 1.33 美元，否则，美国将会出现贸易顺差，黄金流入，国内货币工资和价格上升。当然，哈伯勒也指出，国家间货币工资率是无法完全根据单一的成本方面的分析来确定，还会受到产品在两国需求状况的影响。但是一般情况下，一国表现为较高生产率的有利生产条件，是与该国较高的收入或者货币工资相联系的。

在劳动作为单一投入要素的情况下，哈伯勒把产品生产的真实成本与劳动者的货币工资相结合，从而给出了一个适用于多产品分析的比较优势的阐释。令 a_1、b_1、c_1、…分别表示在国家 1 生产单位 A、B、C、…等产品所耗费的劳动成本，在国家 2 生产单位 A、B、C、…等产品的劳动成本分别为 a_2、b_2、c_2、…，产品 A、B、C、…在国家 1 的供给（货币）价格为 p_{a_1}、p_{b_1}、p_{c_1}、…，在国家 2 的供给价格分别为 p_{a_2}、p_{b_2}、p_{c_2}、…。令国家 1 的货

币工资为 W_1，国家 2 的货币工资为 W_2。那么，货币工资和商品价格之间存在如下关系：$p_{a_1} = a_1 W_1$，$p_{b_1} = b_1 W_1$，$p_{c_1} = c_1 W_1$；$p_{a_2} = a_2 W_2$，$p_{b_2} = b_2 W_2$，$p_{c_2} = c_2 W_2$。因此，我们可以发现在每一个国家商品的相对价格由他们的劳动成本决定：$p_{a_1} : p_{b_1} : p_{c_1} = a_1 : b_1 : c_1$；$p_{a_2} : p_{b_2} : p_{c_2} = a_2 : b_2 : c_2$。这样，劳动价值理论的唯一功能在于确定不同商品的相对价格。

令 R 表示汇率，这里指 1 单位国家 1 的货币所能兑换的国家 2 货币的单位数量。在不考虑运输成本的情况下，如果国家 1 的 A 商品的供给价格（货币成本）低于国家 2 的供给价格，$a_1 W_1 R < a_2 W_2$，那么，商品 A 将由国家 1 出口到国家 2。同样，如果 $b_1 W_1 R > b_2 W_2$，那么，产品 B 将由国家 2 出口到国家 1。这样可以得到，$\dfrac{a_1}{a_2} < \dfrac{W_2}{W_1 R}$ 和 $\dfrac{b_1}{b_2} > \dfrac{W_2}{W_1 R}$，这样有 $\dfrac{a_1}{a_2} < \dfrac{b_1}{b_2}$。我们可以发现，国家 1 在产品 A 上具有比较优势，国家 2 在产品 B 上具有比较优势。可以推知，国家 1 将在其所有出口产品的生产上具有比较优势。

如果根据国家 1 的产品相对于国家 2 产品的比较优势的程度把所有的产品进行排序得到一个序列：$\dfrac{a_1}{a_2} < \dfrac{b_1}{b_2} < \dfrac{c_1}{c_2} < \dfrac{d_1}{d_2} < \dfrac{e_1}{e_2} < \cdots$。我们可以根据两国货币工资的比率在这些商品序列中划一条分割线，根据上面的分析，国家 1 将出口那些分割线左边的商品，进口那些分割线右边的商品，因为分割线左边的商品是国家 1 具有比较优势的商品，而右边是其处于比较劣势的商品，与所有的进口商品相比，一国将在所有的出口商品上享有比较优势。各国应该根据各自的比较优势专业化生产自身具有比较优势的产品并出口该产品，进口在生产上处于比较劣势的产品，在给定的生产要素条件下，这样各国将会获得更多的产品。

至于两国根据比较优势进行专业化生产的程度，哈伯勒给出了一个更加符合实际的分析。他认为，比较优势成本理论从未暗示各国之间必须进行完全的劳动分工，即一种产品只在具有比较优势的国家进行生产。即使在假定不存在运输成本并且成本不变的情况下，很可能现实的分工也只是只有一国实行完全的专业化，而另一国同时生产两种产品。因为如果一国完全专业化生产其具有比较优势的产品却不能全部满足两国对该种产品的需求时，另一国就要为此生产一部分此种其不具有比较优势的产品以补充需求缺口。

（三）比较成本理论的现代表述

在边际主义的影响下，有些西方学者在不涉及劳动成本的情况下用现代价值理论来对比较优势进行新的解读。以哈伯勒为代表的贸易理论学家以机会成本理论为基础，对比较优势理论做出了新的解读，成为比较优势理论的现代表述。哈伯勒利用机会成本理论对比较成本理论的重新系统表述，革命性地改变了国际贸易理论（Cipman，1985），使比较优势理论摆脱了对李嘉图劳动价值的依赖，成为国际贸易学科发展上的一个转折点，奠定了现代贸易理论的概念基础（Bern-hofen，2005）。

哈伯勒认为，国际贸易理论的分析中引入劳动价值的主要目的在于确定不同国家的相对价格，但是它并不是确定相对价格的必要条件。并且他指出，比较成本理论对于劳动的假设条件过于远离现实，现实中并不是只存在一种生产要素劳动，每一个国家都拥有许许多多种类和质量差异显著的生产要素，这些生产要素在技术上不可能利用一个共同的数量单位来测度，更不可能被分解成简单的非熟练劳动，而对于一些要素来说，它们只能用在特定的用途，很难转移到其他用途。因此，哈伯勒提出以机会成本的差异作为判定一国比较优势的基础，比较优势理论依然可以成立，并且，此时比较成本理论成为比较优势理论的一个特例，因为以机会成本为基础的比较优势理论，还可以应用于多要素模型的分析。

哈伯勒在定义了机会成本概念的基础上，对比较优势理论给出了一个新的诠释。生产 X 单位 A 产品的机会成本就是为了生产 X 而放弃的生产产品 B 的**数量**，市场上 A、B 两种商品的交换率是由它们的边际成本决定，如果商品之间的**交换**比率等于他们的替代比率，那么，即使放弃劳动价值理论所有的假设条件，**比较优势学说**也将是完全有效的。与传统对比较成本理论的解读不同，哈伯勒并不是给出一个绝对成本的序列，而是建立了一个相对价格或者说是交换比率的序列，他认为可以用任何一种商品作为基准商品去衡量其他商品的价格，这一序列同样代表着替代率，因为它们和替代比率是相等的。这样，每一个国家将会在其具有比较优势的部门进行专业化生产，或者说他们将会生产那些成本相对最低的商品。例如，如果在国家 1 以单位 A 产品可以交换 1.5 单位的 B 产品，而在国家 2 以 1 单位 A 产品可以交换 1 单位 B 产品，毫无疑问国家 1 在 B 产品的生产上具有比较优势。

哈伯勒在以机会成本对比较优势理论做出新的阐述的基础上，还对古典贸易理论中单位产品成本不变的假定提出了质疑，他认为不变的成本或收益是极为罕见的情况，现实中存在的更为一般的情形是成本递增，或者说收益递减。他认为，在竞争市场条件下，某种产品的生产超出一定的范围，该产品的边际成本将是递增。考虑边际成本递增的存在，那么，以比较优势为基础的国家间分工的程度将会受到很大的影响，将会降低国家间分工的程度。假定在德国和美国同时存在两个处于收益递减阶段的生产部门，对此，他以德国与美国之间的贸易为例进行了解释。①

假定国际贸易开始前，德国最后增加 10 单位小麦生产成本是 10 单位劳动，增加 15 单位亚麻的生产成本是 10 单位劳动。当德国面临国外竞争压力的限制下生产更多的亚麻和更少的小麦，它生产亚麻的边际成本肯定是上升的。一方面，不太适宜的土地也会被用于生产亚麻，更多的劳动和资本将会投入亚麻的生产当中；另一方面，德国生产小麦的边际成本将会下降。最不适宜的土地将会从小麦的生产上撤出，更少的劳动和资本会被用于小麦的生产。因此，亚麻和小麦边际成本的比率将会朝着小麦有利的方向转移，然而在美国，比率将会朝着对亚麻有利的方向转移。这样，当德国以亚麻的生产替代小麦生产的同时，美国将会以小麦的生产替代亚麻的生产，两国之间比较成本比率的差异将会持续地从四个方向减少，迟早将会使两种产品生产的替代过程结束。最终，两国的劳动分工将是不完全的，德国不会完全放弃小麦的生产，但是只会把小麦的生产限定在可以成功地应对美国竞争的水平。同样，美国也不会完全放弃亚麻的生产。随着两种产品生产在两国边际替代的变化，分工在两国之间将会发展到何种程度，以及两国在边际上的比较优势上的变动程度，将部分地取决于生产扩张产品边际成本上升的速度，或者说生产收缩产品边际成本下降的速度。在递增成本条件下，劳动分工发展的程度将低于成本不变时的情景。因为随着分工的分化，一国的边际比较劣势会减弱，直至消失。因为当分工发展到一定程度，一国的比较劣势会越来越小，如果分工超过一定限度，递增的成本将会使两国在成本上的差异消失，从而使得其具有比较优势的产品变得无利可图。

哈伯勒以机会成本为基础对比较优势的重新表述，使比较优势理论具有了一个较为一般的形式，之后，经过许多学者的研究努力，对比较优势的理解得到了进一步深化，比较优势理论本身具有了更强的包容性，可以把李嘉图、赫克歇尔—俄林的理论很好地融入该分析框架。

第三节 比较成本与贸易条件的确定

比较成本理论有力地证明了国际贸易的巨大利益所在，在古典贸易理论的发展过程中，作为解释国际分工和贸易模式基础的比较成本理论始终处于核心地位，但是李嘉图比较成本理论本身并没有对国际交换条件的确定给出直接地回

---

① Gottfrid Haberler, Theory of International trade, translated from the German by Alfred Stonier and Frederic Benham. 1936, Hodge in London, pp. 175 – 189.

答，从而无法分析国际贸易利益在国家之间的分配情况，也不能判定一国贸易利益的变动趋势。因此，许多古典贸易理论家从国际价值的角度研究了国际贸易条件的确定问题，形成了对比较成本理论的有机补充。

一、比较成本与贸易条件的关系

李嘉图根据国家之间在生产中比较成本的差异，证明了国家之间按照比较优势分工、贸易的巨大利益所在，但是对于国家之间交换条件的确定和贸易利益在国家之间的分配情况却并未加以详细说明。虽然与李嘉图同时代的埃利斯（Ellis，1825）、詹姆斯·穆勒（J. Mill，1826）、马克罗奇（McCulloch，1849）等理论家坚称贸易利益在两国之间是平均分配的，但是在李嘉图的所有著述中，没有确切证据表明他也持有同样的观点。

关于贸易条件的确定问题，根据李嘉图对比较成本原理的论述，并不能得到国家之间贸易中的准确交换比率，它只是给出了一个国家之间交换条件的限定区间："毛呢在葡萄牙所能换得的黄金如果不比输出国的所费的黄金多，就不可能输入葡萄牙；葡萄酒在英国所能换得的黄金如果不比葡萄牙所费的黄金多，便也不可能输入英国"。[①] 本国根据比较优势选择专业化生产对自己较为有利的商品，该商品出口获得的货币收入或者交换的另一种商品的数量至少要高于封闭时在国内获得收益，限定了该商品出口的最低贸易条件，否则本国将一无所获。同样，本国商品出口所获得的货币收入或者交换的另一种商品数量不可能高于在国外封闭条件下可获得的收益，因为那意味着本国将获得全部的贸易利益。虽然李嘉图没有明确地论述，根据比较优势进行分工和贸易产生的贸易利益将会在本国和外国之间如何分配，但是他应当清楚地意识到英国将获得更多的贸易利益。因为英国最早开始并完成了工业革命，英国在制成品的生产上具有其他国家不可比拟的优势，所以李嘉图在其他的地方明确地指出："如果外国认识了自由主义的原则，这就毫无疑问，英国所获得的利益，将倍于任一别的国家可以从这一规则得到的利益"。[②]

在早期的著作中，贸易条件并没有涉及贸易利益的重要性问题，它只是表明特定的商品之间的客观价格关系。在李嘉图之后，商品贸易条件被广泛地接受作为判定贸易利益变动趋势的指数。在所有付印的文献中，潘宁顿（Pennington，1840）第一次明确指出，比较成本设定了贸易条件的最大取值和最小取值，在这

---

① 大卫·李嘉图：《政治经济学及赋税原理》，商务印书馆1962年版，第115~116页。
② 彼罗·斯拉法：《李嘉图著作和通信集》（第五卷），商务印书馆1982年版，第228页。

一范围内，相互需求的作用可能把贸易条件确定在任何一个点（Viner，1937），对于需求在决定国际交换条件中的机制和作用，穆勒给予了详细的论述。

二、相互需求与贸易条件的确定

"国家价值"概念的提出，是一个了不起的贡献（姚贤镐，漆长华，1990）。穆勒的国际价值论或相互需求法则，是他给国际贸易学说宝库增加的新内容，埃奇沃思（Edgeworth，1894）将其《论国际价值》一章称作伟大的一章，解决了国际贸易条件的确定问题，成为国际贸易领域研究贸易条件和贸易利益分配的基础。穆勒对国际需求方程式的分析是以劳动价值理论分析为基础，以比较优势法则的成立为前提的，各国按照比较优势进行专业化分工和交换是其进行分析的起点，在此基础上才可能涉及国际交换条件的确定和贸易利益分配的分析。

穆勒认为，国际交换条件的研究是政治经济学中最为复杂的问题，因为在任何国家，外国商品的价值都取决于为交换这种商品而必须给予外国的本国生产物的数量。换句话说，外国商品的价值取决于国际交换条件。[①] 但是，适用于国内的生产费用法则不适用于国际交换条件的确定，"我们必须求助于一种前提法则，即供给和需求法则；依循这个法则，我们的困难将再次得到解决"。[②] 为了使概念具有明确性和稳定性，并且易于计算和理解，他使用了数字实例做出了说明。首先，他以两国两产品情形为例进行了分析，当然他认为这种分析可以很容易地扩展到对两国多产品或两产品多国情形的分析。贸易前，在英国 10 码毛料可以换取 15 码亚麻布，在德国则可以换取 20 码亚麻布。根据比较优势法则，英国在毛料的生产上具有比较优势，德国在亚麻布的生产上具有比较优势，因而英国应专业化于毛料的生产，德国应专业化于亚麻布的生产。在不考虑运输成本和其他贸易成本的自由贸易条件下，"两种商品的价值（以一种商品估价的另一种商品）在这两个国家将会处于同一水平"[③]，即 10 码毛料在两国所能换取的亚麻布的数量应当完全相同。为了保证两国均能从贸易中获益，10 码毛料所能交换的亚麻布的数量必须处于 15～20 码之间的一个水平。至此，穆勒的分析近乎是对李嘉图比较成本的重述。但是，国际交换条件应当处于怎样一个具体水平则是比较成本理论无法回答的，为此穆勒提出了自己的国际需求方程式，分析了需求因素对于国际交换条件的影响。

穆勒认为，当两国均达到贸易均衡状态时，国际交换条件将会被确定，此时

---

①② 约翰·穆勒：《政治经济学原理》（上卷），商务印书馆 1991 年版，第 126 页。

③ 约翰·穆勒：《政治经济学原理》（下卷），商务印书馆 1991 年版，第 127 页。

两国对于进出口产品不存在超额需求和供给，并且两国贸易处于平衡状态——出口商品刚好抵补进口所需的支付，一旦国际贸易出现失衡，那么，国际交换条件将会调整到一个新的水平，从而使各国贸易趋于均衡。

假定贸易发生之初，10 码毛料可以换取 19 码亚麻布，英国对于亚麻布的进口需求为 1200×19 码，但是德国愿意出口的亚麻布的数量为 800×19 码。此时，在英国亚麻布的供给小于需求，消费者对于亚麻布的需求存在激烈的竞争将导致亚麻布的价格上升，即 10 码毛料换取的亚麻布的数量将下降。亚麻布价格的上涨会产生两种效应：一方面，在英国亚麻布价格的上涨会抑制英国国内对于亚麻布的需求；另一方面，在德国亚麻布价格的上涨会使德国国内愿意供给更多数量的亚麻布，会导致两种商品的国际交换条件不断地做出调整，直至达到这样一个水平，以至于英国愿意购买的亚麻布的数量等于德国愿意供给的亚麻布的数量，同时，英国出口的毛料的数量恰好可以支付进口亚麻布所需的数量。例如，处于 17 码的水平，此时英国愿意进口亚麻布的数量可能为 1000×17 码，德国愿意出口的亚麻布的数量也刚好为 1000×17 码，同时，英国出口 1000×10 码的毛料作为对进口亚麻的支付。

穆勒把这种决定国际交换条件的法则，称之为"国际需求方程式"。对此，他还给出了一个精简概述："一国的生产物总是按照该国的全部输出品适足抵偿该国的全部输入品所必需的价值，与其他国家的生产物相交换。这一国际价值法则只是更为一般的价值法则，即我们称之为供给和需求方程式的延伸。我们已经知道，商品的价值经常自行调整，以使需求恰好与其供给相等。但是，一切贸易，无论是国家之间的，还是个人之间的，都是商品交换，在这种交换中，国家或个人各自所需出售的物品，也构成了他们的购买手段；一方所带来的供给，构成了他对另一方所带来的物品的需求。因此，供给和需求只是相互需求的另一表达方式；而所谓价值将自行调整，以使需求与供给相等，实际上是说，价值将自行调整，以使一方的需求与另一方的需求相等"。[①] 在穆勒之前，斯密、李嘉图等对于国际贸易的分析都是强调供给方面的作用，虽然他们并没有完全忽略需求方面的影响，但是需求方面的因素相对来说只是处于次要地位，而穆勒明显地意识到，需求因素如同在国内价值中的作用一样，在国际价值的决定过程中同样也具有重要的作用。出于省略的目的，穆勒把国际供求等式简称为国际需求方程式，但是这并非意味着他忽略了供给方面的因素，在上面的他的引文中我们可以看出他对于供给同样给予了重视，二者是相互依存的。

在分析国际贸易条件决定的同时，穆勒也没有忽略贸易利益在国家之间分配

---

① 约翰·穆勒：《政治经济学原理》（下卷），商务印书馆 1991 年版，第 137 页。

的问题，他首先肯定贸易将会使双方均获得一定的利益，但是各国所获得的利益却不是均等的。他说："如果有人问，什么样的国家可以从贸易中获得最大的利益，我们就可以回答说，获利最大的是这样的国家，其生产物在其他各国具有最大的需求，而这种需求又最容易随同价格的降低而增加（需求弹性的影响）。只要某一国家的生产物具有这种性质，该国就能以较少的费用获得一切外国商品。外国对它的输出品的需求强度越大，它获得输入品的代价就越低。该国本身对输入品的需求程度和强度越小，它获得输入品的代价就越低。市场总是对需求最小者价格最低廉。一个国家如果只想得到少数外国生产物，对这些生产物的需要量也有限，而本国的各种商品在外国却有很大的需求，则这个国家以极小的费用即可获得为数有限的输入品，也就是说，以极小量劳动和资本的生产物即可与这些输入品相交换"。① 很显然，这里穆勒把一国从贸易中获利的大小与一国出口产品的需求价格弹性相联系，虽然穆勒在他的著作中并没有用到需求弹性的概念，但它确切地表达了这样的意思。如果一国出口的自身具有比较优势的产品是一种需求价格弹性较大的产品，那么，该产品价格的下降将会使对该产品的需求量得到更大程度的增加，国外对于该产品的需求程度和强度将比较大，这样该国无论是从产品贸易条件来看，还是从收入贸易条件来看，都将可能获得更多的贸易利益。相反，如果一国出口产品是国外需求弹性较小的产品，那么，该国从对外贸易中获得的贸易利益就会较小。这样，穆勒把贸易条件的分析与贸易利益的分析相结合，这为国际贸易学在这方面的研究提供了一个良好的分析范式，也成为众多理论家继续深化研究的一个支点。

三、提供曲线与贸易条件的确定

穆勒对古典政治经济学的综合在 19 世纪的最后 3/4 个世纪中一直居于主导地位，而他以相互需求方程式对国际价值的解释也基本上得到了古典贸易理论学家的广泛认可，但是整体来说他对国际价值和国际贸易利益的分析并不完整，因此许多理论学家在坚持穆勒相互需求学说的基础上，为完善国际价值的分析付出了巨大的努力，其中，马歇尔（Marshall，1879）以提供曲线为工具对国际价值、贸易条件和贸易利益的分析成为古典贸易理论发展史上的重要成就。马歇尔采用了几何的形式对相互需求与贸易条件、贸易利益的关系进行了分析，他不仅对穆勒的相互需求方程式重新进行了全面的诠释，而且在贸易条件和贸易利益的分析上比穆勒迈出了更大的一步。虽然在此之前，也有许多学者利用几何图示的方法

---

① 约翰·穆勒：《政治经济学原理》（下卷），商务印书馆 1991 年版，第 134~135 页。

对国际价值理论做出过论证，应当说是马歇尔开启了用几何方法对贸易理论进行诠释的新范式。

马歇尔既放弃了用货币作为计算单位分析国际价值的做法，又放弃了以劳动时间作为计算单位分析国际价值的做法，他使用了一种新的工具——"代表货物包"来表示一国所有的出口商品（姚贤镐，漆长华，1990）。马歇尔用标准的"包（bale）"来表示各个国家各自出口的货物，所谓的"包"就是每一包所含的（各种质量的）劳动和资本的总投入量相等且固定。这样，每一包的真实成本将保持不变，但是包内的每一种商品却不可以变动。这与劳动价值理论的单一同质生产要素——劳动的假设极为相似，它只是用一个代表性的货物包代替了不变数量劳动的产品。

从表2-7可以看出，当英国市场上销售1000包德国货物时，由于德国货物很少，可能需求很强烈，因此，它将能以较优的价格卖出，即10德国货物包：100英国货物包的比例，按照此比例英国愿意进口1000单位德国货物包，同时愿意出口10000单位英国货物包。同样，10000包英国货物相对德国的需求来说可能也显得过少，因此，德国人也愿意接受一个较高的英国产品的售价，即100英国货物包：230德国货物包的比例。这样，当两国销售较少的外国产品时，外国产品的售价将会比较高，如果贸易条件变得更为有利的话，两国都将进口更多的外国产品，例如，在20德国货物包：100英国货物包的条件下，英国愿意输入的德国商品和出口的本国商品的数量都将上升，这表现为表2-7中第（2）栏的数字不断增加，第（4）栏的数字不断下降。当两国的贸易条件达到100英国货物包：78包德国货物包的时候，英国的进口商品需求恰好等于德国的出口供给，同时德国的进口需求等于英国的出口供给，两国间贸易实现均衡。为了更加直观地说明贸易条件的决定和贸易均衡的实现，下面，用马歇尔的提供曲线来进行更加一般的分析。

表2-7　　　　　　　　　　　　　两国愿意贸易的条件

(1)	E（英国）愿意贸易的条件表		G（德国）愿意贸易的条件表	
	(2)	(3)	(4)	(5)
E 的包数	E 愿意以（1）内的每100包换G的包数	E 愿意以（1）内的包数换G的总包数	G 对于（1）中E内的每100包所愿意拿出的包数	G 对于（1）所愿拿出的总包数
10000	10	1000	230	23000
20000	20	4000	175	35000
30000	30	9000	143	42900

(1)	E（英国）愿意贸易的条件表		G（德国）愿意贸易的条件表	
	(2)	(3)	(4)	(5)
E 的包数	E 愿意以（1）内的每 100 包换 G 的包数	E 愿意以（1）内的包数换 G 的总包数	G 对于（1）中 E 内的每 100 包所愿意拿出的包数	G 对于（1）所愿拿出的总包数
40000	35	14000	122	48800
50000	40	20000	108	54000
60000	46	27600	95	57000
70000	55	38500	86	60200
80000	68	54400	82（1/2）	66000
90000	78	70200	78	70200
100000	83	83000	76	76000
110000	86	94600	74（1/2）	81950
120000	88（1/2）	106200	73（3/4）	88500

马歇尔利用提供曲线对贸易条件和贸易利益的分析是与比较成本理论相联系的，在我们推导和讨论提供曲线之前，有必要对此加以说明。[①] 表 2 - 8 中，数字表示单位产品的劳动耗费，我们根据不同产品比较优势程度进行了降序排列。

表 2 - 8　　　　　两国单位产品的劳动耗费与比较优势程度排列

产品类型		A	B	C	D	E	F	G	H	I	J	K	L	M	N	…
每单位真实成本（以劳动时间表示）	英国	20	20	20	20	20	20	20	20	20	20	20	20	20	20	…
	德国	40	36	30	25	20	18	16	15	14	13	12	11	10	9	…

为了确定一个起始分析点，我们假定英国和德国的货币工资都为 1 美元，我们选择一定劳动的产品作为一个单位或者是货物包。根据比较优势理论，英国将会出口 A ~ D 等产品，德国将出口 F 之后的各种产品。由于两国货币工资假定相同，因此两国产品的货币价格和收入固定，那么，英国将会进口一定数量 F ~ N 的产品，进口产品的数量将取决于给定的两国价格比率下，英国对德国产品的相对需求程度。假定英国的进口总价值为 140000 美元，进口的交换比率为 1：1，

---

① 参阅马歇尔：《附录 H 国际价值与比较成本的关系》，载《货币、信用与商业》，商务印书馆 1986 年版，第 327 ~ 335 页；Haberler, The Theory of International Trade, 1937, pp151 ~ 152.

那么，英国将会需要 140000 单位德国货物包，并且向德国供给 140000 单位英国货物包。如果德国货币工资下降 10%，则德国 F～N 的产品价格以及德国货物包的价格将下降。此时，德国将会出口更大数量的产品至英国，并且此时产品 E 可能也将出口。也就是说，英国对德国货物包的需求会增加，比如说增加至 150000 单位货物包，德国更大数量出口货物包的收入可能是 145000 美元。因为英国的货币工资没有变，所以 1 美元仍然代表一个英国货物包。因此，英国将会用 145000 单位英国货物包交换德国 150000 单位德国货物包。我们利用这样的方法可以求出英国、德国两国的供、求数列表，这可以令我们方便地推导出马歇尔的提供曲线。

以上述理论分析为基础，根据表 2 - 7 中的数据，我们可以描述出马歇尔的提供曲线。我们用横轴 OX 表示英国出口货物的包数，以纵轴 OY 表示德国出口货物的包数。根据表 2 - 7 中第（1）栏、第（3）栏数据，可以画出英国在不同贸易条件下的提供曲线 OE，它表示了 E 国进口一定数量的 G 国货物所愿意提供的本国货物的数量，因此提供曲线又可以叫作供求曲线或者相互需求曲线。假设 P 是沿 OE 曲线运动的任一点，过 P 点做垂直于 OX 轴的直线交 OX 于 M 点，则线段 PM 的长度代表第（3）栏中的对应数字，即英国在相应的贸易条件下愿意进口的德国货物的包数，OM 代表第（1）栏中的数字，即为英国在相应的贸易条件下愿意出口的本国货物的包数。当 P 达到 A 点时，P 到 OY 轴的距离为 70200 包，到 OX 的距离为 90000 包。利用同样的方法，可以画出德国的贸易提供曲线 OG。OE 与 OG 的交点表示两国的贸易均衡，均衡时的贸易条件为 OA 连线的斜率，即马歇尔在相互需求方程式基础上发展出的提供曲线，如图 2 - 1 所示。

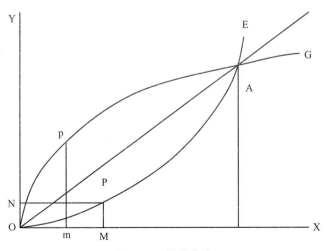

图 2 - 1　提供曲线

利用提供曲线，我们可以很方便地对贸易条件的确定和一国得自国际贸易的利益做出分析。图 2-2 是在图 2-1 基础上的扩展，其中，OD、OC 分别表示 OE 曲线与 OG 曲线上过 O 点的切线，同时它们也分别是英国和德国愿意接受的最低水平的贸易条件，当一单位英国（德国）的货物包所能交换的另一国的货物包的数量低于（高于）OD（OC）线的斜率代表的贸易条件时，他们参与国际交换将不会得到任何贸易利益，因此作为理性的选择，两国将退出国际贸易。这样，OC 与 OD 之间的斜线的斜率表示了两国可能发生的贸易条件区域，并且国际贸易条件越是靠近该国的最低贸易条件，则该国从对外贸易中获得的贸易利益将越少。在可能区域内，国际贸易条件是由两国的相互需求决定的，当两国间贸易实现均衡时，则可以确定两国间的贸易条件。在图 2-1 中，表现为两国提供曲线的交点 A 处表示了两国间的贸易均衡状态，OA 线的斜率表示两国间的均衡贸易条件，此时，英国的进口需求等于德国的出口供给，同时德国的进口需求等于英国的出口供给。在已知的两国的提供曲线中，如果贸易条件偏离了均衡贸易条件 OA，例如，处于 OF 的水平时，意味着两国间的供求失衡。如图 2-2 所示，OF 分别交提供曲线 OE、OG 于 K 点、H 点，从 OF 与两国的最低贸易条件的偏离来看，它更靠近于英国的最低贸易条件，这表示 OF 所示的贸易条件水平对英国相对不利而对德国则较为有利。此时，英国对德国货物包的需求为 Km 所示的数量，但这时德国愿意提供的本国货物包的数量为 HN，Km < HN，但是德国对英国货物包的需求却大于英国对本国货物包的供给，也就是说，德国对英国货物的需求强度要高于英国对德国货物的需求强度，德国对英国货物包存在超额需求。根据供求之间的相互关系，为了进口所需求的英国货物，德国愿意支付更高的价格，并且德国愿意出口更多的本国货物，因而英国出口产品价格将会上升，德国出口产品价格会下降，这将导致两国间贸易条件朝着对英国有利的方向变动，贸易条件将会由 OF 逐渐趋于 OA，直至两国间贸易达到均衡为止。在国际贸易过程中，贸易条件不可能对一国绝对地有利或者不利，贸易条件只有达到对两国来说均可接受的有利程度时，国际贸易才会发生，这正与马歇尔所预料的完全一致："如果 E 出售货物的条件对买者较为有利，那么世界各国对其货物的需求就会大大增加；如果 E 坚持对自己较为有利的出售条件，则世界各国对其货物的需求就会大大减少。而 E 一方面，肯定要从世界各地输入许多物品，这些物品的出售条件如果对它不利，它会拒绝购买；另一方面，如果世界各地向它出售货物的条件更为有利，它会增加进口额"。①

---

① 马歇尔：《货币、信用与商业》，商务印书馆 1986 年版，第 174 页。

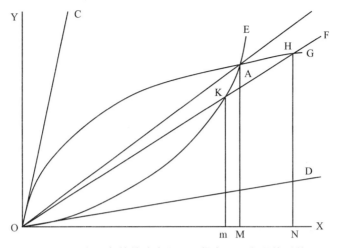

图 2 - 2　贸易条件的确定和一国得自国际贸易的利益

　　与穆勒的分析相似，马歇尔也是从供给和需求的角度对国际价值展开了论述，而其对于贸易条件和贸易利益的分析是其国际价值学说的进一步展开，但是与穆勒的分析相比，马歇尔的需求分析显得更加深刻。首先，马歇尔明确地提出了需求弹性的概念，并把不同情形的需求弹性运用于贸易条件和贸易利益的分析。他用进口条件的改善导致的进口货物的增加量，来计量一个国家对进口货物的需求弹性。[①] 需求弹性可以分为富有弹性、单位弹性和缺乏弹性三种情形，区分三种弹性的标准就是看商品的需求弹性是大于 1、等于 1，还是小于 1。马歇尔认为，这三种弹性的商品在国际贸易中都是可能存在的，但是对于大多数商品来说，它们的需求弹性都是大于 1 的，因此，他主要分析了富有弹性的商品。马歇尔认为："两国之中随便哪一国的需求愈有弹性，如果另一国的需求弹性不变，则它的输出和输入的数量就愈大，但其输出也就比其输入增加得愈多，换句话说，贸易条件就对它愈不利"。[②]

　　其次，马歇尔对于供求关系的分析还明确分析了一国供给能力对于一国有效需求弹性的影响。虽然穆勒也强调指出供给相对于需求的相互依存关系，但是他对于供给的分析基本上只是对于萨伊"供给自动创造自己需求"观点的重复，除此之外，他再没有对供给给予更多的分析。因此，姚贤镐和漆长华（1990）认为："穆勒的国际价值说，虽然他自己标榜为相互需求说，一再声称既考察了需求，又考察了供给，但实际上却只考察了需求，并没有真正考察供给"。而马歇尔则明确指出，一国对外国商品的有效需求弹性，不仅取决于它的财富及其人民

---

　　①② 　马歇尔：《货币、信用与商业》，商务印书馆 1986 年版，第 170 页、第 181 页。

对外国商品的需求弹性，而且取决于它根据外国市场的需求调节本国商品供给量的能力。马歇尔认为，一国生产能力的性质会对一国的贸易条件进而贸易利益产生重要的影响，相对于先天性的生产能力方面的优势来说，后天获得的生产能力的优势具有更加重要的意义。他说："对于贸易主要得力于特别丰富的自然资源而不是人力的国家来说，这种情况仍很明显。一个国家如果其对外贸易的资源主要得自特别优越的自然条件，那么它扩大贸易额就必然会大大降低对其有利的贸易条件，因为它对自己的资源或许已经开发到了无可再开发的地步，或者因为它的出口产品只有在供给量有限的时候，才能在国外卖得高价"。① 马歇尔对于一国生产能力性质的区分即使对于现代国家的贸易来说，也具有很强的现实意义，因此它对于在古典贸易理论中处于核心地位的比较成本理论来说应当是一个巨大的补充，因为比较成本理论虽然强调一国在生产能力方面比较优势的重要性，但是对于一些依赖自然资源方面比较优势甚至说是绝对优势的国家来说，他们有可能被引向歧途——贫困化增长。

另外，马歇尔还认为国家之间需求弹性的非同质性、贸易产品的种类等因素也会对贸易利益的分配产生重要的影响。马歇尔指出，大国与小国、穷国与富国之间的需求性质存在显著的差别，虽然一个富庶的大国对进口货物的大量需求往往使对外贸易条件不利于它，但其供给的多样性和丰富性可以阻止这种倾向，而且常常压过它。由于富国一般在获得性的生产能力方面具有较强的优势，因而可以较容易地向穷国提供改善其生产效率的农业工具和狩猎工具，这些工具穷国自己很难制造或者要花费很大的成本才能制造，并且富国即使在从穷国购买的大部分东西的生产上，也具有高于穷国的绝对优势，或者可以很容易得到相似的替代品。按照比较优势分工后，穷国对于富国的产品需求依赖要高于富国对本国产品的需求依赖。因而一般说来，中止贸易给穷国造成的真正损失要比给富国造成的损失大得多。②

马歇尔的供求曲线与一般意义上的供给曲线与需求曲线之间存在一定的关系，但是他们之间并不完全相同。一般意义上的供给曲线与需求曲线表示的是某种产品的价格与产品数量之间的一一对应关系，而提供曲线表示的是一国出口货物包与进口货物包之间的一一对应关系。但是，一般意义上消费者剩余和生产者剩余的分析，对于提供曲线在贸易利益中的分析有着很强的启发作用，马歇尔利用图解的形式把提供曲线用到了一国得自对外贸易净利益的分析当中，如图 2 − 3 所示。

---

①② 马歇尔：《货币、信用与商业》，商务印书馆 1986 年版，第 171 页。

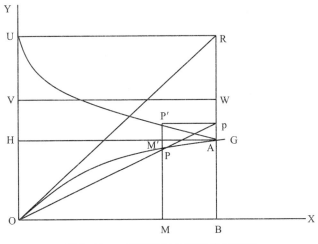

图 2 - 3 一国得自对外贸易的净利益

在图 2 - 3 中，OG 表示 G 国的提供曲线，A 点表示 G 国处于贸易均衡状态，为了避免使图形过于复杂，这里省略 E 国的提供曲线，但是这种分析同样完全适用于 E 国。均衡时，G 国 GB 货物包可以交换 E 国 OB 数量的货物包，过点 A 作 AH 线平行于 OB，则 GB = OH。OR 是 OG 上过 O 点的切线，它交 BA 的延长线于 R 点，连接 O 与 OG 上任意一点 P 并延长 OP 交 BR 于 p 点，过 P 点作 PM 垂直 OX 于 M 点，延长 MP 至 P′使 PP′平行于 OY，并使 MP′交 AH 于 M′，则 Ap = M′P′。在 P 点，G 国愿意接受的贸易条件为 $\frac{PM}{OM}$，它等于 $\frac{pB}{OB}$，但是对 G 国来说在均衡时实际发生的贸易条件为 $\frac{AB}{OB}$，$\frac{AB}{OB} < \frac{PM}{OM}\left(\frac{pB}{OB}\right)$，因此，在 P 点获得了一个比率为 $\frac{pA}{OB}\left(=\frac{P'M'}{OB}\right)$的剩余，它为 G 国在交换第 OM 单位 E 国货物包所得到的贸易利益。如果 P 点从原点 O 开始向上移动，相应地，P′点将从 U 点沿 UP′A 的轨迹移动直至 A 点为止。这样，当 P′由 U 点向 A 点移动的过程中，G 国从进口的 E 国边际货物包上获得的剩余将为第 M 包对应的 P′M′与 OB 的比率，那么，G 国在 OB 包进口中获得总剩余为 $\frac{UHA}{OB}$。作 VW 平行于 OX 并分别交 OY 和 BR 于 V、W，令 VHAW 的面积等于 UHA 的面积，则 $\frac{VHAW}{OB}$ = VH 是 G 国用本国货物包表示的得自对外贸易的净利益。

四、单个商品贸易的货币价格分析

从穆勒到马歇尔，古典贸易理论学家对于国际价值的分析均抽象掉了货币因素，而直接以易货贸易作为研究对象，从供给与需求相互作用的角度研究了贸易条件的确定问题。这种对现实问题的高度简化，虽然使问题的分析相对简便，但是也显得过于脱离现实，且要求以严格的假定为分析前提，例如，穆勒与马歇尔都强调贸易均衡的重要性，无疑这种高度简化的分析具有一定的局限性。因此，有大量的文献以绝对货币价格的形式对国际价值进行了研究，它们从特定商品的供给曲线与需求曲线的相互依存关系研究了商品的货币价格条件，在现代贸易理论中，这方面的文献迅速增长，这种方法也成为国际价值研究的重要方法之一。这种分析的一个弊端是，它无法研究贸易国之间的一般均衡状况，像马歇尔的提供曲线分析的那样直接得出一国的贸易条件，但是它的优势在于可以更加贴近现实地确定单个商品贸易的货币价格，直观地分析国际贸易对参与国的影响，并为分析特定贸易政策或贸易限制措施的影响提供一个有力的工具。

坎宁安（Cunynghame，1904）借助于马歇尔对国内贸易货币价格的一般供求图形分析，阐述了自己的国际价值理论。与马歇尔国内贸易的图形分析一样，在坎宁安的图形中，一次只考虑一种商品，为了进行比较分析，他把参与贸易的两个相对地区的图形背对背地靠在一起，坎宁安在他的图形分析中没有得出关于贸易利益的任何结论。巴龙（Barone，1908）利用坎宁安背对背的图形分析方法可以很方便地用来研究国际贸易的利益，我们下面简单地对此加以介绍。

在马歇尔经济学中，供给曲线和需求曲线经常性地被用来解释单一市场上特定商品的价格和销售额，这种方法同样可以很好地应用在单一商品的国际贸易当中，它不仅适用于两国之间单一商品贸易的分析，也适用于多于两国情形的分析。同国内分析一样，市场机制将会确定一个均衡价格，在此价格水平下，国际市场上对于商品的需求等于商品的供给，以图形表示，就是供给曲线与需求曲线相交于一点。如果价格高于此均衡水平，卖方之间的竞争将会压低价格，如果价格低于均衡水平，买方之间的竞争将会抬高该商品的价格。

假定贸易以前，所考察的特定商品在 A、B 两国的供求如图 2－4 所示，两国使用共同的货币，这样我们可以分别确定考察商品在两国的均衡价格和供需状况。这里，把两国的供求图形放在一起只是为了便于比较两国间价格水平差异对于国际贸易的影响，B 国的图形实际上与 A 国的情形完全一样，这里只是把它原来的图形沿价格轴逆时针旋转了 180 度与 A 国的图形靠在了一起。在不存在国际贸易的情况下，A、B 两国的市场价格分别为 P_1、P_2，导致价格的差异我们认为是由于两国间劳动生产率的差异，当然对于国家间要素禀赋差异方面的原因这里的分析同样适用。如果两国间实现贸易开放并且不存在贸易成本和贸易限制，那么，A 国将出口所考察的产品，B 国将会进口该产品，至于贸易对两国产生的影响，我们在图 2 - 4 中进行分析。

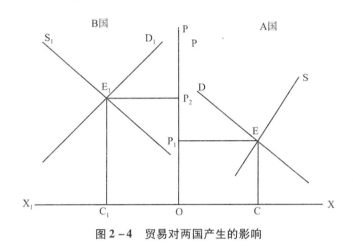

图 2 - 4　贸易对两国产生的影响

国际贸易的发生，我们可以把 A、B 两国市场视作一个统一市场，两国间价格的差异导致产品由 A 国出口到 B 国，两国市场上产品的供求和价格将做出相应的调整，在 A 国由于产品的出口，本国市场上价格将会上升，而 B 国市场上产品价格将会下降，这种价格的变动将持续到两国市场价格完全相等时停止，这时两国市场达到均衡，A 国的出口恰好等于 B 国的进口，A 国的出口量为 HI，B 国的进口量为 FG，HI = FG，此时两国市场价格均为 P_e，如图 2 - 5 所示。这里可以根据两国生产者剩余与消费者剩余的变动，分析两国得自对外贸易的利益，A、B 两国产品价格的差异反映了两国劳动生产率上的差异，通过贸易 A 国产品的产出增加了 CM，B 国产出减少了 KC_1，但是，A、B 两国的总产量增加了 CM + C_1J，表明 A、B 两国之间资源的利用效率得到了提高。虽然 B 国的净产量下降，但是 B 国的消费量有了更大的增长，同样 A 国的消费量虽然下降，但是 A 国的产出量增长得更多。因此，如果假设生产者剩余与消费者剩余是同质的，那么，我们可以分析两国得自对外贸易的利益。通过产品出口 A 国消费者剩余减少了 P_eP_1EH，但是生产者剩余将增加 P_eP_1EI，因此，A 国将获得 ⊿ HIE 面积的生产者剩余的增加，这为 A 国得自对外贸易的利益；B 国通过产品的进口，本国生产者剩余将会减少 $P_2P_e GE_1$，消费者剩余将会增加 $P_2P_e FE_1$，这样，B 国将获得 ⊿ E_1GF 面积的消费者剩余的净增长，这为 B 国得自对外贸易的利益。

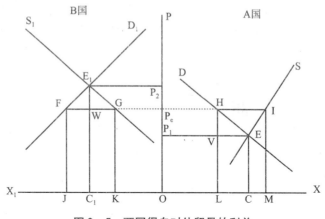

图 2 - 5   两国得自对外贸易的利益

通过以上分析我们可以看出，应用于国内贸易的供求分析，完全可以应用到国际贸易的分析当中，并且这种分析工具对于关税等贸易限制措施的福利分析中有着广泛的应用，它一方面，可以揭示自由贸易产生的利益所在，为自由贸易政策提供强有力的佐证；另一方面，这种直观的分析方法也可以应用到比较优势理论、要素禀赋理论的分析当中，充分论证基础贸易理论命题的有效性。

第四节   比较优势理论模型的扩展

李嘉图比较成本理论从国家间相对技术差异角度，对国际贸易动因、贸易模式和贸易利益的分析，构成了现代比较优势理论的两大支柱之一，代表了贸易理论发展的起点，自诞生以来备受学术界的青睐。遵循李嘉图基本分析逻辑，以技术要素作为分析的支点，学者们不断地丰富和完善着李嘉图模型，大大增强了李嘉图比较优势理论的解释力和适用性。以多恩布什、费歇尔和萨缪尔森（Dornbusch, Fischer and Samuelson，D－F－S，1977）两国连续产品模型为新的起点，以伊顿—科顿（Eatom－Korton，E－K，2002）多国模型为基石，李嘉图模型在理论和实证方面的拓展研究，是近年来贸易理论发展中的重要成果。

一、D－F－S（1977）两国连续产品模型

前述格莱汉姆、陶西格和哈伯勒等对李嘉图模型的两国两种产品和两国多种产品情形的经典阐述，成为主流的教科书介绍李嘉图比较优势理论的标准方

法，至于两国连续产品情形却少有提及。D－F－S（1977）以李嘉图假定为基础，在［0，1］的连续产品空间上，利用供求方法分析了两国有效生产专业化边界（$\tilde{z}$）和均衡相对工资（$\tilde{\omega}$）的决定，一般均衡条件下，本国专业化生产并出口具有比较优势商品的范围为 $0 \leqslant z \leqslant \tilde{z}$，外国生产并出口具有比较优势商品的范围为 $\tilde{z} \leqslant z \leqslant 1$。从均衡时的特征来看，均衡的相对工资和专业化由技术、偏好和国家间相对规模决定。一旦确定了相对工资 $\tilde{\omega}$ 和均衡的专业化模式 $\tilde{z}(\tilde{\omega})$，与均衡点相联系的相对价格结构将根据相关方程确定。一旦比较优势模式确定，两国均衡的产出水平和每一个产业的就业，可以通过需求结构和单位劳动需求反推出来。D－S－F（1977）模型是一个有效的分析工具，可用于许多情景的比较静态分析，以研究考察国家规模相对变动、技术进步、需求转移、单边转移等因素对于均衡相对工资和均衡生产边界的影响，且可扩展到考虑非贸易品、关税壁垒和非关税壁垒等因素影响的情形进行相关分析，成为其他研究者深化这方面研究的重要基础。

二、E－K（2002）多国模型

在麦克道格尔（Macdougall，1951）、斯通（Stern，1962）和巴拉萨（Balassa，1967）等学者对李嘉图模型的基本预测进行了实证检验之后，很长时期内，对于李嘉图模型在现实经济中的适用性问题进行的实证检验相对不多，古典贸易模型中对于生产率和劳动成本差异的关注，被新古典理论专注于要素禀赋的焦点所取代。李嘉图模型在实证检验方面的缺失，是由两方面原因造成的。一方面，李嘉图模型太过简单，难于进行严谨的实证检验（Leamer，Levinsohn，1996）；另一方面，实证检验中缺少基础理论模型的支持，无法为贸易流的实证分析提供基础，很难有效地处理现实世界中大量存在的中间产品贸易以及国家间贸易障碍的影响。

在 D－F－S（1977）模型的基础上，伊顿和科顿（2002）建立并证实了一个基于技术差异，且考虑地理障碍因素影响的李嘉图国际贸易模型，将 D－F－S 的两国情形分析拓展到了多国情形。该模型考虑了中间产品的重要性，能够体现促进贸易的比较优势和阻碍贸易的地理障碍之间的相互作用，比较优势产生了潜在的贸易利益，而这些利益实现的程度，将会因为地理障碍的影响而削弱。与引力方程相似，模型能够把贸易流与贸易双方的距离和产出相联系，可为不同层面的贸易流分析提供实证基础，在国际贸易理论和实证研究中得到了广泛应用。伊顿和科顿对 19 个 OECD 国家的数据统计分析表明，最廉价的外国供给者通常是地理上最临近的国家，而最昂贵产品的供给者也是地理距离较远的国家，利用国家间制造业双边贸易数据参数估计的基础上，进行了反设事实的实验，证实了自由贸易的多边互利性。

三、李嘉图模型中的贸易模式

伊顿—科顿（E－K）模型成功地解释了国家间贸易量的决定，但是并没有解决贸易模式的决定问题。以 E－K 模型为基础，科斯梯诺特和科姆济（Costinot，Komunjer，2007）、科斯梯诺特、唐纳森和科姆济（Costinot，Donaldson and Komunjer，2010）在李嘉图模型框架内分析了贸易模式的决定问题。这一方面，为李嘉图贸易模式提供了补充；另一方面，为实证分析提供了理论支持。他们考虑的经济，存在单一生产要素劳动、多种产品，每种产品存在多个种类，每一个产品种类的规模收益不变。他们的模型将劳动生产率分解成两个部分：确定性部分和随机部分。前者针对国家和产业为确定的，称为"基础生产率"（Foundalion Productivity），在给定的国家和产业，它体现了影响所有生产者生产率的气候、基础设施和制度特征；后者是国家、产业和产品种类之间随机获得的，反映了在产品种类之间专业技术（Know－How）的特质差异。由于随机生产率冲击，无法预测每一个产品种类上的贸易流。然而，通过假定每类商品存在许多类型，可得出产业层面鲜明的预测，对于任意一组出口国家，其产业基础生产率水平比率的排序决定了他们向某一进口国出口比率的排序。此外，模型并未得出国家间在特定组合的产业完全专业化的结论。

四、李嘉图模型预测的实证检验

李嘉图模型的焦点集中在劳动成本对比较优势的影响上，因为劳动是最主要的非贸易初级投入品，简单地考察贸易模式与国家间相对劳动成本的关系，似乎可以直观地对李嘉图基本预测做出验证，如古拉伯和谢尔（Golub，Hsieh，2000）利用多个 OECD 国家和墨西哥、韩国 40 个制造业部门的数据，实证检验了贸易模式和相对劳动成本之间的关系，实证结果支持了李嘉图模型。但这种简单、直观的实证检验结果的可信度值得怀疑，因此在很长时期内，对于李嘉图的实证检验方面的研究并不多见。E－K 模型的产生，为李嘉图比较优势理论的实证研究提供了有力的理论和工具支持，在 E－K 模型及其衍生模型的基础上，涌现出了许多实证研究成果。

歇克尔（Shikher，2004）通过增加产业维度拓展了 E－K 贸易模型，将产业置于分析的核心，考虑了产业之间的前后项联系，除了生产最终产品，产业间相互提供中间产品，一个产业的价格变化，将会影响其他产业的生产成本和产出，存在贸易成本，价格是内生的，且同一产业内生产者具有异质性，可以存在产业内贸易。利用 1989 年 19 个 OECD 国家 8 个两位码产业数据对模型参数估测的基础上，进行了几个反设事实的模拟实验，发现地理、技术和产业联系共同决定了价格模式、就业和专业化；产业联系是非常重要的，一国的技术变动会对相关国家的产业发展产生重要的影响；地理效应在产业间的影响是不一样的，贸易障碍的变化会随产业不同表现出很大的差异，富国与穷国之间贸易障碍的下降产生的影响，也要视具体的部门来定。楚尔（Chor, 2010）扩展了预测产业贸易流的 E - K 模型，创立了一种量化比较优势不同来源的方法。在模型中，企业生产率水平分解成一个系统性部分和随机部分，系统性部分由国家和产业特征的相互作用决定。因为不同的产业进行生产时，对要素和制度条件的需要是不一样的，国家间在提供这些产业特定需要的能力是有差异的，比较优势源于国家特征与产业需求的匹配，由国家和产业特征的相互作用决定，每个国家专业化于与该国要素禀赋与制度优势最匹配的产业。普通最小二乘法和距离模拟方法考察的结果发现，很强的证据表明，要素禀赋、金融发展、法律制度和劳动力市场都是影响比较优势的重要因素。

科斯梯诺特和科姆济（2007）基于线性回归的实证结果与理论的基本预测紧密相连，为李嘉图模型预测提供了强有力的支持，即一国在生产率相对更高的产业向任一进口国出口相对更多。科斯梯诺特、唐纳森和科姆济（2010）在 E - K（2002）基础上发展的理论模型，量化了李嘉图比较优势的重要性，利用 21 个 OECD 国家 1997 年的贸易和生产率数据，估测了双边出口关于生产率的弹性，结果与李嘉图模型预测一致。他们进行一般均衡的反设事实分析表明，在产业层面消除李嘉图比较优势，平均来看会导致总贸易利益下降 5.5%。他们的分析还发现，异质性偏好和异质性贸易成本倾向于抵消李嘉图模型中纯粹生产率驱动的异质性。

列夫琴科和张（Levchenko, Zhang, 2011）建立了一个多部门李嘉图模型，利用 75 个国家 50 年内产业层面的生产和贸易数据，考察了发展中国家和发达国家产业层面生产率，随时间发生的变化，结果表明，在两个国家集团，最初不具比较优势部门的生产率普遍增长得更快，生产率的不均衡增长弱化了各自的比较优势。当相对生产率差异成为国际贸易的源泉时，技术进步的福利效应取决于它发生在哪个国家的哪个部门，不均衡技术进步的模式实际上存在降低贸易国福利的可能性。

第三章

新古典贸易理论的起源与发展

新古典贸易理论产生于 20 世纪 20 ~ 30 年代，该理论的基础是新古典学派的均衡价格论和北欧学派的一般均衡理论，同以往的国际贸易理论相比更接近于国际贸易的实际；并且，对各国的外贸政策有一定的指导意义，因此被誉为国际贸易理论的又一大柱石。其基本内容有狭义和广义之分。狭义的要素禀赋论，也称生产要素供给比例理论，主要包括通过对相互依存的价格体系的分析解释了国际贸易产生的原因及条件；阐述了商品价格与要素价格的关系；提出了国际分工及进出口商品结构的观点。广义的要素禀赋论则除了狭义的要素禀赋论内容外，还包括要素价格均等化等定理。该定理研究国际贸易对价格的反作用，说明国际贸易不仅使国际商品价格趋于相等，而且还会使世界各国生产要素价格趋于相等。

第一节　要素禀赋理论

李嘉图认为，各国之间之所以会开展国际贸易，原因就在于各国拥有各自的比较利益，但是各国之间的比较利益为什么会有差异呢？李嘉图没有解决这一问题，后来的哈伯勒用机会成本理论重新解释了比较利益，认为各国相互贸易的根源是他们生产各种商品的机会成本不同，但对于各国为什么会有机会成本差异，他也没有进一步做出说明，最后解决这一问题的就是约一个世纪后，由瑞典经济学家赫克歇尔（Heckscher）和伯蒂尔·俄林（Bertil Ohlin）所提出的要素禀赋理论。

1919 年，赫克歇尔发表了《对外贸易对国民收入之影响》。在这篇著名的论文中，他认为如果两个国家拥有的生产要素一样，各个生产部门的技术水平一样，假定没有任何运输成本，那么进行国际贸易的结果，任何一个国家既不会获得收益，也不会带来损失。因此，产生比较成本的差异必须有两个前提条件，一个是两个国家的要素禀赋不同；一个是不同产品生产过程中使用的要素比例不同。在这两个前提下，国际间才会发生贸易往来。赫克歇尔的学生俄林继承了瑞典学派的传统，发展了赫克歇尔的观点。他于 1933 年出版了《区间贸易和国际贸易》一书。在书中，他在老师理论基础上，建立起了赫—俄理论体系的框架，提出了资源禀赋理论，这一理论又被称为赫—俄理论（H—O 理论）或赫—俄模型（H—O 模型）。其理论是通过建立 2＋2＋2 模型，即两个国家，生产两种产品、使用两种生产要素，在自由竞争条件下再加上其他各种假设表述的。由于他在这本著作中进行了开创造性的研究，因而获得了 1977 年诺贝尔经济学奖金。

一、赫克歇尔—俄林模型的基本假设

（一）技术假设：两个国家的技术水平是相同的

该假设意味着两国的生产函数是一样的。有人认为，国际贸易问题研究应做出的唯一适合的假设是一个国家可能获取的知识与另一国家可能获取的知识相同，这是由于一个国家的新发明迟早会扩散到世界上其他的国家。这是一个具有挑战性的观点，但问题是当技术进步是在为数不多的国家持续进行和高度集中时，世界上其余的国家总是显得技术落后，一些国家永远不会有时间赶上。这种从长期来看技术知识在所有国家必然相同（即生产函数相同）的观点，忽视了国际经济生活中这样一个有趣而重要的方面。但赫—俄模型假定两国的生产函数是相同的。

（二）规模收益不变假设：两种商品的规模收益不变

该假设意味着，所有投入的比例变化会导致产出以与投入变动的相同比例而变动。

（三）要素密集度假设：每种商品相对于另一种商品总是具有更高的某种要素密集度

该假设意味着在相同的要素价格条件下，布和钢相比较，每单位资本使用更多单位的劳动；或者说钢和布相比较，每单位劳动使用更多的资本。由此，商品可以根据其使用的要素密集度来排列。

（四）不完全专业化假设：没有一个国家完全只生产一种商品

该假设意味着贸易产生之后，参加贸易的两个国家并不是只生产某一种商品

（如布或钢）。从更深层次上理解，该假设说明两个国家大小相近。

（五）完全竞争假设：一国之内商品市场和要素市场都是完全竞争的

完全竞争假设排除了工资与价格刚性。在一个完全竞争市场中，所有买者和卖者（商品或要素）都是价格接受者，即他们中的每个人买卖商品的量都太小而不能操纵并影响价格。竞争者对各种市场价格具有完全的信息，以及同一地区只有同一价格。此外，价格由供求双方决定。从长期来看，商品和要素价格等于他们各自的边际生产成本。

（六）要素流动性假设：要素在国与国之间是完全不流动的

赫克歇尔和俄林在内部和外部对要素流动性画了一条清晰的界线。他们假设在一个国家之内行业间的要素可以完全自由流动（即内部的要素流动性）；他们又假设，世界经济中的制度安排使得劳动和资本不能从一国向另一国自由移动（即外部的要素非流动性）。内部的要素流动性，保证了在一国内各部门之间具有相同的工资率和资本收益率。要素可以迅速地从盈利低的部门流向盈利高的部门，一直到各个部门盈利完全相同为止。然而，外部的要素非流动性，则排除了通过要素流动的方式来消除要素在国际间盈利差别的可能性。

（七）偏好的相似性假设：各国的需求偏好基本相似

该假设表明，若两国有相同的收入，且面对同样的商品价格，那么，两个国家将会消费大致同样的商品种类和数量。实证研究表明，国家间的需求函数具有相当的类同性。

（八）自由贸易假设：商品在国与国之间是可以自由流动的

假设国际贸易可以无任何阻碍（如关税、配额和贸易控制）地自由进行。同时，假设运输成本为零。

二、H-O模型的相关概念

（一）要素禀赋和要素价格

要素禀赋（factor endowment）是指，一个国家或经济体所拥有的可供利用的经济资源的总量。它既包括自然存在的资源，如土地、矿产，也包括社会积累的资源，如技术、资本。依据要素禀赋的多寡（如劳动与土地资源的总供给量），我们可将国家区分为资源丰富的国家和资源贫乏的国家。

要素价格（factor price）是指，生产要素的使用费用或要素的报酬。例如，土地的租金，劳动的工资，资本的利息，管理的利润等。

（二）相对要素丰裕度（different relative factor endowment）

理解相对要素丰裕度或称相对要素禀赋这一表述的含义是很重要的，它是指不同的相对要素禀赋的水平，而不是要素的绝对数量水平。它指一个国家所拥有的经济资源的相对丰裕性，或者说是一个国家的相对资源供给量，也可以说是一国所拥有的两种生产要素的相对比例。这是一个相对概念，与一国所拥有的生产要素的绝对数量无关。它可用以下两个指标来度量。

1. 相对要素价格

假设本国土地和劳动的价格分别为 R 和 W，外国土地和劳动的价格分别为 R^* 和 W^*，在其他因素不变的条件下，则 $\dfrac{W}{R} > \dfrac{W^*}{R^*}$ 或 $\dfrac{R}{W} < \dfrac{R^*}{W^*}$ 成立，则本国土地要素相对充裕，外国劳动要素相对充裕。

用相对要素价格定义相对要素禀赋，主要是从要素的需求与供给角度考虑。在前面已经假设过两国消费者偏好相似，生产技术相同，因此这个指标能够成立。

2. 相对要素供给量

假设本国资本和劳动的要素可供给总量分别为 K 和 L，外国资本和劳动的要素可供给总量分别为 K^* 和 L^*。在其他因素不变的条件下，$\dfrac{K}{L}$ 表示本国资本的相对要素供给量，$\dfrac{K^*}{L^*}$ 表示外国资本的相对要素供给量。如果不等式 $\dfrac{K}{L} > \dfrac{K^*}{L^*}$ 或 $\dfrac{L}{K} < \dfrac{L^*}{K^*}$ 成立，则本国资本要素相对充裕，外国劳动要素相对充裕。

用相对供给量定义相对要素禀赋，主要是从要素的供给角度考虑。在前面已经假设过两国消费者偏好相似，生产技术相同，因此这个指标能够成立。以供给量法衡量的要素丰裕只考虑要素的供给，而以价格法衡量的要素丰裕考虑了要素的供给和需求两方面，因而较为科学。

（三）要素密集度及要素密集型产品

要素密集度（relative factor intensity）指，单位产品的相对要素投入比例。如果某要素投入比例大，称为该要素密集程度高。根据产品生产所投入的生产要素中所占比例最大的生产要素种类不同，可把产品划分为不同种类的要素密集型产品（relative factor commodity）。例如，生产小麦投入的要素中，土地占的比例最大，便称小麦为土地密集型产品；生产纺织品投入的要素中，劳动占的比例最大，便称纺织品为劳动密集型产品。

假设有两种产品（X 和 Y），使用了两种投入要素（劳动 L 和资本 K），如果生产单位 X 产品的资本和劳动投入比例为（K/L）$_X$，生产单位 Y 产品的资本与劳动投入比例为（K/L）$_Y$。如果不等式 $\left(\dfrac{K}{L}\right)_X > \left(\dfrac{K}{L}\right)_Y$ 成立，则商品 X 就是资本密集型产品，而 Y 是劳动密集型产品。

三、H－O 理论的基本内容

（一）主要观点

俄林提出，"贸易的首要条件是某些商品在某一地区生产要比另一地区便宜，在每一地区，出口品中包含着该地区比在其他地区拥有的较便宜的相对大量的生产要素，而进口别的地区较便宜地生产的商品"。[①]

要素供给比例理论的主要内容是一国的比较优势由其要素丰裕度决定，一国应出口较密集地使用其丰裕要素生产的商品，进口较密集地使用其较稀缺的要素生产的产品。比如，劳动相对丰裕的国家应当出口劳动密集型产品，进口资本密集型产品；而资本相对丰裕的国家应当出口资本密集型产品，进口劳动密集型产品。这一观点是基于以下的推理过程：

1. 商品价格的国际绝对差异是国际贸易产生的直接原因。商品价格的国际绝对差异是同种商品用同种货币在不同国家的价格差异，这是国际贸易产生的利益驱动力。商品价格低的国家向价格高的国家出口，并从国外进口价格低于本国生产的商品，这样贸易双方都能因交换获利。

2. 价格的国际绝对差异是由生产同种产品时的成本差别造成的。因为成本决定价格，各国生产同一产品的成本不同，必然导致其价格的不同。

3. 各国产品成本（价格）比例不同，即相对价格差异是国际贸易产生的必要条件。俄林指出，商品价格的国际绝对差异是发生贸易的直接原因，但并非只要存在国际绝对差异就会产生贸易。如 A、B 两种商品在美国和日本两国内价格之比是 1∶2 和 3∶6，价格比例相同，此时不存在比较优势，不会产生国际贸易。因此，国际贸易产生的必要条件是两种商品在各自国内的价格比例是不同的。在

---

① 俄林：《地区间贸易和国际贸易》，商务印书馆 1986 年版，第 23 页。

完全竞争条件下，商品价格等于成本（即边际成本），商品价格比例不同，即贸易必须符合比较优势原则。

4. 产品成本的差别是由生产要素的价格不同造成的。要素价格是指，劳动、资本、土地等生产要素的价格或报酬。假设 K 表示资本要素，L 表示劳动要素，美国和中国生产布和钢铁的技术相同，要素投入结构（K/L）相同，中国单位资本的价格是 6 美元，单位劳动的价格是 1 美元，而美国单位资本的价格是 3 美元，单位劳动的价格是 5 美元，如表 3 - 1 所示。

表 3 - 1　　　　　　　　要素供给比例理论的推导过程　　　　　　单位：美元

		技术系数	要素价格		产品成本
		要素投入结构（K/L）	资本	劳动	
美国	布	3:6	3	5	39
	钢铁	3:1			14
中国	布	3:6	6	1	24
	钢铁	3:1			19

由表 3 - 1 可见，美国布的成本为（3×3 + 6×5）美元 = 39 美元，钢铁的成本为（3×3 + 1×5）美元 = 14 美元，中国布的成本为（3×6 + 6×1）美元 = 24 美元，钢铁的成本为（3×6 + 1×1）美元 = 19 美元。显然，中国在生产布上具有绝对优势，美国在生产钢铁上具有绝对优势。因为布需要更多的劳动投入，所以布是劳动密集型产品，而中国劳动相对美国便宜；钢铁需要更多的资本投入，是资本密集型产品，而美国资本相对中国便宜，于是两国在布和钢铁的生产成本上出现差异。可见，各国产品的成本差是由生产要素的价格差异造成的。

5. 生产要素的价格差异是由各国生产要素的供给比例差异造成的。要素的价格决定于他们的供求，两国生产要素的供给差异造成了两国生产要素价格的差异。各国所拥有的土地、劳动、资本以及管理能力等各种生产要素的数量和质量是不同的，一些供给丰富的生产要素价格便宜，稀缺要素的生产要素价格昂贵。由此得出，要素价格比例不同是由要素供给比例不同决定的。比如，澳大利亚、新西兰等国土地资源丰富而劳动、资本相对较少，于是地租便宜，而工资和利息相对较高，出口的产品如小麦、羊毛等便充分利用了资源供给比较优势。

因此，俄林认为在各国要素需求一定的情况下，各国的要素供给比例不同，导致要素价格不同、产品成本不同、价格不同，从而产生国际贸易。

图 3 - 1 清晰地表示，所有经济力量是如何共同确定最终商品价格的。这也就是赫克歇尔—俄林定理（H - O 定理）模型被称为一般均衡模型的原因。

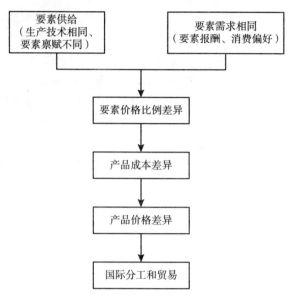

图 3 - 1　赫克歇尔—俄林定理的推导过程

生产要素所有权的分配和需求偏好共同决定了对商品的需求，对生产要素的需求可以从对最终商品的需求中派生出来，对要素的供需力量共同决定了要素价格，要素价格和技术水平决定了最终产品的价格，各国商品相对价格之间的差异确定了比较优势和贸易模式。

（二）图形说明

在两国生产技术条件相同的条件下，国家之间要素禀赋的差异，最终会影响到两国 X 和 Y 两种商品的生产能力，从而引起供给能力的差别，如图 3 - 2 所示。

图 3 - 2 中，LA 和 LB 分别为 A 国和 B 国的生产可能性曲线，X 是劳动密集型产品，Y 是资本密集型产品，而 A 国劳动力相对丰裕，相对于 B 国更多地生产 X 产品，其生产可能性曲线比较偏向于横轴；B 国资本相对丰裕，相对于 A 国更多地生产 Y 产品，其生产可能性曲线比较偏向纵轴。这说明，在技术水平相同的情况下，A、B 两国的生产可能性曲线的差异完全是由两国的要素禀赋差异造成的，生产可能性曲线反映了一国的供给能力，资本丰富的 B 国在资本密集型产品上相对供给能力较强，劳动丰富的 A 国则在劳动密集型产品上供给能力较强。

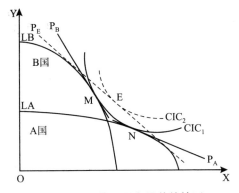

图 3 – 2　两国开展贸易前的情形

现假设两国用相同的生产技术生产 X 产品和 Y 产品，由于假设条件中两国消费者偏好相似，所以用同样的社会无差异曲线 CIC_1 表示。在没有贸易的情况下，CIC_1 与两国的生产可能性曲线分别相切于 M 点 N 点，即 A 国在 N 点上组织 X 产品和 Y 产品的生产，B 国在 M 点上组织 X 产品和 Y 产品的生产，两国生产能力达到各自的最高满足水平。通过 M 点和 N 点的切线分别为 P_A 和 P_B，分别代表两国国内的相对均衡价格。由于切线 P_B 和 P_A 的斜率 $K_B > K_A$，所以 A 国在生产 X 产品上具有比较优势，B 国在生产 Y 产品上具有比较优势。

开展贸易后，两国将根据各自的比较优势进行专业化生产，A 国将增加 X 产品的生产，减少 Y 产品的生产；B 国将增加 Y 产品的生产，减少 X 产品的生产。这一过程一直持续到两国产品相对价格相等，即 P_E 为止，P_E 与两国的生产可能性曲线同时相切，从而社会无差异曲线由原来的 CIC_1 右移到 CIC_2，达到一个新的均衡状态 E，社会的总体效应增加。在新的均衡状态下，两国的生产和贸易发生变化，如图 3 – 3 所示。

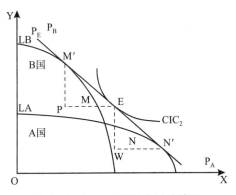

图 3 – 3　两国开展贸易后的情形

由图 3 – 3 可知，进行专业化分工以后，A 国的生产均衡点由点 N 移动到点 N′，B 国的生产均衡点将由点 M 移动到点 M′，因为在点 N′和点 M′，A、B 两国的生产可能性曲线刚好与同一条相对价格线 P_E 相切，这时两国的商品相对价格恰好相等。在这种状态下，两国按照相对价格 P_E 开展贸易并达到平衡，P_E = WN′，PM′ = WE，即 A 国将出口 WN′的 X 产品到 B 国，并从 B 国进口 PM′的 Y 产品。除了 E 点外，任何价格的贸易水平都不平衡，贸易不平衡的结果使价格向均衡贸易价格水平移动。由于 CIC_2 的效用大于 CIC_1 的效用，因此贸易后两国的福利水平都得到了提高。

（三）要素禀赋理论的评价

要素禀赋理论是西方国际贸易理论发展的一个重要阶段。这一理论与古典学派的比较贸易理论相比，更接近资本主义国际贸易的实际。这一理论从它问世以来，直到 20 世纪中期以前，在西方国际贸易理论界一直居主导地位，被广泛接受和推崇，被称为新古典国际贸易理论，成为西方国际贸易理论发展史上的一个重要界碑。

1. 赫—俄理论体系的特点

（1）赫—俄理论具有严谨的逻辑推导。俄林的要素供给比例理论是从商品价格的国际绝对差异开始一个环节一个环节逐层分析的，在逻辑上比较严谨。这是其理论的最大特色。

（2）以一般均衡理论代替劳动价值论。俄林认为，无论是在一个区域内，还是在一个国家内，在一个给定的时间中，所有的商品价格和生产要素的价格都是由它们各自的供求关系决定的。在需求方面，包含着两种决定因素：一种是消费者的欲望、要求和爱好；另一种是生产要素所有权的分配状况。这种分配状况影响着个人的收入，从而影响到需求情况。供给方面包含着两种决定因素：一种是生产要素的供给，即资源禀赋状况；另一种是生产的物质条件，这些物质条件决定了商品生产中生产要素的结合比例，表现出要素密集的性质。由这 4 种基本因素构成的价格机制，在上述基本假定前提下，在同一时间内决定了一个国家所有的商品和生产要素的价格。

（3）与纯粹贸易理论相比，这一理论更接近实际。这一理论根据贸易国最根本的经济情况，也就是从它的经济结构中的土地（包括矿产、森林等资源在内）、人口和资本存量这些最基本的因素来解释贸易发生的原因。虽然，在较长时间内，这三种因素的量都会变动，但是就考虑当时环境来说，这三种因素可以看成是既定的。

（4）充分贯彻了区位论的观点。俄林认为，国际贸易理论实际仅为一般区位论的一部分。在分析区间分工和区间贸易时应重视空间因素，即运费及影响运费的条件。对国际贸易的分析也应如此。他还认为，国内贸易与国际贸易并无本质区别，它们都是"区间贸易"的一种，故其学说既可解释国内贸易，也可解释国际贸易。

2. 理论缺陷

（1）赫—俄理论最终把国际贸易产生的原因归结到自然禀赋条件，事实上自然禀赋条件只是为国际分工的形成和贸易的发生提供了可能性，而并不是贸易发生的充分条件，从可能性演变为现实性还需要有一定的条件。例如，具有相对丰裕自然资源的国家并不意味着只能成为资源密集型产品出口的国家，具有相对丰裕资本的国家也并不一定就仅是资本密集型产品的出口国。

（2）赫—俄理论的假设条件把动态的经济视为静态经济，排除了生产力和科学技术的进步，把各国的相对优势看作是一成不变的，在当代国际分工和国际贸易中，技术进步、技术革新可以改变成本和比例，从而改变比较成本。排除了技术进步因素，实际上是否定了发展中国家在发扬潜在优势方面的必要性，限制了开拓新的生产领域。

（3）赫—俄理论与当代大量贸易发生在要素票赋相似、需求格局接近的工业园之间的实际情况不符，影响了该理论对国际贸易实际情况的深入分析。

（4）抹杀了国际生产关系，抽象地谈论国际贸易可以使各国收入均等化，这不符合国际贸易的实际情况。赫—俄理念认为，只要实行自由贸易，国际间收入分配不均就可以迎刃而解，这种单纯经验观点分析方法，脱离了历史实际、政治实际和社会实际。如果这样，只能出现发达国家与发展中国家之间的不等价交换，而这与现实情况是大有出入的。

第二节　要素价格均等化理论

赫—俄理论问世后，贸易方面的经济学家们给予了巨大的关注，关于要素禀赋理论的成果纷纷出现。其中，美国经济学家萨缪尔森（Samuelson）的要素价格均等化理论（factor price equalization theorem）是一个重要的代表性理论。要素价格均等化理论进一步论述了两国在发生贸易之后，两国之间的资源将会发生怎样的变化。鉴于这是对赫—俄理论的发展，因此，通常又被称为赫克歇尔—俄林—萨缪尔森理论（简称"赫—俄—萨理论"或"H－O－S理论"）。

在特定条件和假设前提下，国际贸易不仅将使两国间的商品价格均等化，而且会使两国间的各种要素价格均等化，以至于即使在要素不能在各国间流动的情况下，两国工人将享受同样的工资水平，两国单位面积的土地也将获得同样的地租收益。这就是要素价格均等化理论的主要内容。

要素均等化理论实际上是一个推论，因为它是直接从 H－O 理论得来的，并且只有当 H－O 理论成立时它才成立。

按照 H－O 模型，只考虑两个国家，生产两种产品——布料和钢铁，布料是劳动密集型产品，钢铁是资本密集型产品。A 国是资本相对丰裕的国家，B 国是劳动相对丰裕的国家。随着贸易的开展，在 B 国市场上，布料的价格上升，钢铁价格下降，表示生产者会生产更多的布料和较少的钢铁。在完全竞争的条件下，产品组合发生转移，相应地，资源会因为产品组合的变化而发生调整，即一部分资源从钢铁生产转向布料生产。但是，从钢铁生产中转移出的资源与布料生产中所吸收的资源是不同的，因为两种产品中要素的密集程度不同。贸易后钢铁的生产已更多地转移到 A 国，布料的生产更多地转移到 B 国。于是，在这一调整过程中，B 国对劳动的需求增加，对资本的需求减少。假定要素的供给是一定的，那么市场的变化会导致劳动价格的上升，资本价格的下降，进而导致要素价格比率上升。贸易前后，A 国的变化与 B 国相似，只是要素价格比率变化方向相反。

只要两国的两种商品存在相对价格差，两国之间就会存在贸易。随着两国贸易的开展，两种商品的这种相对价格差会逐步缩小，当两国两种商品的相对价格达到相等，贸易就会停止。国际贸易在使两国两种商品的相对价格相等的过程中，必然会使两国两种要素的相对价格实现均等化。这就是"要素价格均等化定理"，即在均衡状态，两国面临相同的产品相对价格（甚至绝对价格），在相同的技术，不变的规模报酬条件下，产品的相对价格（甚至绝对价格）将会实现均等化，要素的价格必然也会实现均等化。在这个过程中，实质上是产品的流动替代了要素的流动。一般趋势是，贸易使丰裕要素的价格上升，而使稀缺要素价格下降，直到形成相同的要素价格比率。

生产要素禀赋的差异以及商品价格的差异，构成了国际贸易的基础。根据要素价格均等化定理，如果通过国际贸易使得两国的要素价格均等化了，那么，两国商品价格的差异也将不复存在，国际贸易将会停止。但实际上只要两国之间的要素禀赋差异没有发生根本改变，这种现象就只能是暂时的。因为随着国际贸易的终止，要素价格的差异又会重新产生，商品价格的差异又将随之产生，国际贸易又将恢复。

需要指出的是，要素价格均等化定理是在一系列的假设条件下推导出来的。观察一下现实世界，就会发现满足这些条件是十分困难的，甚至是不可能的。例如，各国并非使用同样的生产技术，各国间的运输成本和贸易壁垒也阻碍各国商品相对价格相等。此外，许多企业处于不完全竞争市场上，其运作也不是规模报酬不变的，因此国际贸易并没有使各国的工资和利率实现相对的均等化。通过对现实世界的观察，就会发现各国间的要素价格并没有完全均等化。相同的生产要素，如具有同样技能的劳动者，在各个国家中不能挣到同样的收入，而且差别可能是相当大的。这一现实状况的原因就在于，要素价格均等化定理所依赖的这些假设，迄今为止在现实世界中大多是不成立的。

萨缪尔森认为，要素价格均等化不仅是一种趋势，而且是一种必然。但是，俄林认为，要素价格完全相等几乎是不可能的，要素价格均等只是一种趋势，其主要原因有以下几点：①影响市场价格的因素复杂多变，而不同地区的市场又存在差别，价格水平难以一致；②生产要素在国际上将不能充分流动，即使在国内，生产要素从一个部门流向另一个部门，也不是十分便利的；③集中的大规模生产必然是有些地区要素价格相对高，而另一些地区要素价格相对低，从而阻碍了生产要素价格完全均等。国际贸易缩小了要素价格的国际差异，而不是将其完全消除，还是比较符合实际的。

但是，国际间要素价格现实中的差异并不能推翻要素价格均等化定理，因为如果没有国际贸易，这些国际差异要比现在大得多。因此，要素价格均等化理论是适用的，它确定了影响要素价格的重要因素，而让我们对现代的贸易模型和经济的一般均衡特性有了更深入的认识。要素价格均等化是国际贸易的结果，但我们不能认为要素价格均等化将使国际贸易不再发生。

第三节　贸易的收入效应

美国经济学家斯托尔伯和萨缪尔森采用静态分析方法分析了开放贸易的收入分配效应，对贸易利益进行了微观结构分析，提出了斯托尔伯—萨缪尔森定理（Stopler - Samuelson Theorem）。

这一定理最早出现于 1941 年他们发表的《贸易保护与实际工资》一文中。尽管赫克歇尔和俄林都已经提到了贸易对收入分配的影响，但他们并没有明确地将要素收益与产品价格直接联系起来。而斯托尔伯和萨缪尔森首次使用总体均衡的分析方法解释了本国稀缺资源的收益为什么可以通过保护而提高；同样，本国充裕要素的收益亦可通过自由贸易而增加。斯托尔伯—萨缪尔森定理成为赫克歇尔—俄林贸易理论最重要的结果之一。

在完全竞争条件下，生产要素在每一部门的报酬等于其边际产品价值，即等于其边际产出与商品价格的乘积。在均衡时，生产要素在所有部门的报酬应当是相同的。此时，如果 X 商品的相对价格上升，那么，X 部门的资本和劳动报酬与Y 部门就不再保持一致，X 部门的资本和劳动可获得比 Y 部门更多的报酬，于是资本和劳动就会从报酬低的 Y 部门流向报酬高的 X 部门。由于 X 部门是资本密集型的，所以 X 部门生产扩张需要相对较多的资本与较少的劳动相配合。但因 Y部门是劳动密集型的，Y 部门只能释放出相对较少的资本和较多的劳动。于是在生产要素重新配置过程中，对资本新增加的需求（X 部门生产增加所需的资本）超过了资本新出现的供给（Y 部门所释放的资本），而劳动新出现的供给则超过了对劳动新增的需求，从而在要素市场上，资本价格将会上涨，而劳动价格将会下跌。

另外，随着生产要素价格的重新调整，每个部门中的厂商在生产中所使用的资本/劳动比率也将发生变化。由于资本变得相对越来越昂贵，劳动变得相对越来越便宜，所以每个部门的厂商都会调整其要素使用比例，尽量多使用变得便宜了的劳动来替代一部分变得昂贵了的资本。最后，每个部门所使用的资本劳动比率，都要低于 X 相对价格变化之前的要素使用比例。

由以上分析可知，X 相对价格上升会导致它所密集使用的生产要素——资本名义价格的上升，以及另一种生产要素——劳动名义价格的下降。但要素名义价格的变化说明不了要素实际价格的变化，只有将要素名义价格的变化与商品价格的变化加以对比之后，才能确定要素实际价格的变化。

在均衡状态下，劳动和资本的价格分别为：

$$W = P_X \times MPL_X = P_Y \times MPL_Y$$
$$W = P_X \times MPK_X = P_Y \times MPK_Y$$

上面两个公式表示在均衡条件下，资本和劳动价格是如何决定的。w、i 分别表示劳动、资本的价格（或报酬）；MPL_X、MPL_Y 分别表示劳动在两个部门中的边际产出；MPK_X、MPK_Y 分别表示资本在两个部门中的边际产出。

由此可以得到：

$$W/P_X = MPL_X \qquad W/P_Y = MPL_Y$$
$$i/P_X = MPK_X \qquad i/P_Y = MPK_Y$$

上述各等式的左边均表示要素的实际价格或报酬，即各生产要素的名义价格或报酬。若分别用于购买 X、Y 商品时所能购买到 X、Y 的数量。上述表达式表明，要素的实际报酬等于其边际生产力。由于在规模收益不变的条件下，生产要素的边际生产力只取决于两个要素的使用比例，与两个要素投入的绝对量没有关系。因此，商品相对价格的变化对要素实际收入的影响只取决于两种商品所使用的要素比例的变化。

当 X 的相对价格上升时，X 和 Y 两个部门所使用的资本/劳动比率均下降。

根据边际收益递减规律，当资本/劳动比率下降时，由于资本相对于劳动的投入减少，所以资本的边际生产力上升；相反，劳动的边际生产力下降。i/P_X、i/P_Y 均上升，而 w/P_X、w/P_Y 均下降，即 x 相对价格上升后，资本的实际价格或报酬上升，劳动的实际价格或报酬下降。

在长期条件下，所有生产要素都可以在各行业之间流动，包括资本。各行业的生产和投资会由于贸易的发展而进一步调整。在达到新的均衡点之前，出口行业的生产会继续扩大，进口行业的生产会进一步缩减。各行业所使用的生产要素量也会继续变动。

因此，我们得出如下结论：某一商品相对价格的上升，将导致该商品密集使用的生产要素的实际价格或报酬提高，而另一种生产要素的实际价格或报酬则下降。这一结论在国际经济学中被称为"斯托尔伯—萨缪尔森定理"（Stopler – Samuelson Theorem）。

这一定理还可推导出如下结论：

（1）贸易对一国福利有好的影响。这既是对正统自由贸易理论的沿袭，也是要素禀赋理论实证分析的结果。

（2）如果一国资本丰裕，贸易将使该国增加资本密集型产品的产出，减少劳动密集型产品的产出；如果一国劳动力丰富，贸易将使该国增加劳动密集型产品的产出，减少劳动密集型产品的产出。如前所述，资本丰裕的国家，在资本密集型产品上具有比较优势，则必然进行资本密集型产品的专业化生产，资本密集型产品的产量必然增加，劳动密集型产品的产量将下降。同理，在劳动力丰富的国家，开放贸易也必然使得劳动密集型行业膨胀，使资本密集型行业萎缩。

（3）从封闭经济到自由贸易，在资本丰裕国家，资本价格将上升，劳动价格将下降；而在劳动丰裕的国家，劳动价格将上升，资本价格将下降。这个结论的含义是，自由贸易的结果是使得某一商品相对价格的上升，又将导致该商品密集使用的生产要素的实际价格或报酬提高，而另一种生产要素的实际价格或报酬则下降。这一定理的引申含义是，国际贸易会提高该国丰富要素所有者的实际收入，降低稀缺要素所有者的实际收入。

斯托尔伯—萨缪尔森定理拓展了 H－O 模型的解释力，是对赫克歇尔—俄林定理的一种改进。综合赫克歇尔—俄林定理、斯托尔伯—萨缪尔森定理和要素均等化定理，可以得出如下结论：一国应当出口该国相对丰裕和便宜的要素密集型商品，进口该国相对稀缺和昂贵的要素密集型商品；某一商品相对价格的上升，将导致该商品密集使用的生产要素的实际价格或报酬提高，而另一种生产要素的实际价格或报酬则下降；国际贸易又促使各贸易国的商品相对价格趋于均等，最终实现要素价格的均等化。因此，我们把赫克歇尔—俄林定理、斯托尔珀—萨缪尔森定理和要素均等化定理统称为 H－O－S 模型。

第四节　要素禀赋变化对产出的影响

到目前为止，关于国际贸易的分析都是静态的，即假设贸易各方的生产要素禀赋、生产技术等都是给定的。但事实上，各国的要素禀赋情况是在发生变化的，技术也在发生变化。一国的要素禀赋变化对产出将产生什么影响？1995 年，经济学家罗伯津斯基（Rybezynski）发表了《要素禀赋与相对价格》的论文，探讨了该问题。

一、罗伯津斯基定理（Rybezynski Theorem）

在商品相对价格不变的前提下，一种生产要素的增加，会导致密集使用该种生产要素的产品产量增加，密集使用其他要素的产品产量减少。例如，设 X 是劳动密集产品，Y 是资本密集产品，在 Px 和 Py 不变的情况下，如果一国的劳动增加，那么，该国 X 的产量将以更大比率增加，而 Y 的产量将减少。

这是因为，商品相对价格在某种生产要素增加时保持不变，要素价格必须保持不变。但是，只有在资本劳动比和两种商品生产中的资本与劳动的生产率都不变时，要素价格才保持不变。为使增加的劳动充分就业，并保持两种商品生产时的资本劳动比不变，唯一的方法是减少资本密集产品 Y 的产出，以释放出足够的资本和少量的劳动，吸收 X 生产中所增加的劳动。因此，在商品价格不变的条件下，X 商品增加的同时，Y 商品减少。这一结论被称为罗伯津斯基定理（Rybezynski Theorem），说明了要素变动对经济增长的影响，也在一定程度上说明了要素变动对收入分配的影响。一些学者认为，第二次世界大战后日本经济的变化大致符合罗伯津斯基定理的论断。

图 3－4 中，A 点表示要素变动之前某国（如日本）的经济生产点，要素（如资本）存量变动后生产可能性边界发生扩张，在商品价格和要素价格恒定的前提下，经济生产点变为 B 点所示，即劳动密集型的衣服部门发生了萎缩，而资本密集型的汽车部门的产量（和出口量）则增加。

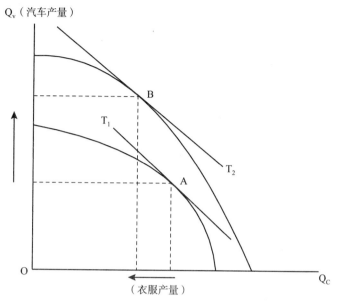

图 3-4　要素变动与经济增长

　　那么，这种结构性变动是怎样完成的？仍以日本为例。在 20 世纪 50 年代中期，日本靠劳动密集型产业完成了经济恢复，但他们此时发现，单靠劳动密集型产品的出口不可能更大程度地增加收入，一是便人为地把经济增长的重点转向了重化工业等资本密集型行业，他们增加投资，重化工业部门中资本劳动之比上升；二是工资率的上升从服装等部门吸引过来大量的劳动力。一方面，结果重化工业部门中资本和劳动均增加了，产出增加，出现繁荣；另一方面，在服装等劳动密集型行业中，密集使用的生产要素——劳动却减少了，于是该部门的产量绝对下降。

　　在中国经济开放和发展中，一方面，乡镇企业和私营企业以及外商投资企业由于利益驱动，大量投资于回报快且高的轻纺、电子等行业，导致重工业的萧条；另一方面，政府投资又经常倾向于纠正这种结构变动。日本经济中的上述结构变动对日本整体经济发展是有利的，中国经济中并未出现典型的罗伯津斯基效应。研究各种增长理论，有助于我们消除经济中的不确定，追求健康的增长速度。

二、罗伯津斯基定理与荷兰病（Dutch Disease）

　　罗伯津斯基定理所阐述的事实，在现实世界有许多例证。不过，最典型的莫过于所谓的"荷兰病"，即一个行业的增长扩张导致其他行业的萎缩。20 世纪 60

年代，荷兰发现了天然气，使其生产资源转向了石油天然气相关产业，这些产业迅速扩张，与此同时传统出口产业如制造业萎缩。

20 世纪 60 年代，已是制成品出口主要国家的荷兰发现大量天然气，结果国内经济发生了一系列变化，由此得名。在荷兰，发现大量天然气后，出口剧增，国际收支出现顺差，经济显现繁荣景象。但到 20 世纪 70 年代，荷兰遭受到通货膨胀上升、制成品出口下降、收入增长率降低、失业率增加的困扰。

这种情形不仅在荷兰出现，事实上，20 世纪 70~80 年代初分享了石油价格暴涨带来的横财，以及后来新开发了自然资源的国家（如沙特阿拉伯、尼日利亚、墨西哥、挪威、澳大利亚、英国等）都出现了类似的经济症状。鉴于此，经济学家们认识到荷兰病可能是一种普遍的现象，适用于所有"享受"初级产品出口急剧增加的国家。尽管这种病症一般是与自然资源的发现联系在一起，但它也可能因任何一种造成外汇大量流入的事件诱发，其中，包括自然资源价格的急剧上升，外国援助和外国直接投资，等等。

这一问题的产生，可以从两个方面解释：一方面，一般情况下，由于新资源的发现而获得的意外收益的确会对原有出口产业产生不利影响，或导致非工业化现象的发生，由于新兴部门的高收益，资本和劳动会从传统产业部门流入新兴部门；另一方面，由于自然资源出口增加，使该国贸易收支顺差：固定汇率制度下，将导致国内出现通货膨胀，传统出口部门成本上升，出口减少；而在浮动汇率下，贸易顺差将导致本币升值，以外币表示的出口商品价格上升，出口减少。无论哪一种情况，传统出口部门都成为牺牲品。

尼日利亚是另一个典型案例。1973~1974 年，阿拉伯国家实行石油禁运后，世界市场上石油价格翻了两番：1979~1980 年，石油价格又涨了一倍，结果，1980 年末，石油贸易条件是 1972 年的 7 倍，这种"石油意外收入"占尼日利亚 20 世纪 70~80 年代初国内生产总值的 23%。这些意外收入全部成为政府支出、公共投资增加，公务员工资涨了一倍，国内通货膨胀加剧，实际汇率上升。到 1984 年，尼日利亚名义非石油出口下降了近 90%，呈现了典型的荷兰病症状。其中，农业受损最重，出口量下降了 2/3。因此，有人认为，如果没有油价暴涨，尼日利亚就不会出现这种情况或者情况会好些。

印度尼西亚也是分享石油意外收入的国家。但是，印度尼西亚政府在整个飞速发展时期，力争收支平衡，控制住了通货膨胀，同时，印度尼西亚政府采取了政策将石油收益用于经济发展。首先，扩大了对农业的投资，包括资助灌溉系统、鼓励优良品种、改造农村医疗和教育设施、增加农业投入。其次，采取措施避免货币实际升值，维持其真实的水平。使非石油产品出口一直保持在 7% 的增长率。因此，印度尼西亚没有出现荷兰病症。

第五节　要素禀赋理论在当代的扩展

(一) 国际贸易的要素内容

产品贸易体现了要素服务的思想非常深刻，可以把要素禀赋、要素价格、产品价格、生产和贸易紧密联系在一起，从而为 H－O 定理的基本预测提供有力支持（Romalis，2004）。瓦尼克（Vanek，1968）将两要素情形的 H－O 理论扩展到了两国 N 种生产要素情形，把以商品为基础的国家间要素禀赋分析，转化为对贸易商品所体现的要素内容的考察。要素禀赋理论更一般地表述为 H－O－V 理论（模型），商品贸易与体现在商品中的要素服务的国际交换具有等价性，对于国际贸易要素内容的关注具有两方面的意义。第一，贸易要素内容的研究是进行一般均衡研究的一个实验室；第二，对贸易要素内容的研究有助于分析开放政策问题对收入水平和分配的影响。

(二) 要素比例与贸易模式

贸易模式研究始终是主流贸易理论模型试图回答的主要问题之一，也是要素禀赋模型理论和实证研究一直关注的重要焦点。随着新理论模型的出现，关于要素禀赋与贸易模式关系的研究不断深入，传统理论的基本思想得到了拓展，新的模型预测得到了更加符合实际的经济实践的支持。

多恩布什、费歇尔和萨缪尔森（Dornbusch, Fischer and Samuelson）建立了一个两国、两要素连续产品且具有 C－D 需求函数的 H－O 模型，他们的分析认为，在要素禀赋相似的情况下，国家间要素价格将会趋于均等，生产的区域模式将无法确定，但是要素禀赋变动对价格和福利的影响可以很好地确定。如果国家间要素禀赋差异巨大的话，要素价格均等化将无法实现，然而区域专业化模式却可以确定。

罗密里斯（Romalis，2004）结合多国连续产品模型（D－F－S 模型）和克鲁格曼（Krugman，1980）规模经济和产品差异驱动的产业内贸易模型，构建了一个新的模型。在他的模型中，规模经济是产生国际贸易的第二个因素，并且模型增加了冰川运输成本的考虑，运输成本将会产生偏离于要素价格均等的生产结构和贸易结构。模型产生了两个预测，即准 H－O 预测和准罗伯津斯基预测，且两个预测都得到了经验证据的支持。一国在密集使用其丰裕要素的商品上，将获得更大的世界生产和贸易份额（准 H－O 预测），对美国的双边贸易数据的检验支持了这一基本预测，即熟练劳动力和资本丰裕的国家，在密集使用这些要素的产业，获得了美国进口产品中更大的份额；某种要素快速积累的国家，将使生产和出口结构向密集使用该要素的产业发生系统的转移（准罗伯津斯基预测），而东亚新兴经济发展的实践支持了该预测。

（三）李嘉图模型与 H-O 模型的结合

世界范围的生产模式表现出很大的异质性和专业化特征，但是关于国家和产业间生产模式不同的原因，李嘉图模型与 H-O 模型都没有提供一个统一的理论。技术比较优势是一国生产要素和人口特征的反映，一国供给方面的比较优势依赖于该国生产要素的禀赋（Ruffin，1988）。因此，李嘉图模型与 H-O 模型的结合，成为比较优势理论自然延伸的一个方向。在要素禀赋理论的基础上，通过引入李嘉图生产率因素的考虑，可以极大地增强传统贸易理论的解释力。拉芬（Ruffin，1988）在李嘉图模型和 H-O 模型之间建立了一个中间情形的模型，他把李嘉图模型视作 H-O 模型的特例，从而可以更简单、有效地分析贸易模式、贸易和要素价格均等化问题，并且能够得到 H-O 国际贸易模型的所有主要特征：①贸易反映要素禀赋；②要素价格均等化趋势；③贸易有利于丰裕要素有损于稀缺要素。戴维斯（Davis，1995）则指出，如果把李嘉图贸易理论的要素引入 H-O 框架，比较优势理论本身就可以对产业内贸易做出解释。

摩洛（Morrow，2010）认为，任何一个模型在独立的情况下，都无法对国家和产业间生产模式差异提供统一的理论解释，每个模型在实证检验中，会因为忽略另一个相关变量而得到有偏的结果。他以罗密里斯（Romalis，2004）的准 H-O 市场结构为基础，引入李嘉图全要素生产率（TFP）差异进行了扩展分析，在垄断竞争和规模报酬递增情况下，导出并检验了一个基于要素禀赋和相对生产率差异的比较优势模型。他把产业层面 TFP 差异分解为 3 个部分：（1）一国内部产业之间相同、国家层面生产率差异；（2）清除了国家层面生产率影响，与要素密集度相关的生产率；（3）清除了国家层面生产率差异，与要素密集度无关，且产业间不同的生产率。如果生产率与要素密集度相关，两个模型很容易混淆在一起，单一模型的检验会出现忽略变量导致的偏差；如果TFP 与要素密集度无关，把 TFP 模型转化为一个产业间中性的特定国家项和与要素禀赋无关的特质部分就是合理的。模型的检验发现：（1）李嘉图模型和 H-O 模型在决定国际生产模型上都具有很强的解释力；（2）在分析的数据中，李嘉图比较优势差异不会导致 H-O 模型的检验偏误，但忽略 H-O 的影响会使李嘉图模型的实证检验结果有偏；（3）要素禀赋的差异在决定专业化模式中的作用，似乎要强于李嘉图生产率的影响。

（四）要素禀赋的综合检验

国际经济研究的中心目标是解释贸易的要素内容，这是由两方面的原因造成的：第一，经济学家试图探究贸易对一国内部要素相对价格和绝对价格的国际影响，而强调贸易源自可获得生产要素差异的 H－O 模型及其变体，可为这方面研究提供很好的框架；第二，它提供了检验模型适用效果的具体预测（Davis，Weinstein，2001）。里昂惕夫（Leontief，1953）悖论产生以来，学者们对于要素禀赋的实证检验可谓不遗余力，但是半个多世纪对于国际贸易要素内容的实证研究，并未弥合 H－O 模型理论预测与实证结果间的巨大出入。早期对于 H－O－V 模型贸易要素内容的预测，并未得出比扔硬币更好的结果（Maskus，Nishioka，2009），因为 H－O－V 模型的假定条件太过苛刻，很难产生与实际数据相符的预测（Maskus，1985）。理论与实际的差距，吸引了更多的研究者在更加宽泛的条件下，对要素禀赋的预测进行相关的实证检验，得出了与实际更加相符的结论。

1. 国家间产品组差异的考虑

对于 H－O－V 模型的新近检验，先要克服苛刻的传统假定产生的不符实际的预测问题。虽然许多对 H－O－V 贸易理论的检验，为要素禀赋决定一国生产和贸易的观点提供了有力的支持，但是这些研究都把焦点集中在较为狭窄的潜在均衡模型存在问题上，假定所有的国家都生产所有产品，没有考虑国家间产品组的差异，就导致了现有的研究中更多地重视国际技术差异。而现实中，国家间的产品集合是存在差异的，因此在研究中应当做出具体分析。

戴伯利和戴米罗格鲁（Debaere，Demiroglu，2003）实证考察了 H－O 模型的生产方面，利用发达国家和发展中国家数据检验发现，发达国家与发展中国家之间要素禀赋差异较为显著，而发达国家之间，在熟练劳动力和非熟练劳动力禀赋上则较为相似，世界范围要素禀赋的巨大差异不能保证国家间生产相同的产品集。斯考特（Schott，2001）用新的方法检验了 H－O－V 模型，允许要素禀赋差异足够大的国家之间，专业化于最适于自身要素禀赋的特定产品集进行生产，并且考虑了要素积累对给定部门产出的影响，证实了 H－O 模型的专业化模式。

2. H－O－V 的双边检验

基本的 H－O－V 模型侧重于分析单个国家要素禀赋相对于世界其他国家的整体状况对一国贸易模式的影响，资本丰裕国家通过商品贸易成为净资本服务的出口国，劳动丰裕国家将会是劳动服务的净出口国。但是，发达国家与发展中国家间，资本劳动比例和熟练劳动与非熟练劳动比例是存在巨大差异的，因此两种类型国家贸易的要素内容也是不同的。如果仅以一国要素禀赋与世界整体要素禀赋状况进行比较，在实证研究中可能无法得到支持 H－O－V 模型预测的结论

（Debaere，2003）。因此，许多实证研究都采取了国家对的形式，分析双边贸易与要素禀赋差异之间的联系（Staiger，Deardorff and Stern，1987；Brecher，Choudhri，1988；Hakura，1995），这种分析方法便于发达国家与发展中国家间要素禀赋和贸易要素内容的比较，并得出符合 H－O－V 模型基本预测的实证结果。

戴伯利把国家间要素禀赋的双边差异与要素内容的双边差异相联系，建立了一个预测贸易要素内容的 H－O－V 模型，得出了支持 H－O－V 模型定性预测的结果：当国家间要素禀赋差异显著的时候，他们之间的贸易反映了要素内容的巨大差异。曹伊和克里斯纳（Choi，Krishna，2004）利用 8 个 OECD 国家的生产和贸易数据，检验了贸易流的要素内容，他们的检验主要关注国家间的双边贸易流，研究表明，无论两国之间存在什么样的贸易，资本丰裕国家的出口，将会比劳动相对丰裕国家的出口，表现出更高的资本劳动比率，平均来看，一国会进口比其贸易伙伴更便宜的要素，并向其贸易伙伴出口本国相对便宜的要素。

3. 技术差异的影响

国家间相同技术的苛刻假定，是 H－O－V 模型预测与实证检验结果不尽一致的重要原因。里昂惕夫之后，许多关于要素禀赋的实证研究，开始关注技术差异的影响，考虑国家间技术差异影响的实证结果，为 H－O－V 模型的基本预测提供了更有力的支持。特拉福勒（Trefler，1993，1995）通过引入希克斯（Hicks）中性要素生产率调整系数，重新研究了 H－O－V 模型，为 H－O－V 模型预测提供了很好的支持，并激起了其他学者在这方面的进一步研究。哈利根（Harrigan，1997）认为，国际专业化将会由国家间相对要素禀赋差异和技术水平联合决定，一个部门占 GDP 的份额由相对要素供给和相对技术差异决定，模型的估测参数与理论具有直接的联系。利用工业化国家制造业部门面板数据的估测发现，相对要素供给和相对技术水平都是决定专业化的重要因素，且技术差异的影响巨大，表明李嘉图效应也是决定比较优势的重要来源。戴维斯和韦恩斯坦（Davis，Weinstein，2001）在标准的 H－O－V 模型基础上，通过一步步放松传统的假设条件，考虑了技术差异、要素价格非均等化、贸易成本和非贸易品存在对 H－O－V 预测的影响，利用 10 个 OECD 国家的实际数据分析，证实了 H－O－V 的基本预测。戴伯利和戴米罗格鲁（Debaere，Demiroglu，2003）的研究中放松了国家间相同技术的假设，引入了要素扩张型技术差异，允许国家间要素报酬差异和部门水平资本劳动比例的差异，认为 H－O－V 模型的检验中，不需要要素价格均等化的存在。

赖和朱（Lai，Zhu，2007）分析了把双边贸易的要素内容与技术和要素禀赋相联系的约束规则，利用 41 个发达国家和发展中国家的数据进行了检验，他们考虑了国家间要素价格不等的贸易均衡。在没有要素价格均等化存在的情况下，研究者无须对偏好施加限制，就可以根据贸易发生后的数据预测贸易的要素内容。他们在检验中引入了国际技术差异，尤其考虑了特定国家和特定产业的技术差异。他们的检验支持了 H－O－V 关于要素内容的预测，且发现要素内容的预测对于要素禀赋差异更大的国家组之间表现更好，但对于资本丰裕国家之间的贸易，李嘉图模型中的国际技术差异发挥着比 H－O 要素禀赋差异更大的作用。

马斯库斯和西岳（Maskus，Nishioka，2009）认为，过去 H－O－V 模型实证上的失败与现实中经济数据无法满足限制性假定有关，尤其是相同国际技术和要素价格均等化假定，他们利用 29 个发达国家和发展中国家的数据，考虑了要素生产率的影响，研究发现要素生产率的比率与相应的要素禀赋存在很强的相关关系，H－O－V 对南北要素贸易的解释能力取决于相对要素禀赋和要素扩张型生产率的差距。因为物质资本的快速增长与不同类型劳动之间的相互作用是不同的，资本的生产率与劳动的生产率随经济发展的推进会发生不同的变化。

第四章 /

动态贸易理论的起源与发展

经济理论的作用首先在于为客观的经济现象以及现象间的关系提供合理化解释，并在此基础上指导实践，更好地服务于人类经济社会发展的需要。经济分析方法的运用，目的在于为经济理论或经验研究服务，能更好地论证相应的理论命题，证明或检验特定的理论观点的有效性。主流国际贸易理论利用比较静态分析方法，较为直观地描述和刻画了贸易产生的基础、国际贸易模式以及贸易互利性的基本命题，有力地支持了国家间自由贸易的必要性。但是，主流贸易理论的比较静态分析依托于较为苛刻的模型假设，在一定程度上限制了其解释力，凸显了这些理论自身的片面性，无法为许多新贸易现象提供合理化解释。第二次世界大战后，面对不断更新的贸易经济现象，越来越多的学者尝试从动态的角度进行思考和诠释，逐渐形成了多样化的动态贸易理论。

第一节 贸易理论动态化的原因与路径

虽然关于贸易理论动态化的尝试学者们做出了持续的努力，并且在理论发展上也取得了丰硕的成果，提出了许多新的理论观点。但是，总体上来看，动态国际贸易理论的研究还比较分散，缺少统一的分析框架和共同的设计，所以很难穷尽相关理论研究成果。因此，我们将在界定动态贸易理论内涵的基础上，对本章的分析范围做出基本限定。

一、动态贸易理论的界定

动态贸易理论属于动态经济学的研究范畴。根据戴维·W. 皮尔斯（David W. Pearce，1983）《现代经济学词典》的解释，"动态经济学是对经济系统进行的不同时期之间的相互关系的分析。经济也许可以从一个均衡点移动到另一个均衡点，或者它会在时间流逝过程中继续运动而并不到达静态均衡的状态。这类模型的实质是在变量的调整中引进时间滞后的概念，即这些变量的现值取决于它们的过去值和（或）其他变量的过去值。实际上，任何模型只要同时包含的变量所涉及的时间超过一个时期，该模型就可被认为是动态模型"。① 在经济问题的实证研究中，根据对时间处理方式的不同，可以将研究方法区分为静态分析、比较静态分析和动态分析。简单地来看，静态分析与动态分析的基本区别在于，静态分析不考虑时间调整因素，只关注事物变化的结果，而动态分析考虑时间调整因素。既关注事物变化的结果，也关注事物变化的过程（吴汉洪，2003）。从方法论的角度来说，动态经济理论同样表示利用动态分析方法考察分析经济问题的研究，是在引入时间变化因素的基础上，研究不同时点上经济变量的相互作用在均衡状态的形成和变化过程中所起的作用，考察在时间变化过程中均衡状态的实现过程。

根据对动态经济学的诠释和理解，这里的动态贸易理论主要涉及那些在时间变化过程中，研究考察贸易基础、贸易模式以及贸易影响相应变化的一系列理论。无论他们对时间的处理是连续还是分散，对时间变化的分析是直接还是间接，只要在贸易理论分析的过程中，能够反映出与贸易相关的核心变量变化的过程、条件或均衡状态或者是发展趋势，都可以纳入动态贸易理论的范畴。

二、贸易理论动态化的原因

在经济学发展的过程中，随着新古典边际主义分析方法的盛行，动态经济学从 19 世纪后半叶开始隐没于主流经济学的分析框架，这可能是因为"边际效用和边际生产力理论在瓦尔拉、帕累托和马歇尔的大厦里已弄得很完善，引起知识界的激动。只是到了比较晚近的时期，经济学家们才把他们的注意力转向了动态经济学"。② 但是我们要说，经济问题的动态化分析，从经济学诞生之日就深植于古典政治经济学的发展之中，所以哈罗德才明确指出："谁要想找到对动态经济学原理的阐述，那就必须要回溯到亚当·斯密和李嘉图及其追随者那里去。这是所有的现代经济学中的一大缺口"。③ 由于经济学广泛地实践于讲英语的国家之中，而且非常崇尚数学模型，因此，大凡不能用数学模型表达的经济理论越来越被人们所视而不见（Krugman，2001）。与经济学理论发展的进程、分析方法以

---

① 戴维·皮尔斯主编：《现代经济学词典》（1983），上海译文出版社 1988 年版，第 164 页。
②③ 哈罗德：《动态经济学》，商务印书馆 2013 年版，第 19 页、第 1 页。

及研究结论相一致，在新古典贸易理论主导国际贸易理论发展的很长一段时期内，贸易理论的发展主要依赖于静态和比较静态的形式化分析来推动。这种静态均衡的分析带有明显的局限性，理论命题成立的模型环境较为严格、抽象，且与现实经济环境之间存在显著的距离。

客观经济实践的变化以及经济理论自身的发展进步，推动贸易理论研究不断出现动态化发展的新迹象。首先，客观经济环境的变化是推动贸易理论动态化的客观前提。一方面，进入 20 世纪尤其是第二次世界大战以后，世界范围的国际贸易无论是规模还是结构都在不断发生着翻天覆地的变化，工业制成品在国际贸易中的比重越来越高，其中，新兴的高科技产品随着时间的推移大量涌现，各国的贸易模式随着时间的变化呈现明显的演变趋势，大量的贸易现象与国际直接投资现象紧密地结合在一起，成为第二次世界大战后一种新的国际经济现象。另一方面，随着各国经济开放度的提高，经济开放、贸易发展与一国国内经济增长之间的联系显得更加重要，国际贸易在带来一定静态贸易利益的同时，与之相伴的动态贸易利益也更加值得关注，这也要求学术界能够为之提供合理解释。

其次，从经济理论的发展来看，经济增长理论研究的深化为动态经济理论研究提供了巨大的支撑。从简单意义上说，由于研究经济长期增长必须要考虑时间因素，因此增长理论原本就属于动态分析的范畴。然而，现代经济增长理论比以往更加重视经济的动态调整问题，也更加强调经济当事人的行为最优化，这使得动态经济分析在该领域得到了非常普遍的应用（吴汉洪，2003）。在众多的经济增长理论研究中，绝大多数经济模型都是在开放经济条件下展开的推理和论证，贸易作为一国内外经济联系的主要途径之一，也成为动态经济问题研究的焦点。

三、动态贸易理论的发展路径

在早期很长一段时间内，动态贸易问题研究都是在一种松散的状态下发展的，与许多纯贸易理论比较静态分析的丰富性相比，国际贸易理论的动态分析命题是比较少的，并且也没有统一的研究与发展轨迹可循，每一个动态分析的命题几乎都是分割开来发展起来的。所存在的动态贸易理论基本上以一种特殊的方式在发展，并且没有出现一个领域知识积累通常所伴随的分析上的相互作用，没有产生一个共同的设计和统一的框架（Bhagwati，1964）。一直以来，对于动态贸易问题研究的兴趣却变得更加浓厚，虽然贸易与经济增长之间内在联系的动态研究表现出更大的活力和更具主导的影响性，但动态贸易理论研究的方向呈现出多元化发展趋势。

根据不同研究主题在理论发展进程中的内在联系，考虑不同研究成果之间方法和结论的相似性，这里主要循着三条路径梳理动态贸易理论的主要成就。第一条路径是对传统贸易理论的动态拓展。传统贸易理论静态分析的局限是遭到很多质疑的主要原因，但是对于传统贸易理论基本命题的适用性，学者们基本上持认可的态度，因此不少学者尝试从动态的角度更新传统命题的有效性，增强其在时间进程中的解释力。第二条路径是产品生命周期为核心的动态贸易理论研究的成就及相应的新发展。作为弥补主流贸易理论静态分析的不足，产品生命周期的思想一直受到了不少青睐，不仅将之用作贸易和投资问题的分析，更是将其与经济增长以及微观企业动态行为分析相结合，得出了不少极具启示性的新成果。第三条路径是内生技术进步与国际贸易关系研究。技术是贸易理论发展的进程中始终关注的核心变量，贸易理论的突破一定程度上取决于不同理论对技术作用及技术特征处理的差异，早期经济和贸易理论都将技术处理为外生变量，大大限制了技术对于贸易和增长现象的解释力，暴露了传统贸易理论的局限。新增长理论对于技术内生化的处理，很大程度上解放了技术在解释现实经济问题上的局限，成为各种经济理论关注的新焦点，也涌现了大量的文献，成为最值得关注的领域之一。

第二节　传统贸易理论的动态演进

在纯贸易理论文献中，两国—两要素—两产品分析框架为许多与要素配置、产出结构、相对价格和贸易模式等相关问题的分析提供了基础性一般均衡结构，证明了基本贸易理论命题的有效性。但纯贸易理论的静态分析存在明显的局限性，贸易就像增长一样，是一个随着时间发生的过程，动态的分析在一个比较优势理论中必将占据核心角色（Bruno，1970）。国际贸易理论动态化研究的涌现和发展，先是在传统贸易理论框架中展开的。

一、传统贸易理论动态分析演进的内在逻辑

经济理论研究静态分析与动态分析的分离，是新古典经济学日益精致的形式化、模型化分析不断深化拓展的结果，贸易理论动态化分析的演进是经济理论分析方法转变的反应。

（一）古典贸易理论中动态分析的更替

国际贸易理论作为经济学最古老的研究领域之一，它从一开始就把贸易问题与增长问题研究相结合，它最早从经济发展的角度动态地研究了对外贸易的发展对一国财富创造的影响，并且最先从技术差异的角度分析国际贸易产生的动因和影响，构成了古典贸易理论研究的基点，也代表着国际贸易理论发展的起点。古典贸易理论对于贸易动因的分析可以用比较成本理论来概括，虽然众多古典经济学家对其完善与发展做出了贡献，但是斯密和李嘉图是该理论的主要构建者。

多数古典经济学家都意识到对外贸易对国内经济增长的长期动态促进效应，他们中的许多人还考察了技术变化对比较优势模式、贸易条件、贸易量变动的影响，由此论及贸易对增长的影响。托伦斯、马尔萨斯等较早注意到技术在国际间传播的事实，穆勒明确分析了技术变化的贸易条件效应，龙格菲尔德（Long-field）、凯尔恩斯（Cairnes）指出技术变化导致比较优势变化的情况，甚至技术差距理论的所有要素在早期古典经济学家的著作中都有涉及（Bloomfield，1978）。古典经济学家讨论了一般技术变化的不同侧面，对于贸易与增长关系的论述零散地分布在他们著作的不同角落，虽然这些不同的观点很少系统地发展起来并结合入古典贸易理论的主体，但是古典经济学家对于国际贸易与经济增长的兴趣要比一般贸易理论家认为的要高得多。

古典经济学家对于技术的理解与现代经济学有着巨大的差异，技术的内涵相对较为狭窄，一般是与劳动者的具体技能或者机器性能相联系，技术进步主要表现为通过劳动者技艺的改善或机器的改良促进劳动者生产率的提高。虽然多数古典经济学家都注意并论及了技术在贸易发展中的作用，但是古典贸易理论在发展进程中对于技术进步的处理上却出现了严重的分歧，这主要发生在李嘉图和斯密之间。在斯密看来，劳动分工是技术进步的主要内容，劳动生产率的提高主要动因在于劳动分工的发展（胡乃武，金碚，1990）。分工可以促进生产率的提高和生产能力的增加，技术进步成为内生于劳动分工的副产品。狭隘的国内市场会限制分工的发展，阻碍财富生产的增加，对外贸易会通过扩大市场促进分工的发展，导致劳动生产率的提高和经济增长，劳动生产率的提高又会对一国比较成本和贸易模式产生正向影响。因此，在斯密的贸易理论模型中，技术进步是内生于分工的发展的，并且成为贸易影响经济增长的一个重要机制。李嘉图在斯密绝对成本理论的基础上，提出了解释国际贸易动因的比较优势成本理论，但却未对斯密的分工理论给予重视，而把产生比较优势的基础归于自然条件与外生的技术差异。虽然李嘉图也注意到贸易对于经济增长的影响问题，并且多次提到技术进步对一国贸易模式变动的影响，但是技术在李嘉图模型中纯粹被视作一个外生变量对待。虽然穆勒在对李嘉图比较成本模型进行形式化表述的过程中，又重新注意到对外贸易通过市场扩大效应对于深化分工进而对技术进步的影响，但是穆勒之后的贸易理论家越来越倾向于资源给定情况下的静态效率配置的分析（Myint，1977）。在陶西格（Taussig，1927）、哈伯勒（Haberler，1936）对比较成本理论进行了标准的教科书式形式化阐述之后，技术因素彻底被当作比较优势理论模型中的外生变量看待，虽然国际贸易静态的资源配置效应的分析仍然能够推出自由贸易政策的结论，但是比较成本理论由此受到缺少动态分析的批评。

（二）新古典贸易理论静态分析的深化

但是，国际贸易理论的发展并未严格遵循技术研究的路径向前推进，在新古典静态一般均衡居主导的理论背景下，赫克歇尔—俄林的贸易模型（H－O 模型）产生，由此开创了国际贸易理论的新古典发展阶段。H－O 模型对国际贸易动因的分析放弃了古典贸易理论中技术差异因素的考虑，而以国家间生产方程即技术相同为基础，研究生产要素禀赋差异对一国生产和贸易模式的影响。赫克歇尔、俄林和萨缪尔森是新古典贸易理论的主要奠基者，他们把研究的焦点集中在国家要素禀赋构成与国际贸易模式的关系上，并关注自由贸易在国家内部的收入分配效应的功能。H－O 模型的四个核心理论以一般均衡分析为基础，它在把李嘉图比较成本理论一般化的同时，从理论上论证了国家间以要素禀赋为基础进行专业化分工和自由贸易，会使资源的配置实现单个国家和整个世界范围的最优化，为自由贸易政策的制定与执行奠定了坚实的理论基础。

但是，H－O 模型对于国际贸易利益的分析仅限于贸易的静态水平效应，而古典经济学侧重于贸易与经济增长关系研究的传统在新古典理论中完全消失了，贸易可能提供的动态潜能被边际主义所忽略，这在萨缪尔森（1939，1962）、凯姆普（Kemp，1962）对贸易利益的分析中得到了充分体现，所以连凯姆普也认为他们的研究忽略了贸易对于技术知识状态和积累速度的分析。在古典时期，贸易理论和增长理论是经济学两个不可分割的分支，但是在新古典时期，贸易和增长成为两个彼此独立的研究领域，新古典贸易理论忽略贸易增长效应的研究，贸易和经济增长关系的研究很长时期内退出了国际贸易理论家的视野，贸易对于经济增长的重要性直到 20 世纪 60 年代才重新引起学者们的研究兴趣。而鲍德温（Baldwin，1984）通过对一些实证研究的综合分析发现，发达国家得自贸易自由化的静态损益是相当小的，而贸易自由化产生的动态收益则相对要大得多，H－O 模型对于贸易利益的分析仅限于国际贸易的静态水平效应则明显过于狭隘。例如，斯托尔伯—萨缪尔森定理推出贸易会使丰富要素的所有者受益，令稀缺要素的所有者受损的结论，明显是基于国际贸易的静态水平效应进行的分析，如果考虑到贸易的动态增长效应，即使不存在一次性税收转移支付，贸易也可能使所有要素的实际收入增长。

H－O模型集中考察要素差异作为比较优势的来源，忽略了国家间技术差异可能产生的影响。如果考虑技术差异的影响，H－O模型中要素禀赋导致的比较优势可能会发生逆转，自由贸易所引起的要素价格均等化也会消失。新古典贸易理论对于贸易动因和贸易影响的研究没有遵循古典贸易理论技术研究的思路向前推进，在边际主义和一般均衡理论思想的影响下，忽略技术在解释贸易模式和贸易效应中的作用，以生产要素禀赋差异作为研究国际贸易的动因，贸易利益的研究彻底蜕变到资源配置水平效应的分析，贸易通过技术对于经济增长影响的机制也由此中断，经济增长似乎成为资源最优配置后不言而喻的结果，但实质上是把经济增长问题排除在贸易理论研究的范畴之外。从一定意义上来说，H－O模型对于贸易模式的分析忽略技术因素的影响，导致技术因素在贸易理论研究中的迷失，代表着从早期李嘉图传统的倒退（Jones，1970）。

（三）贸易理论发展中动态经济分析的复兴

要素禀赋理论在诞生后的30多年内主导了国际贸易理论的发展，成为解释国际贸易模式的基础性理论，但是不断涌现的国际经济新现象使贸易理论家逐渐意识到H－O模型的局限。20世纪中期，新古典增长理论的诞生及对经济增长问题研究的深入使贸易理论家无法对经济增长的事实视而不见，经济增长的贸易条件效应开始引起学者的极大兴趣，贸易问题的动态分析重新回归至贸易理论模型研究中。

20世纪初期开始，经济增长理论在经济学中开始复兴（Ramsey，1928；Harrod，1939；Domar，1946；Solow，1956；Swan，1956），使贸易理论的发展更加关注长期经济增长问题，贸易理论家（Bhagwati，1958；Johnson，1958）对贸易与经济增长关系的研究逐渐增多。增长理论所暗示的比较优势理论具有动态特征，因为某个特定的变化不仅取决于时间的流逝，而且取决于系统中其他变量。如果我们的目的仅仅是在可替代的行动过程中去选择的话，这些动态的因素也可以利用比较静态的方法进行分析（Chenery，1961）。受当时贸易理论和经济增长理论中居于主导地位的要素禀赋理论和静态一般均衡理论的影响，巴格瓦蒂（Bhagwati，1958）、约翰逊（Johnson，1958）都只是单向地考察了经济增长的贸易条件效应及对贸易国的福利影响，而没有研究经济增长的内在机制以及贸易对于经济增长的影响。"关于增长与国际贸易之间关系的理论，其初始旨在检查各种形式的增长对国际贸易的影响，特别是对贸易量与贸易方式的影响，对贸易条件和福利的影响。在这种分析中，增长及其原因为既定的，从而探讨它们对国际贸易产生的影响"。① 索洛（Solow，1956，1957）新古典增长理论对于外生技术进步在经济增长中贡献的开创性研究虽然使贸易理论开始关注技术因素对贸易模式和效应变动的影响，但也仅限于外生技术进步对贸易条件变动的考察，着眼于对贸易国外生经济增长的比较静态福利分析（Johnson，1958），却不能对贸易影响经济增长的机制做出解释，也无法直接用技术的变动对现实的国际贸易模式做出合理的说明。

第二次世界大战后，国际贸易中新产品的种类不断增加，发达国家之间制造业产品在国际贸易中所占的比重逐步提高；技术在工业化国家之间的传递异常迅速，并对国际贸易和投资产生了重要影响；以拉丁美洲为代表的广大发展中国家为了实现民族经济的独立，摆脱旧的分工贸易体系的束缚，质疑自由贸易的利益分配模式，试行进口替代贸易发展战略，使贸易理论家必须正视贸易发展与经济增长之间的关系，研究贸易的经济增长效应。以要素禀赋差异为基础静态一般均衡模型对此解释乏力，因此，资本积累和技术进步的动态分析重新回归至贸易理论家的研究视野，作为新的变量以加强对现实经济问题的解释。

传统贸易理论框架内资本积累和技术进步的动态分析表明，贸易理论的发展更加关注开放条件下的经济现实，虽然技术创新和技术进步的处理依然缺少有效的分析框架，而被视作一种外生现象，贸易影响经济增长的机制也未得到充分研究，但国际贸易理论动态分析内容的不断上升至少标志着贸易理论的发展朝着正确的方向上迈出了坚实的一步。

二、李嘉图动态比较优势理论的复兴

李嘉图经济分析系统似乎因为其原创性构造吸引了每一代最卓越的经济学家的关注和兴趣，从约翰·穆勒（1848）到陶西格（1927）、哈伯勒（1936）、奈特（Knight，1935）、斯拉法（1951）、斯蒂格勒（Stigler，1952）、卡尔多（Kaldor，1956）和萨缪尔森（1959）莫不如此。在对李嘉图经济系统深入研究的进程中，越来越多的学者尝试形式化地研究其贸易理论的动态特征。因为在很多学者看来，李嘉图的整个经济理论中大部分是动态经济理论（哈罗德，1972），而李嘉图贸易理论的核心也在于他的动态特征（Maneschi，1983）。客观经济环境的差异性导致了经济发展模式的多样性，体现在经济模型的形式化分析中，则表现为经济变量运行结果的不确定性，每一个经济模型都是从特定视角展开的合理化尝试。因此，李嘉图贸易理论的动态化拓展没有统一的框架结构，一般是通过

---

① 贾恩卡洛·甘道尔夫：《国际贸易理论与政策》，上海财经大学出版社 2005 年版，第 323 页。

放松模型的特定苛刻假设作为突破，来解释贸易动因、贸易模式、贸易条件变化或贸易的长期动态效应的。

（一）经济积累与国际贸易

在李嘉图看来，经济增长的主要动力是积累趋势，它与我们所说的储蓄基本可以等同看待，而且李嘉图也正确地把它当作一个动态概念来对待（哈罗德，1972）。在早期贸易理论的动态化研究中，围绕外生经济增长（积累）与贸易展开的开放经济模型是众多理论研究的焦点。在这些研究当中，本恩素杉—巴特（Bensusan–Butt，1954）设计提出的积累与贸易间内生关系模型是这方面动态分析的典型代表，他的分析是在一个带有简单生产技术的两国、多产品框架中展开，其中每一个国家拥有两种可替代的生产过程，其中一个使用机器，而另一个不使用，并且两国都掌握这些生产过程。外生因素影响开启积累之前，两国之间的成本和价格结构完全相同，不存在国际贸易。某种外生因素造成在其中一国资本积累的出现，导致了积累国的产业部门渐进机械化，进而是出口的出现。由此导致的另外一国实际收入的增加与该国储蓄的出现相联系，他考察了储蓄对于贸易模式、贸易条件的影响以及贸易对积累和机械化的反向作用，对主要相关贸易问题进行了全景式的动态分析。下面，对本恩素杉—巴特的动态积累和贸易模型做出基本概括。

1. 模型假设条件

（1）存在本国（A 国）和外国（B 国）这样两个相似的国家，生产中使用资本和劳动生产要素，两国人口状况、偏好结构和技术状况不随时间发生变化。

（2）劳动同质且国家间不发生移动，两国均是完全竞争、充分就业的经济。

（3）两国封闭条件下存在充分多的商品：A、B、C、…｜Z，Y′、Y″分别表示 A 国和 B 国的同一产业部门的产品。

（4）所有的商品都可以使用两种方式来进行生产：只使用劳动的手工技术和只使用一部机器和劳动的技术。机器可以手工生产或者机械技术生产，且是永续存在，并可在产业间具有通用性。

（5）技术是刚性的，使用固定的要素禀赋，将有固定的产出流。

（6）产品的物质单位定义如下：手工劳动的每人每年生产一单位的某种商品，每年有多少人就将生产多少单位商品，因为劳动是同质的。

（7）除服务外的所有商品可以跨越国界自由移动，但需要一个虽然可以忽略不计但仍略高于国内移动的运输成本，且所有商品运输成本相等。除非某些因素导致了产品成本上的差异，否则不会产生贸易，服务在任何价格下都不能跨国移动。

（8）假设资本也是自由移动的，但是与产品不同，资本更偏好于留在国内市场，这种偏好差异导致了两国无法定量测度的资本回报率的差异，存在一个可以发行货币满足投资者货币需要的银行体系。

（9）劳动力在国家间虽然可移动，但是也更偏好于在国内变换工作，而不是移出国外或到另一国找工作，这也将导致了不可定量测度的实际收入损失的产生。

2. 封闭条件下的积累

经济由一种相对比较落后的稳定状态开始。在最初的状态，所有的价格都是1英镑。时间被分割成不同的年份，所有的机器刚好需要一年去生产。在使用机器的年份中，资本的贷款人收到连续的年度支付，在制造机器的那一年则没有任何支付。这些年度支付都是不相等的，但是投资者将会设想一种合理的实践模式，他所要求的第一年的回报将被叫作利息率或利润率，r/镑。每一年都有充分多的企业进入或离开，每一个产业将会保证所有资本的回报在下一年将会相等，且等于利息率 r。

假设机器是利用手工生产时，可以用 1 英镑工资水平下生产不同机器所需要的人·年数 C_a、C_b、C_c、…表示每一个产业中的机器。它们所使用的劳动数量为 L_a、L_b、L_c，它们所生产的年物质产出为 O_a、O_b、O_c。因为机器具有物质生产力，因此 $O_a > L_a$，$O_b > L_b$，依次类推。它们之间的差异为 $C_a\delta_a$、$C_b\delta_b$、…，其中，δ_a、δ_b 视作每一个产业部门的物质生产率，我们这样作出定义：$O_a = L_a + C_a\delta_a$，$O_b = L_b + C_b\delta_b$。为了方便起见，将资本劳动比 C_a/L_a、C_b/L_b 表示为 R_a、R_b。

对于任何机器制造业产品 N 来说，只要机器是手工制造的，机器技术生产的平均成本为：

$$\frac{L_n + C_n r}{O_n} = \frac{L_n + C_n r}{L_n + C_n\delta_n} = \frac{1 + R_n r}{1 + R_n\delta_n} \qquad \text{式（4-1）}$$

当机器制造工程是机械化的，假设工程为产业 V，成本变为：

$$\frac{L_n + C_n\left(\dfrac{L_v + C_v r}{O_v}\right)r}{O_n} = \frac{1 + R_n\left(\dfrac{1 + R_v r}{1 + R_v\delta_v}\right)r}{1 + R_n\delta_n} \qquad \text{式（4-2）}$$

将所有的产品按照生产率的 δ 的高低排序，其中，A 最低，Z 最高。那么，当所有产业部门利润率为 r 时，如果 δ > r，平均成本将小于 1，如果 δ < r，平均成本则大于 1。但是，总存在平均成本等于 1 的手工技术和一些使用机器不用手工劳动的产业部门。

很明显，投资将从生产率最高的 Z 产品开始，当某些意外事故导致积累和投资发生时，并且将会增至这样一种程度，每一年 r = δz，只要 r = δz，手工成本将等于机械制造成本。当 Z 产业完全机械化后，机械化边际将转移到生产率更低的 Y 部门，然后是 X 部门，依次类推。但当 r 从 $\delta_z \sim \delta_y$ 的降低减少了 Z 的新生产成本，一些投资将会通过替代效应和收入效应继续以满足增加的需求。结果是，会出现这样一种情况，机械化边际沿产品排序下移至边际产品时，右侧产品价格下降，但左侧手工业产品价格保持不变。但要指出的是，商品价格的绝对下降随着资本劳动比率的差异是存在不同的。

当机器制造产业 V 被机械化以后，r 降至 δ_v，将会变得更复杂，因为那时所有制造业的成本下降，因为影响源自资本的价格而不是工资，这种影响对于资本密集型技术将最大。由此将涉及产业部门的重新排序以保证机械化由高生产率部门向低生产率部门演化。

假设 A ~ C 不可避免的是手工业产品，如果积累达到偏好和技术允许的最终水平的话，当开始时 A ~ Z 商品设定为 1 英镑的价格最终将会变为 1，1，1，$\dfrac{1}{1 + R_d \delta_d}$，$\dfrac{1}{1 + R_e \delta_e}$，…。

3. 国际贸易的阶段演化及影响

最初，本国与外国规模相同，均生活在一种稳定的贫乏状态，所有的收入都源于手工劳动，两国经济特征相似，国内外商品运输成本的微小差异足以阻碍贸易的发生。一旦偶然因素导致积累发生，随着时间推移，国际贸易就会表现出不同的特征。

第一阶段。某些偶然因素开启了本国的积累过程，该国的一些人能够开始投资。他们获得了足够的资本去为 Z 产业购买一定单位（假设为 10 台）机器，Z 部门也是具有最高的物质报酬的部门。由于资本偏好于国内投资，这些投资无法投入外国的 Z 产业部门，而只能投在本国。

本国将资本投在 Z' 需要招募劳动来使用它：为了简化分析，假设投资所需要的 $10L_z$ 劳动都来自 Z' 部门现有的人手。使用 10 台机器在第一年和随后年份的总产出为 $100_z = 10(L_z + C_z \delta_z)$。但是，$10L_z$ 单位人口一年作为 $10L_z$ 手工劳动也会生产相应的产品，因此 A 国 Z 产品的总产出增加了 $10C_z \delta_z$，其他产品产出不变，但是这些投资者将不会全部消费掉这些增加的产出，也没有改变对于其他产品的消费：他们希望交换到一些其他东西，包括更多的机器。如果他们这样做，Z 商品相对其他商品的价格注定会下降。但是如果这样，Z' 部门现有手工劳动者的实际收入将下降。他们将会移出 Z' 部门，流向生产投资者需要的其他商品，以维持所有的相对价格相等。反过来，意味着 Z' 部门 $10L_z$ 使用机器的工人将会对 $10L_z$ 单位产品的销售感到满意，相应地，机器的净产品的价值事实上就是投资者收入的增加。真实工资没有变化，但是 $10C_z \delta_z$ 单位利润的真实收入出现了。银行系统需要发行一些货币给投资者以保证货币工资维持在 1 英镑不变，这些都是同时发生的。但第一批投资者源于利润的进一步投资用于 Z′部门，投资者增加的收入准备购买的商品可以通过挤出 Z′部门的工人去生产其他产品来满足，因此所有的相对价格维持不变，不需要贸易发生。

第二阶段。积累继续，直至 Z′部门全部被机械化。此刻，之前通过工人离开该部门阻止 Z 产品相对价格下降的限制失效，没有办法继续维持。封闭经济中的投资将会很快地流向 Y′，与此相伴，将会有回报率由 δ_z 向 δ_y 下降。Z 产品新的生产成本将会为 $\dfrac{1+R_z\delta_y}{1+R_z\delta_z}$，其中，$\delta_z>\delta_y$，而不再是 $\dfrac{1+R_z\delta_z}{1+R_z\delta_z}$。

在开放经济条件下，本国 Z 产品相对价格的任何下降都会被外国发觉到，因为同样的原因，产品 A 至产品 Y 也能由外国自由地流动到 A 国。因此，均衡将会通过本国 Z 产品投资拓展到超越本国国内需求以满足外国来实现。当产品比资本更容易地流动时意味着，本国的 Z′产业必须继续扩张，同时，外国的手工劳动 Z″部门必须收缩，该部门被替代的劳动将流向 A″~Y″的一个或所有产业部门以向本国提供出口。

Z′部门的每一台机器致力于出口生产将会需要本国 L_z 的劳动去配合，从而使外国释放出 $L_z+C_z\delta_z$ 的劳动。为了完成劳动的转变，外国需要由本国进口 $L_z+C_z\delta_z$ 单位的 Z 产品，并且需要出口同样数量的其他商品，而在本国 L_z 单位的这些商品不需要再生产，结果是本国增加了投资者希望获得的 $C_z\delta_z$ 单位商品，境况会更好。许多由外国向本国出口商品的情形也会有与此一致的结果。在此武断地假设，外国 Z″产业部门释放的 $C_z\delta_z$ 单位劳动将会用于本国企业家需要更多购买的商品领域生产；外国 Z″产业部门释放出的 L_z 单位的劳动将会散布于 A″~Y″的部门，替代了本国由于 A′~Y′流入 Z′部门的劳动。

这样当贸易开始后，而所有商品价格不变，交换比率为 1£ 本国 =1£ 外国。这种贸易的可能性，延迟了 Z 商品价格的下降。通过允许所有的投资继续，以使物质生产率 δ_z 提高本国的实际产出高于其他情况下的水平。但所有产出的增加都被本国的投资者获得，本国的工人状况不变，一段时期内无法获得 Z 产品价格下降情况下的利益，本国和外国的真实工资不变。贸易利益都被本国获得，但是外国却没有什么损失。

第三阶段。以产出数量或劳动转移规模相对于总产出和劳动测度，第一阶段和第二阶段可能是微不足道的。除非 Z 产业部门非常庞大，如果我们的资本家将收入增加中的许多用于消费，否则所涉及的过程将会需要很长时间。

而外国最终 Z″产业消失，在本国通过投资获取 δ_z 的投资机会将消失。如果继续储蓄的话，那么投资者将会转向 Y′部门投资。那么，Z 的价格下降，第一次出现价格相对工资的下降和实际工资的上升。本国在制造 Z 上的比较优势变得对两国非常明显。贸易条件将变得对外国有利，这样两国均能从贸易中获益。

如果外国对 Z 的需求有弹性，则意味着在 Z′ 上的进一步投资，外国也将出口更多以支付增加的进口支出，因为外国国内对于 A ~ Y 产品的消费减少了。另外，如果外国的需求缺乏弹性，出口将会减少，外国将提供额外的劳动去生产 A ~ Y 的国内消费产品，在本国将允许投资集中在 Y′。但是，贸易不会发生剧烈的增加或减少，除非价格发生剧烈的变化。在 Y′ 机械化的过程中，外国将不会发生什么变化，两国间贸易也不会发生什么变化：如同第一阶段所示，调整仅发生在本国。但当 Y′ 部门完全机械化后，Y″ 被破坏，将会有贸易发展的新阶段。外国将会出口从 A″ ~ X″ 的商品，在本国这些部门的资源将转移到 Y′ 部门去生产出口品。但是，出口部门的总出口不会超过一半，即使外国 Y″ 产品完全不生产，因为 Y′ 不仅满足两国工资获得者相等的需求，而且还要满足本国投资者的需要。

这样，可以很容易地想象一个稳定的边际机械化进程，由 δ_z 向后依次按照生产率的递减次序展开。每一步都涉及暂时的贸易停止，当本国的手工业部门实现机械化之后，随后出现机械化部门的扩张，以替代外国的手工业部门。在每一个阶段，外国的贸易条件将会改善，正是通过这一机制，外国的工资获得者分享了本国积累的好处。当资本家停止储蓄，两国的进步将达到一个新的稳态。当每一步结束，外国将减少一个产业部门而变得更加专业化。另外，根据我们的假设，本国不会完全失去任何产业部门，但制造业部门将扩张，手工业部门将萎缩，唯一没有收缩的手工业是工程业部门和服务业部门。

第四阶段。假设 S 产业生产一种不可国际贸易的产品——服务。当利润率降至 δ_s，本国 S′ 部门通过一般的方式机械化，当机械化后，不存在通过出口向外国提供机械化服务的方式，也不能传递至 R，$\delta_r < \delta_s$。本国必须到外国当地去机械化 S″。S″ 部门释放的净劳动恰好足够支付贷款的利息。这是本国和外国贸易史上第一次贷款：之所以出现国际贷款，是因为运输资本比生产服务 S 更廉价，并且因为同时目前利用机器在外国生产服务比在本国可获得更多的报酬，假设条件排除了投资的当地成本：但很明显它们可以很容易地由外国出口的减少和本国投资于手工技术资助部门的扩张满足。

第五阶段。所有的时刻外国账户都没有储蓄，假设该国民众太穷而无法储蓄，尽管他们的实际工资提高了。本国的工人假设具有相同的情况，两国实际工资相等。所有的储蓄由资本家的后代提供，他们由于偶然的机会变得足够富裕从而开始积累。然而，最终两国的工人也会足够富裕，从而开始储蓄。

假设有一年 N 部门完成了机械化，利润率由 δ_n 降至 δ_m，同时外国的进口制造业产品价格也下降。该国用一些增加的实际收入购买了本国的机器而不是仅仅增加消费。

此刻所有投资的回报是 δ_m。但在外国仅有的制造业是外国所有的服务业 S''，和诸如此类的行业，除此之外，所有的制造业产品都是进口的。根据假设，外国具有在国内投资的偏好。该国当然能够在 S'' 部门投资以使该部门投资达到不使价格下降的最大规模。当然，该国也可能投资于 M'' 部门，资本的生产率与成本与本国相同，此时 A 国正在利用本国的资源机械化该部门。但 B 国不能在 A ~ L 部门中的任一产业部门投资并保证具有与 δ_m 一样的利润率。问题出现了，是否该国能投资其不拥有的制造业，节约进口，相应地减少出口。

很明显，该国可以这样。忽略工程业机械化的调整，假设该国花费了 C_z 用于进口一台机器，为了 Z 部门最初的制造业使用。下一年，Z 产品的总产出为 O_z 或 $L_z + C_z \delta_z$，Z 产品的价格为 $£ \dfrac{L_z + C_z \delta_m}{L_z + C_z \delta_z}$，这一产出的价值为 $L_z + C_z \delta_z$，由此可以节省这一进口量。需要的劳动将从手工业部门获得，因为国内消费不能减少，所以劳动只能从出口部门获得，所以将减少出口 $£ L_z$。这样，B 国能够获得 $£ C_z \delta_m$ 进口的节约，但是 B 国无须担心碰到收支平衡的难题。除服务外所有商品进入贸易，$£ C_z \delta_m$ 可以用于增加制造业的进口或减少手工业品的出口，完全根据投资者的偏好决定。同时，在 A 国，L_z 单位的劳动由出口部门直接释放出来，同时，A ~ M 部门也有 L_z 单位的劳动需求去替代手工业品的进口。一台机器 C_z 被释放出来，由于假设资本是完全可转换的，这样 M' 部门将会被部分地机械化，并且很容易获得 δ_m 这样一个报酬。

对外国投资者来说，把他们的资本投向已经存在的制造业行业，或正在转变成制造业的行业都是自由的。结论是外国出口只能源自非服务业的手工业部门。可能应当注意的是，外国将其基金投向 M''，虽然该国并未立即节约进口，该国将会这样做，当本国的 M 行业完全专业化后，因为本国将很快转向 L 产业，不会为外国承担大量的供给。

在我们的假设中，外国工人在现有工资水平开始储蓄是与本国同时的。但是，由于本国的资本家仍然储蓄，因此外国的总投资要小于本国。本国不仅具有更大的工业化的起点，而且拥有持续的绝对领先地位。

第六阶段。两个国家开始时非常贫困，从某种意义上来说，每一种被生产出的商品实际消费的数量都是必需物品，由此可以确知，当消费者可以选择是消费一种更多的商品还是消费种类更多的每一种商品时，消费者会选择后一个。因而，在此阶段当价格下降时，对任何新机械化产品的需求不可能是富有弹性的。

这就意味着，当 Z′ 部门正在被机械化，大部分被释放出的生产其他消费品的劳动将流向 A ~ Y 部门：资本家将增加其他许多种消费品的消费而不是仅仅集中在其中的几种。相类似，当 Z 部门被完全机械化时，当机械化边际移向 Y 时，Z 的价格下降，工人将一部分虽不多的额外需求转向 Z：它将会延伸至一个很宽的范围。

只要这是本国 Z 产业的情形，本国 Y 部门也将差不多这样，当它们占据外国供给的市场时，外国 Z 部门和 Y 部门的劳动将会流向 A ~ X 的手工产业部门，为本国和出口市场生产。

但之后当增长发生时，这些关系将无法维持。消费的边际增加可能主要集中在特定的产品上，舒适品和最终的奢侈品上。不仅一些商品会以劣等品的形式出现，而且随着相对价格的变化将会有替代发生，这将导致对一些商品需求的绝对减少。超过某个点，对于手工品需求的增加将会减少甚至最终为负。同时，对高度机械化产品的需求增加。虽然可能存在例外，但是对于很多商品来说基本如此。

两国经济中的下一个关键点，将会出现于本国机械化部门完全吸收了除未被机械化的服务业以外的所有劳动时。忽略服务业，该位置可能在 Z ~ M 全部被机械化，且是本国仅有的产业。这些拥有高资本比率的部门作为整体将会扩张得很快，当边际向后沿着 Q、P、O、N 移动时，可以想象对于 A ~ L 商品的需求可能会绝对地收缩，甚至对 N ~ Q 商品也一样。但是，没有什么能够阻止 A ~ L 部门的机械化。

现在，本国是否不可避免地在外国投资，这不完全确定。因为随着 L、K、J、…… 的机械化，回报率会下降，在具有高资本劳动比率的 M′ ~ Z′ 部门以外的产业需要很多投资，对于这些产品的需求是富有价格弹性的。一些资本将从受到排挤的其他产业部门中释放出来，但是将需要更多的资本，不难想象，最终本国所有的储蓄都被吸收。更合理的假设是，本国存在为海外投资的经常剩余，本国最初只投资于海外易于机械化的服务业，现在间歇地进入一个持续的剩余。

假设外国的民众把他们所有的资金都投向旧的高度机械化的产业部门，那么，新工厂将完全是进口节约型。他们不仅满足外国目前需求的增加，而且实际上会减少进口。如果进口减少足够小的话，将不会阻碍本国这些产业部门的投资，因为本国的需求也会增加。无论外国进口节约的是哪一种，在本国这里释放出其他用途的新投资基金，如果足够大的话，还会从那些受到影响的产业部门释放出资本和劳动。一方面，本国能够也将运用进口节约中的一部分。但是，因为释放出的资源来自高资本劳动比部门，本国的投资者将拥有多余的资本可用于出口。基于外国这样的投资政策，目前的贸易会下降，但是本国海外的投资将被迫增加。两国的资本结构在达到专业化的顶峰后，会开始再一次相互接近。每一个国家国内消费产出的比例，将再一次开始上升。

另一方面，假设外国的投资者集中在他们边际手工业的机械化和低资本劳动比率的产业，那么，本国则可以把那些从其他产业转移过来的资本和劳动集中在高资本劳动比率的行业，任何新储蓄的剩余将会加快外国的机械化和对本国低资本劳动比率行业的替代。这种发展将涉及本国国内资本密集度的上升，且更加专业化于高机械化商品的出口，而外国将会为两国市场发展旧的低资本密集度的产业，当然也会机械化那些迄今未被机械化的产业。与其他情形比较，外国将会出现实际产出减少的损失，但是贸易条件会改善，利息支付减少，而本国的国外投资更小。两国居民的实际工资将相同，但是，两国贸易模式和产出将会不同。

假设对外国投资的歧视略强于对贸易的歧视，本国的投资者将会坚持投资并出口高资本密集度的产品，即使在与投资于国外的潜在收益相比较回报下降的风险下，这种威胁足以阻止外国的投资者建立这些产业，而外国则会投资并出口低资本密集度行业的产品。

最后阶段。临近结尾，存在两种可能性结果。

净投资可能会结束，因为回报率虽然仍为正，但是无法吸引新的储蓄，稳态恢复。本国只是因为拥有更多的资本家将在本国拥有更多的资本，且在外国拥有一些本国的资本，在两国中将更富。两国收入的差距部分地由本国国内产出超出其出口两倍以上构成，部分地由从外国进口的增加构成，这些进口由海外投资的利息收入支付。除服务业外，两国所有产业均不同，两国真实工资相等，不需要移民。

也可能是另一种结果，投资者最终可能会竞争至无法存续，从而把边际投资推至机器的物质生产率为0的地步。这样，所有的收入都归于工资，所有的成本变成了工资成本。两国的真实收入相同，但本国拥有大量的资金和更高的物质生产率以及更糟糕的贸易条件。所有的贸易都是本国用高机械化产品交换外国的低机械化产品或手工业产品的简单交换。所有的价格都处在如第一部分所描述的最低水平。因为不存在运输成本，如果两国政府愿意，也可将他们每一种资本当中的一半出口到国外，直到没有贸易为止。

（二）李嘉图动态贸易利益分析

自李嘉图的时代开始，比较成本理论在贸易理论的发展中一直占据着核心地位，以李嘉图经济分析系统为基础，学者们不断地尝试进行多角度的动态理论问题研究，其中的动态贸易利益分析具有重要的影响。

在很多学者（Pasinetti, 1960；Findlay, 1974；Maneschi, 1983）看来，虽然同样是贸易问题的分析，李嘉图在他的比较优势理论和对英国取消《谷物法》的分析中似乎是使用了不同的模型。后者必须不可回避地是基于一个多要素模型，它包含农业部门雇佣劳动的边际收益递减效应，而后者是利用不变成本来表达的。而比较成本的分析聚焦于源自国际资源配置改善的静态利益，谷物法的废除毫无疑问地会对一国经济发展的路径产生影响，即会导致动态贸易利益。在一个动态的李嘉图类型的经济中，与静态的 H—O 模型不同，要素供给和要素随时间的增长部分是由之前的贸易模式决定的。如果能够在不变的贸易条件进口工资物品，一个在工业产品上具有比较优势的开放李嘉图经济能够将稳态推迟到一个不确定的时刻。只有在这种背景下，才能更好地理解李嘉图主张废除《谷物法》对一个诸如英国这样的制造业国家的重要性。事实上，来自贸易的一种重要利益是一国经济发展路径会随时间而发生改变，具体来说，就是一个稳态的封闭经济可能会被自由进口谷物的可能性而转变进入一种动态上升的路径与状态，使工资、利润和增长率能够在很长时期内保持上升。甚至一个出口谷物的经济也能够获得动态贸易利益。对此，我们可以借鉴芬德利（Findlay, 1974）的模型加以说明。

1. 封闭条件的均衡

经济体生产两种商品：谷物和天鹅绒。谷物使用劳动和土地要素投入生产，这些投入通过一般性的生产函数与产出相联系，生产函数的规模报酬不变，一种要素固定的情况下，另一种要素的边际收入递减。假设土地的供应固定且质量相同。天鹅绒只使用劳动生产，产出与劳动投入成正比例关系。在这一模型中，资本由工资物品构成，工资基金必须早于产出在任一部门出现的前一期出现。假设不存在不同比例的固定/流动资本、不等的生产周期等困难。谷物是唯一的工资物品，假设同行的自然工资率为固定数量的谷物。这意味着，要么人口调整非常快以保证市场工资率等于不变的自然工资率，要么存在无限供给的劳动。最初的谷物工资基金给定，这些基金将按照固定的自然工资率给劳动以报酬。

在图 4-1 中，谷物和天鹅绒产出的决定可以利用生产可能性曲线和相对价格线来反映，转换曲线反映了现有技术和要素供给约束下的最大产量组合点轨迹，它凸向原点，反映了谷物与天鹅绒之间边际转换率递减的事实，或者说机会成本是递增的。

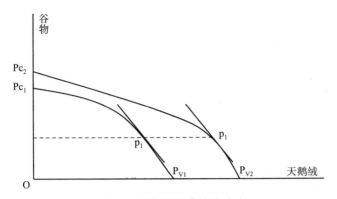

图 4 - 1　两种商品的产出决定

完全竞争的假设，意味着在生产谷物和天鹅绒上的利润和工资率是相等的。每一种产品供应的数量，由机会成本等于两种产品的相对价格决定。用 R 表示利润率，C 和 V 表示谷物和天鹅绒的产出，P_c 和 P_v 表示价格，L_c 和 L_v 表示劳动投入，T 表示土地，α 为劳动在天鹅绒上的生产率，w 是用谷物表示的工资率，利润率相等可表示为：

$$R = \frac{P_c\left[C - (\partial C/\partial T)T - wL_c\right]}{P_c wL_c} = \frac{P_v\alpha L_v - P_c wL_w}{P_c wL_v} \qquad 式（4-3）$$

其中，$(\partial C/\partial T)T$ 是总租金，等于边际产品乘以土地总供给，总成本与要素投入及边际产出间存在如下关系，$C = (\partial C/\partial T)T + (\partial C/\partial L_c)L_c$，由此可以得出下式：

$$P_c\frac{\partial C}{\partial L_c} = P_v\alpha \qquad 式（4-4）$$

因为两部门的利润率相等，意味着边际转换率必须等于给定的价格比率。当价格比率变化时，两种商品均衡的供给数量可以在图 4-2 的相对供给曲线上刻画出来。

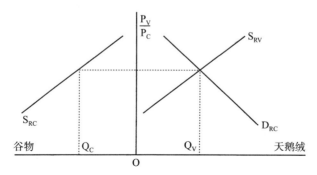

图 4 - 2　两种商品均衡的供给数量

假设需求模式与收入的分布相联系，无论相对价格如何，所有的工资和利润用于谷物的花费，所有的地租用于天鹅绒的花费。因为收入本身的分布取决于相对价格，这样可得到一个是相对价格函数的需求曲线。这是一个性状良好的需求函数，因为天鹅绒相对于谷物的价格越高，谷物的产出越少（如图4-2中左侧的相对供给曲线所示），以谷物表示的地租越低，意味着对天鹅绒的需求会因为两个原因下降：地主拥有更少的谷物用于支出，且每单位谷物只能交换更少的天鹅绒。均衡的价格比率由天鹅绒的供求相等决定，意味着此时谷物的市场供求也相等。均衡的价格比率确定了，式（4-3）中其他的变量也就被决定了。

这里被决定的均衡在两部门增长模型中，是所谓的暂时性均衡。系统随着时间的演变，以及它所倾向的最终状态是如何被决定的还需要进一步解释。因为下一期的工资基金是给定的最初工资基金的（1+R）倍，因此，图4-1中的转换曲线被外移，在天鹅绒所在的轴上外移（1+R）倍，但在谷物所在轴上外移得没这么多。因为劳动在天鹅绒和谷物部门投入的报酬分别是不变和递减的。如果相对价格保持不变，与最初的暂时性均衡相比，每一种产品在新的转换曲线上的产出会怎样？这一问题可用图4-3中的方式回答，劳动在谷物和天鹅绒上的边际生产率曲线可用相同的劳动轴表示，从左向右表示谷物所用劳动，相反的方向表示天鹅绒投入的劳动。谷物上劳动的边际物质生产率，在最初的均衡价格比率上用天鹅绒来衡量其价值。经济中拥有的最初劳动数量为 OO'，竞争均衡时 OA 数量的劳动分配给谷物部门，$O'A$ 分配给天鹅绒部门，A 点是两部门劳动边际生产率以天鹅绒衡量相等为 α 的点，α 为劳动在天鹅绒上的边际产品。现在，令劳动轴延长为原来的（1+R）倍，在两种商品不变的相对价格下，谷物的边际产品价值曲线不发生移动，因此，新的均衡继续分配 OA 数量的劳动给谷物部门，而所有增加的劳动 O_1O_2 进入了天鹅绒部门。在图4-1中来看，新转换曲线的切线与第一期均衡的相对价格线平行，切点所处的位置上谷物的产出不变，但天鹅绒的产出增加，这是罗伯津斯基（1955）定理的特例。在图4-2方面，天鹅绒的供给曲线将在最初的均衡相对价格比率向右移动，由于同样的理由，在所有的价格比率下天鹅绒的供给曲线也会向右移动。

在任何价格比率，天鹅绒的需求取决于与相对价格比率相对应的谷物部门的租金。在图4-3中，因为谷物的产出在最初的价格比率下保持不变，虽然劳动增加了以谷物表示的租金，从而对天鹅绒的需求也将保持不变。由于同样的理由，劳动在第二期的扩张在任何价格比率下不会移动需求曲线。结果，第二期暂时的均衡要求天鹅绒相对谷物的价格下降。与第一期相比，天鹅绒和谷物的产出都更高。在图4-1中，第二期在转换曲线上的均衡点将落在与第一期相对价格平行的切线切点的左侧。

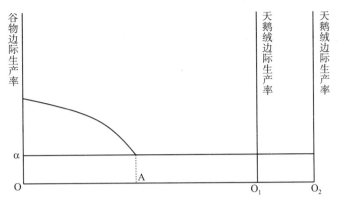

图 4-3　劳动力在两种商品生产上的分配

　　谷物更高的产量只能来源于更多劳动投入在同样数量的土地上，意味着劳动在谷物部门的边际产量下降。因为式（4-3）可表示为：$R = \dfrac{(\partial C/\partial L_c) - w}{w}$，随即利润率必须下降。反过来意味着，工资基金的增长率必须减速至接近 0 值限度的稳定状态。地主会持续获益，这一方面，可以表现为他们以谷物来衡量租金的增加，另一方面，也可表现为他们在相对谷物更为便宜的天鹅绒上支出的减少。

2. 国际贸易的长期影响

　　虽然李嘉图对经济分析最著名的一个贡献是比较优势理论，废除《谷物法》是与他名字联系最紧的政策目标，但是一个奇怪的事实在于，李嘉图在考虑这些问题时总是使用了不同的模型。《政治经济学原理》中第七章利用英国与葡萄牙在布与酒间贸易的著名例子对比较优势理论的阐述，假设劳动在两国是唯一的稀缺生产要素。在他的分析中，利润和地租根本没有出现。然而，在他讨论废除《谷物法》的愿景中，他的主要注意力在于地租下降和随之而来的利润的上升，以及这些结果对经济增长的影响。在英国—葡萄牙的例子中，贸易利益只体现在两国消费可能性的扩张，贸易增加了消费品的数量和幸福总量，但是所雇佣的劳动人数和劳动时间并没有改变。

　　在《谷物法》的讨论中，贸易通过扩张工资基金的增长速度而成为增加"价值"的发动机。利用以上图形分析工具，能够把比较优势、收入分配和增长结合起来分析。如果存在两个国家，假设为 A 国和 B 国，忽略关税和运输成本，如果贸易开放，每一个国家瞬时均衡位置将会移动。李嘉图本人从未解决贸易条件决定问题，这留给了后来的穆勒和马歇尔的相互需求分析。在此，这一问题可以通过横向加总两国国内市场上的供求很容易地解决。总供求曲线的交点，决定了使两国市场总供求以及进出口数量出清的国际相对价格比率。

哪一个国家出口哪一种商品，可以通过比较非贸易条件下价格比率的比较推知。很明显，一国将出口本国非贸易条件下相对便宜的商品。在通常的简单李嘉图模型中，专业化模式可由不变的劳动投入系数比率决定，但此处因为谷物的劳动投入系数是可变的，专业化模式将取决于如下一些或所有影响因素的差异：生产两种产品的技术、自然工资率、地主需求的构成和劳动与土地的比例。

从式（4-3）和式（4-4）可得，如果两国贸易后不完全专业化，且外生的自然工资率在两国相同的话，相同的技术意味着劳动在谷物部门相同的边际产品，从而与土地具有相同的租金和利润率。在出口天鹅绒的国家利润率上升，单位土地租金下降，而在出口谷物的国家则情形相反。

贸易开放的长期效应很容易确定。首先，在这一模型中，因为贸易使利润率相等，也会使增长率相等。因此，两国都会使其天鹅绒的供给曲线右移，在均衡国际价格比率吸收所有增加的劳动。在那样的价格比率，天鹅绒的世界供给也将右移。两国进而整个世界对天鹅绒的需求，在每一个价格比率是保持不变的。因为在每一个价格比率用谷物表示的租金是不变的。由于世界需求不变，供给曲线右移，国际价格比率必须发生对天鹅绒不利的变化以恢复均衡。这样，世界增长引起贸易条件长期朝着有利于谷物出口国的方向变化。这意味着，单位土地租金的上升和两国利润率的下降。最后，当两国劳动在谷物上的边际产品被压低到等于自然工资率，利润为0时，增长停止，所有的剩余收入归于租金。

整个世界恢复稳态。对于制造业出口国，自由贸易只是推迟了稳态的到来。应当注意的是，虽然自由贸易暂时地提高了英国的利润率和增长速度，但对农业出口国有相反的影响。

麦奈斯奇（Maneschi，1983）的论证得出了相似的结论，如果一国的工资率越高，人口规模相对于土地面积越大，在制造业上的绝对优势越大，那么，该国源于利润的积累倾向越高，也就更可能以出口工业品交换谷物。与贸易前的均衡相比，这种贸易模式的结果将提高利润率和资本积累率，并会导致一个更高的谷物工资增长率。一般地说，经济的发展轨迹将会以推迟迈向稳态的方式被修改。这种动态贸易利益与传统的理解构成对比。李嘉图赞成废除《谷物法》的原因即在于此，李嘉图强调必需品的进口，这些构成工人的消费，而反对奢侈品的进口，因为前者的进口会提高利润率和增长率，而后者不会。

开放条件下内外经济相互作用存在多种可能性结果，虽然大部分经典模型和文献论证了贸易互利性的结果，这对于部分客观经济现象提供了较好的合理化解释，政策含义倾向于支持贸易互利性的政策选择。但是，不乏部分文献明确指出贸易可能导致一国受损的可能。布格施塔勒（Burgstaller，1986）将李嘉图的两部门增长理论与其比较优势理论相结合，研究发现，如果把封闭条件下的谷物模型解释成一般均衡结构的话，考虑到时间路径，李嘉图的均衡贸易条件在模型中是完全可决定的，贸易后的均衡价格水平应是处于封闭时两国国内相对价格之间的。另外，虽然贸易长期来看，对于参与贸易的双方来说都是有利的，贸易可能阻碍一国增长并导致世界经济的萎缩，这取决于专业化的方向，因为贸易导致的经济增长可能是不对称的，它导致专业化于工业品生产国更高增长的同时，可能导致专业化于食品（初级产品）国家经济出现低于封闭时的增长。

三、要素禀赋理论的动态化

要素禀赋理论与经济增长理论在发展中的融合是推动动态贸易理论发展的强大动力，虽然许多学者（Johnson，1953，1955，1958；Bhagwati，1958）关于经济增长对国际贸易的影响进行了大量系统的比较静态分析，得出了一系列较具启发性的结论和命题，但是开放经济条件下以贸易与经济增长关系为核心的动态经济分析，不仅对传统理论命题提出了补充和修正，而且为贸易与增长间内生关系研究注入了新的活力。

（一）国际贸易传统命题的修正

从20世纪60年代开始，标准的H－O国际贸易模型已经被拓展到与开放经济中的长期均衡相关的问题分析（Oniki，Uzawa，1965；Bardhan，1965；Findlay，1970，1984；Stiglitz，1970；Vanek，1971；Bertrand，1975；Smith，1977；Manning，Markusen，1982；Deardorff，1971，1973，1978，1994；et al.）。在这些文献中，一些常识性研究为H－O模型提供了动态微观基础，大量的传统贸易理论命题得到了进一步系统深入地论证，得出了许多具有启示性的新命题，使贸易理论对客观经济现象的解释力大大提升。例如，奥尼克和伍扎瓦（Oniki，Uzawa，1965）和巴德汉（Bardhan，1970）将两部门增长模型拓展到两国世界经济情形的分析，证明国家间储蓄倾向的不同，长期内将导致高储蓄倾向的国家出口资本密集型产品；斯蒂格利茨（Stiglitz，1970）在一个两国、两要素、两部门无限期开放经济模型中证明，国家间存在固定不变的时间偏好差异，要素价格均衡化长期内并不成立；芬德利（Findlay，1970）在一个小国三部门经济建立了贸易模式与储蓄倾向和人口增长速度之间的关系；松山（Matsuyama，1988）在一个生命周期模型中考虑了小国三部门经济的贸易模式。这里，我们将具有代表性且产生较大影响的若干成果简单加以梳理。

动态贸易理论是由奥尼克和伍扎瓦在1965年开启的，他们构建了一个考虑国际贸易的两国、两部门、两要素新古典增长模型，它带有新古典国际贸易模型的基本结构，以此为基础展开，研究了资本积累和劳动增长随时间对两个大国国际均衡的影响，并详细分析了资本积累过程与国际贸易模式间的相互作用。他们的模型分析了均衡状态的稳定性，考察了国际专业化模式如何对相对要素禀赋做出反应。模型中涉及的两种产品分别为消费品和投资品，在两国技术和偏好给定，贸易量、贸易条件和专业化模式取决于两国所拥有的生产要素的数量。每一个国家的劳动数量外生给定，并按不变速度增长，但资本积累由国内产出和投资品进口数量决定。随着资本积累的推进，每一个国家的比较优势会随着时间而发生相应的变化，反过来，贸易条件的变动会影响资本积累速度。每一个国家的资本积累速度等于国内投资品总产出加投资品的净进口，再扣除资本品的损耗。两种商品的国内生产和贸易量，由世界市场相对商品价格决定。投资品的进口需求将会随世界市场价格上升而下降，并且会得到一个专业化模式的精确标准。他们在消费品资本密集度高于投资品的情况下，分析要素禀赋变化对投资品均衡价格的影响发现，当一个非专业化的国家资本禀赋增加时，投资品的均衡价格变得更高；然而，对于一个专业化于投资品的国家来说，如果资本要素增加，投资品价格变得更低。他们还证明了资本积累的动态路径总是稳定的，也就是说，无论最初的资本劳动比率是多少，每一个国家的资本劳动比收敛于长期稳定比率。每一个国家的长期稳定资本劳动比率由相对平均储蓄倾向和两国的技术条件决定，如果两国的平均储蓄倾向不同，在长期均衡状态，其中一国将会专业化消费品或投资品。

在新古典贸易模型背景下，芬德利（1970，1973，1978，1980）对开放经济中贸易与经济增长的关系做出了大量细致的研究，尤其在贸易模式、经济积累等问题的研究影响广泛。例如，芬德利（1970）在开放经济模型中展示了长期内要素禀赋从而是比较优势模式最终取决于两个参数——储蓄倾向和劳动力的增长速度，一国在国际贸易上的比较优势不是固定不变的，而是会随着要素禀赋的变化而改变的。一个国家劳动要素越丰裕，给定的贸易条件下，该国劳动密集型产品在产出中所占的比重越大。如果两国偏好相同，则劳动丰裕型国家在劳动密集型产品生产上具有比较优势。劳动增长的速度越快，长期来看劳动密集型产品在生产中所占的比例就会越大，因此，该国有更大的概率在劳动密集型产品上具有比较优势，而更高的储蓄率在长期内倾向于提高资本密集型产品在产出中的比率。

要素价格均等化定理是新古典贸易理论的核心命题之一，但是纯比较静态的分析很大程度上限制了它的现实解释力。对此，斯蒂格利茨（1970）在一个动态经济环境中详细考察了长期内的要素价格均等化问题。他把焦点放在两国模型中的行为，两国中的每一个国家的长期利率是固定不变的。在此情形下，除非两国具有相同的长期利率，否则，至少两国中的一国必须专业化生产，因为在长期均衡中，在一个相同的价格比率，非专业化意味着相同的利率和相同的工资租金比率。世界价格比率可能是两国中一国的比率，如果两国都专业化，世界价格比率则可能是两国封闭条件下价格比率之间的一个比率。在非专业化国家，要素价格不变，但是两产业的相对规模将由于贸易而发生变化；在专业化国家，进口产品的相对价格低于封闭条件的价格。如果专业化国家进口的是资本产品，则在存留下来的消费品产业内的资本劳动比率必须上升以恢复旧时的利率，从而提高工资租金比率以及两种产品体现的工资。这是否使两国之间的要素价格差异更大或更小，取决于消费品出口国的工资—租金比率是高于还是低于资本品出口国的工资租金比率，而这反过来又取决于消费品部门资本密集度是高于还是低于资本品部门。这样，在通常的资本密集度假设情形下，自由贸易增加了国家间的要素价格差异，在专业化国家提高了用两种产品反映的是相对稀缺要素（劳动）的报酬，以及劳动相对于资本的报酬。这是由于在非专业化国家，每一个部门的资本劳动比率都没变，该国总体的资本劳动比率是上升还是下降取决于该国出口的是资本密集型产品还是劳动密集型产品。另外，专业化的消费品出口国总体资本劳动比率是提高还是降低，不仅取决于消费品是资本密集型产品还是劳动密集型的产品，而且取决于贸易产生以后消费品价格上涨的幅度，原因在于更高的消费品价格提高了利润。如果消费品部门是资本密集型的，那么，贸易增加了要素供给差异的命题就是有效的，但是如果是劳动密集型的，那么，命题可能将不成立。进一步来看，两国中如果只有一国专业化，并且该国出口资本品，由于利率没有变化，资本劳动比率在资本品产业内（仅存下来的产业）不变，工资租金比率不变。这样，贸易后要素价格比率差异与贸易前相同。但是，虽然在非专业化的国家两种要素用两种产品表示的具有相同的要素价格，而在专业化的资本品出口国，两种要素以消费品体现的价格都变好了，因为消费品的相对价格与封闭情形相比下降了。这样，在每一个产业自由贸易均衡时的资本劳动比率与贸易前的资本劳动比相同，利率更低而总体资本劳动率更高的资本密集型产品出口国，其资本劳动比率将提高，对于利率更高的经济体则相反。在此情形下，要素供给差异总会增加的。从长期福利来看，高利率国家愿意用减少未来消费增加现有消费与低利率国家进行贸易，因此在自由贸易时与贸易前相比，高利率国具有更低的长期消费，对于低利率国家则刚好相反。

与斯蒂格利茨模型将储蓄进而是长期比较优势的差异归于外生偏好的差异不同，陈（Chen，1992）在一个类似的新古典贸易经济环境中，利用一个带有内生储蓄和内生劳动供给的新动态 H－O 模型研究了开放经济中的长期均衡。在这一模型中的长期均衡，表现出经济停滞的特征。这一模型为偏好相同的国家间的长期贸易提供了一个 H－O 式的解释，开始时期的要素禀赋差异导致贸易在长期内将会继续。由此证明，忽略初始条件，在一个技术和偏好相同的两国世界中，存在无数多种可能的稳定状态，对于两国具有相同时间贴现系数的情况，提供了一个长期贸易模式决定的分析。如果两国开始时的要素比例相同，在任一时期世界将处于封闭状态。然而，如果两国开始时的要素比例不同，贸易将会发生，且在长期内也会继续下去。初期资本相对丰裕型的国家仍然会是资本相对丰裕型的，也将出口资本相对密集型产品。其他劳动相对丰裕型的国家也将是劳动丰裕型的，且出口劳动密集型产品。因此，这就为偏好相同的两国长期贸易提供了一个 H－O 式的解释，也就是说，初期要素禀赋的差异引起了长期内的贸易。理解这一结果的关键是要意识到，偏好相同但初始资本劳动比率不同的两个国家长期内不会收敛于相同的资本劳动比率。原因是在一个要素价格相等的世界，相互贸易的两国面对着相同的资本收益率。当一国的厂商发现投资的收益率足够高时，就会增加他们的资本存量，另一个国家的厂商也会如此。两国的资本存量水平将会随时间朝着相同的方向移动。从而，长期内起始的相对要素禀赋和贸易模式将会被维持下去，国家间人均收入上的差异长期内将会继续。该模型也为国家间储蓄率的差异提供了一个新的解释：两个偏好相同但出口不同产品的开放经济将会有不同的平均储蓄倾向，出口资本密集型产品的国家具有比出口劳动密集型产品更高的稳态平均储蓄倾向。这样，长期的贸易仍将与国家间储蓄率的差异相联系，而不是偏好上的差异引起，具体地说，是由初始期的要素禀赋差异引起。考虑到北方国家一开始就拥有比南方更多以人均收入表示的存量资本，世界经济将逐渐接近于这样一种均衡状态，富国仍然是富国，而穷国则依然穷困。这意味着，一个开放经济将会深陷入一种低人均收入水平的均衡中，而该国政府也许可以通过鼓励资本密集型产品的生产和出口的政策措施来推动该国经济进入更高的人均收入水平。因此，两国间要素比例的差异长期内不会完全消除，给定了贸易方向和贸易量，在一个带有多样化生产的开放经济中，存在一个唯一的均衡解，稳态时的世界总资本存量和总产出是唯一的，在开放经济均衡时，资本相对丰裕的国家以人均收入水平、消费和闲暇衡量的生产标准要高于劳动相对丰裕的国家。

（二）开放经济下贸易与增长模型

20 世纪 50 年代开始，有关经济增长的文献可谓汗牛充栋，在这些浩瀚的文献中，有关贸易与增长关系的模型数量远超过封闭经济增长模型的书目（Gandolfo，2005）。但在涉及贸易与增长关系的介绍中，绝大多数相关课程的教材都还仅仅热衷于巴格瓦蒂（Bhagwati，1958）、约翰逊（Johnson，1958）和罗伯津斯基（Rybczynski，1955）等比较静态的研究成果，注重考查经济增长的贸易规模和贸易条件效应，在他们的分析中，外生给定的要素禀赋和技术的变化被转化为生产可能性和变化的贸易模式。除此之外，贸易与增长关系内容的介绍涉及则相对较少，原因可能主要在于这方面动态分析的内容过于复杂，难度过于高深，例如，巴德汉姆（Bardham，1965）、奥尼克和伍扎瓦（1965）等的研究成果（Vanek，1971）。随着经济科学对经济增长和开放贸易问题重视的提高，有必要在相关课程中包含一个经济增长理论与纯贸易理论的系统综合，并且以一种相对简单的形式加以介绍，从而能够形成对贸易与增长关系的全面认识。因此，我们借助总结、介绍法尼克（Vanek，1971）的开放经济模型，来尝试这方面的探索。

1. 增长率、小国开放经济均衡存在性和稳定性

由于开放经济中贸易小国与贸易大国间行为分析上的显著差异，我们先对简单的小国情形做出考察，下一部分扩展到对大国的分析。

首先，我们做出如下假设，经济体每一期使用资本和劳动生产两种产品，消费品 x 和资本品 y。生产函数是新古典的，遵循规模报酬不变、每一种要素的边际报酬递减，并且不会涉及任何产业间的流动。每一年固定份额的本国产品 s_0 被储蓄起来，并被投资在要么可国内获得的或以本国产品交换而进口的资本品上。劳动力的增长率外生给定，假设为 n。这里分析的是贸易小国，本部分假设存在无限弹性的外国提供曲线，也就是说，在增长过程中国际价格和国内价格是不变的。

现在考虑图 4-4，用两个坐标轴定义劳动的供给 L 和资本的供给 K。更具体地说，考虑由 L_0 点和 K_2 点给出的要素禀赋，与这些要素禀赋相对应，国际贸易条件固定，生产函数给定，在盒形图的契约线上，a 点将会是有效的要素配置位置。

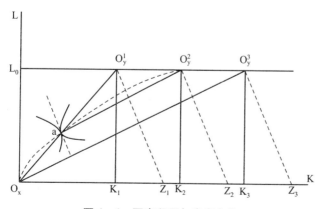

图 4-4 要素积累与产出变化

如图 4 - 4 所示，由经过 a 点的共同切线表示的边际技术替代率等于 $Z_2O_y^2$ 线的斜率，随即很明显的是，O_xZ_2 段长度可以表示以资本工资单位测度的国民产品。[①] O_xZ_2 与 O_xK_2 的比率，代表产出资本比率 Z/K。当然，比例因子必须把两端量纲的比率转化为以在世界市场单位资本价格表示的产出—资本比率。

通过图 4 - 4 观察发现，如果该经济的资本要素数量变化而劳动数量保持不变，则盒子的尺寸会变化。然而，在一个特定的范围内重要的价格比率不会变。如我们从要素价格均等化定理所知，只要国际价格不变，且该国将不会采取完全专业化，一国要素禀赋的变化将不会影响要素价格。因而，可以把可获得的资本从 K_2 扩张到 K_3，劳动供给维持在 L_0 不变，将使国民产出增加至 O_xZ_3。可知，由于资本供给增加的结果，产出资本比 Z/K 必须下降。相似的，资本存量向 K_1 的减少会提升 Z/K 的比率。

这样，至少对于非专业化的范围内，产出资本比率会随资本的扩张而下降，图 4 - 5 解释了这种关系。当我们将资本的供给扩张到超过 K3，或缩小至小于 K_1 时，资本禀赋与产出资本比率间的关系将具有相同的下降性质。然而，一旦该国专业化于某种产品的生产，由于变化的相对要素价格和递减收益影响下降的速度将更显著。

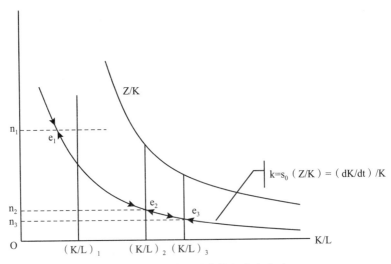

图 4 - 5　要素禀赋变化与产出变动

[①]　因为 $Z_2O_y^2$ 与过 a 点的公切线平行，因此存在 $\dfrac{r}{w} = \dfrac{O_y^2K_2}{K_2Z_2}$，即 $r \times K_2Z_2 = w \times O_y^2K_2$，而 $O_y^2K_2$ 表示劳动数量，国民产出 = 国民收入 = $L \times w + K \times r$，故可以用 O_xZ_2 段长度表示以资本工资单位测度的国民产品。

如果我们现在用 Z/K 的比率乘以不变的平均储蓄倾向 s_0，将得到单位资本的投资，即资本的增长率，$k = (dK/dt)/K$。与可供选择的资本劳动比例水平相对应，这一增长率如图 4-5 所示。当然，目前为止，我们只是在给定的劳动禀赋 L_0 下阐述这些。由于贸易小国的限定，国际产品价格不变，生产函数线性齐次，因此，小国生产的绝对规模无关紧要，只有要素比例和产出与要素的比例重要。这样，图 4-5 在任意的绝对要素禀赋水平，都具有一般有效性。

对于一个指定的劳动增长率 n，均衡的资本劳动比即属于对应稳定状态的资本劳动比，将位于轮廓线 k 与水平线 n 的交点位置。例如，对于指定的人口增长率 n_2，可以发现图 4-5 中的均衡点为 e_2。很明显，对于增长率 n_2，该经济体将在图 4-4 中通过过 a 点的要素配置永久地保持生产 x 产品和 y 产品。当然，资本品 y 的产出水平是否完全与经济需要的资本相匹配并不重要，无论多少资本品剩余或亏空，该经济可在给定市场价格的世界市场上进行交换。

另外，如果劳动力经历更高的增长速度，例如，如图 4-5 所示的 n_1，经济的稳态将会位于与消费品完全专业化相对应的 e_1。现在，该经济将年复一年地通过出口消费品交换所需的资本品。另一个极端是，如果劳动增长速度非常低，例如，n_3 或更低，该经济将专业化于投资的资本品的生产。很明显，随着人口增长率降至低于 n_3，劳动的工资和收入份额必须要高于 e_3 点或 e_2 点。当然，关于专业化的结果关键取决于相对要素密集度，如果 x 是资本密集型 y 是劳动密集型的话，将逆转。

在图 4-5 中 k 的轨迹关于纵轴是单调变化的，对于每一个给定的劳动增长速度只存在一个唯一的稳定状态。此外，负的斜率保证了所有均衡的稳定性，例如，e_1、e_2、e_3。如这些均衡点附近的箭头所示，如果经济暂时偏离均衡，它会逐渐恢复到均衡。这立刻变得很明显，如果我们意识到例如对于 e_2 左侧的点，资本的增长速度超过了劳动的增长速度，这样，资本劳动比上升，运动的轨迹将沿着 k 的轮廓向 e_2 运动，这一过程直到运动至 e_2 为止。

注意，即使对非常低或非常高的资本劳动比率水平，图 4-5 中 k 的轨迹的斜率也是为负的，这样就可确定全球均衡点的稳定性和唯一性。

2. 小国开放经济的贸易条件和增长解

借助已有的分析工具和手段，贸易条件变化对小国经济增长的影响，在上文中已经进行分析的基础上，答案很容易得到。在图 4-6 中，我们在给定的时期展示了小国瞬时生产可能性轨迹。假设在给定的贸易条件 P_0 下，小国经济处于稳定状态。对于外生给定的劳动增长率 n_0，与图 4-5 类似，与 P_0 相对应的均衡可以在图 4-7 中的 e_0 找到。

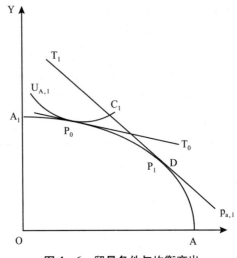

图 4 - 6 贸易条件与均衡产出

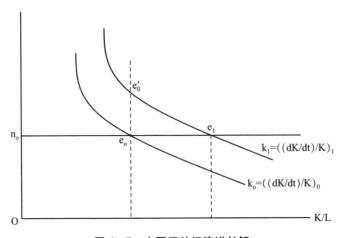

图 4 - 7 小国开放经济增长解

现在假设经济开放后，小国面对的贸易条件线变得更陡峭，假设位置处于 C_1P_1。换句话说，消费品在国际市场上价格变得更昂贵。如图 4 - 6 所示，将会生产更多的 x 和更少的 y，在新的贸易条件下有必要进行贸易。

贸易条件的瞬间变化对资本增长率产生的影响表现在，短期内由于资本存量大致保持不变，从 P_0 点到 C_1 点表示的是对于资本品和投资需求的增加必将提高资本品的瞬时增长速度。这一增长在图 4 - 7 中由 $e_0 \sim e_0'$ 所示。但是，如我们在上一部分所注意到的，所得出的 k 线关于资本劳动比率的轨迹必须总是向下倾斜的。结果是，对于给定的劳动力增长率 n_0，x 产品价格的提高，即小国贸易条件的改善最终必将通向一个位于 e_1 的新均衡点。毫无疑问，在此均衡点的资本劳动比率高于与 e_0 相对应的最初比率。现在观察可知，如果国际市场上资本品价格下降，在图 4-6 中价格消费线必将显示出对资本品需求的增加，观察可知刚刚得到的对于 P_0 点和 P_1 点的结论具有完全的一般性。具体来说，国际市场上消费品价格的上升导致小贸易经济体均衡资本劳动比率的提高，这一结果并不取决于相对要素密集度。

均衡资本劳动比率的提高，可能但未必增加人均均衡消费。这是由于一方面，更高消费品价格；另一方面，更高资本劳动比率的抵消效应。贸易条件的改善，或者说由封闭向贸易的转变未必意味着一国长期生活水平的改善。

3. 大国经济的增长率、均衡的存在性和稳定性

贸易大国的分析，则会相对复杂得多。因为一旦放弃国外供给弹性无穷大的假设，问题不仅由于分析技术难度的增加而且由于概念变得更复杂。在一个无限增长的经济，国外提供曲线的弹性不能无穷大？很明显，如果我们假设国外提供曲线弹性有限，固定且不随时间扩张，我们只能等到经济增长到足够大，变得完全依赖于本国的资源，且不能与世界其他国家进行非常大规模的贸易。在那种情况下，分析将回到传统的封闭经济模型。如果在考虑的经济中，假设国外提供曲线以超过劳动力增长的速度扩张，对于外国提供曲线变得具有无限弹性只是个时间问题，那种情况下，回到了小国经济的情形。

这样，我们对于两个更具一般性的情形拥有两个极端解决方案。其中一种涉及国外提供曲线扩张的速度低于劳动力和人口增长速度，另一种是国外提供曲线扩张的速度更高。长期来看，无须担心任何一种情景，因为它们最终会简化为我们已经所知情况的分析。前一种会进入 Uzawa 封闭经济模型，而第二种情况会变得与前一部分研究的小国情形相一致。

这样，唯一剩下的需要关注的情景是，国外提供曲线膨胀的速度低于无穷大，但是等于该国劳动力增长的速度。

回忆我们第二部分所介绍的小国情形，在经济按照 n 的速度扩张的稳态中，图 4-5 诸如 P_1C_1 的向量也必须按照 n 的年均速度增长。如果在小国情形部分讨论中这一情况发生，扩张的贸易向量恰好与一个扩张的国外有限弹性提供曲线相匹配，在此弹性下，指定的贸易条件与需要的进出口量相对应，那么，上述情形的稳态解实际上便将成为一个面对有限弹性国外提供曲线的大国的稳态解，扩张的速度为 n。

这样，可以总结如下，如果经济扩张的速度 n 也是国外提供曲线的膨胀速度的话，对于一个大国经济来说，稳态解是存在的。利用以上分析工具可以知道，**稳定的充分条件是消费品表现为资本相对密集型，而不稳定的必要条件是消费品表现为劳动相对密集型。**

4. 开放增长模型和技术进步

很明显，到目前为止，所有我们讨论的模型都是在人均收入保持不变的稳态意义上进行的，是不现实的。所有这些模型事实上只能叫作长期停滞理论，而不是经济增长理论。为了获得真实增长，我们必须引入技术进步考虑，这是本部分的目的。当然，事情会变得很复杂，从而我们必须做出一些简单的假设。这里只讨论 Hicks 中性技术进步发生的情形，两个产业都按相同的速度 A 推进。之后，将做出一些更具一般性情形的分析。贯穿始终，这里只处理一个面对固定国际价格的小国情形。

假设我们从最初时期开始分析，假设世界市场价格分别固定在 p_x 和 p_y。我们要在劳动的人均国民产出与资本劳动比率之间构建出基期的关系。令变量 f 表示产出关于资本劳动比率的函数。如果我们回到图 4-4 中，任务将非常简单。这里假设 L_0 就像图 4-4 中出现的那样，刚好等于 1。我们已经知道，如果资本禀赋低于图中的 K_1，那么，只有消费品能够被生产出来。对于资本存量的这些值，作为劳动平均国民产品值的函数 f 可以通过用固定价格 P_x 乘以在图 4-4 中 x 产品生产函数的等产量线上的产出数值得到。在图 4-8 中，函数 f 对应 0 至 $(K/L)_1$ 间范围的一部分用虚线表示。

另外，如果在图 4-4 中资本禀赋超过了 K_3 的水平，对于 0_y^3 右侧的点，该国将会专业化于资本品 y 的生产，这样劳动的人均国民产出的值将可用 y 产品的物质产出乘以 y 产品的价格 p_y 得到。

最后，对于相对资本禀赋位于 K_1 和 K_3 之间的部分，劳动人均国民产出的值可以通过读取这些诸如在图 4-4 中 a 点盒形图上的产出很容易得到，用这些产出乘以相应的固定市场价格就能得到。很容易证明，函数 f 的这一部分在图 4-8 中必须是一条直线，暗示性的证据可以得到，如果我们意识到在图 4-4 中，对于 K_1 右侧的资本禀赋的移动，诸如 Z_1Z1 的点也会按相同的速度向右移动，这种关系维持到直至 K_3 的水平，超过此点，这种关系将不再为线性的。

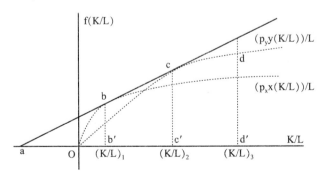

图 4-8　技术进步与人均收入增长

这样，我们得到了基期从 0 至无穷范围内关于资本劳动比率的完整函数 f。可得结论如下：

第一，必须意识到，随着两部门按照相同的速度发生技术进步，0 期后表示人均收入的函数将会是图 4 - 8 中构造的函数。在所有的点，人均收入以 A 的相对速度增加。很明显，在图 4 - 8 中的完全专业化关键点 b′ 和 c′ 不会随着时间而改变。对于 f 上的任一点，非常重要的资本的竞争性收入份额 Φ 只取决于资本劳动比，可以通过简单的构造得到。例如，在 b 点，$\Phi = \dfrac{\mathrm{O}b'}{\mathrm{a}b'}$。当然，如 a 这样的点必须总是虚线 f 切线的底部。资本 k^* 扩展的渐进增长速度在图 4 - 9 中由标注 k^* 的实线揭示。k^* 的定义在图形中给出。

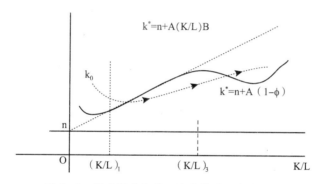

图 4 - 9　技术进步条件下资本劳动比率的上升

$$k^* = n + A/(1 - \phi) \qquad\qquad 式（4 - 5）$$

第二，从初始条件开始，资本 k 的实际增长率可以由实际增长率与渐近增长率的偏离以及初始条件推知。这里的关键公式由等式（4 - 6）给出，其中，$(dk/dt)/k$ 为资本的加速度：

$$(dk/dt)/k = A\,\frac{k^* - k}{k^* - n} \qquad\qquad 式（4 - 6）$$

资本真实增长率的代表性路径在图 4 - 9 中，由弯曲的虚线揭示，相应的初始条件为 k_0。如关系式（4 - 6）所要求的，当 k 穿过渐近线 k^* 时经过了一个极值（最大或最小）。必须注意的是，当 k 在 k^* 上面时，它必须下降，当在下面时，必须上升。读者也将很容易证明对于 $(K/L)_1$ 和 $(K/L)_3$ 之间非专业化的部分，扩展的渐近线必将是线性的。在图 4 - 9 中也体现了出来。

因为 k^* 永远不能降至低于 n，给出 k 向 k^* 收敛的性质，如式（4 - 6）所示，很明显，k 不能无限期地持续在 n 或以下的水平。结果是，伴随正技术进步的资本劳动比率在长期必须总是增加的。这表明，在所给出的假设条件基础上，一国达到在资本密集型产品完全专业化的状态只是个时间问题。为了保持处于不完全专业化范围内，有必要使贸易条件保持逐渐对劳动密集产品的有利变化，或者使技术进步偏向于劳动密集型产品。

通过考虑图 4-8 很容易证实，后一种情况将会使标注为 $p_x x(K/L)/L$ 的轮廓以更快的速度位于 $p_y y(K/L)/L$ 的上方。一般来说，随着资本劳动比率的上升，将使线性的 bc 部分向右、向上移动。很明显从图 4-9 可知，如果资本的实际增长率保持在渐近速度的附近，而很长时期内没有专业化，那么，资本增长速度加快。

第三节　产品生命周期理论

第二次世界大战后，随着国际市场上新产品种类的不断增加，技术的革新变化显然比技术差异更加重要，构成了除要素禀赋之外又一个国际贸易的基础，诱使贸易理论家开始从单纯的技术变化探究国际贸易的动因和贸易模式的变化，从而产生了产品的生命周期理论。

波斯纳（Posner，1961）、弗农（Vernon，1966）的产品生命周期理论从技术创新和技术国际传播的角度解释了新产品贸易的产生以及国际贸易模式的动态变动，并对要素禀赋相似发达国家的贸易给出了有力的理论说明。新产品在从开发到生产再到销售的过程中，各环节投入的性质各不相同，其相对重要性随时间的推移不断变化，各个国家在特定投入环节上的相对优势差异显著，因此在产品发展的各个阶段，各国的贸易模式也会发生相应的变化。产品生命周期理论通过把技术创新、技术传播引入贸易理论研究的视域，实现了对国际贸易模式的动态分析，并为技术在贸易理论中的内生化发展奠定了基础。

一、技术生命周期理论

技术差距论（Technological Gap Theory）是由美国经济学家波斯纳（Posner，1961）在他的《国际贸易与技术变化》一文中提出。这一理论以不同国家之间技术差距的存在，作为对贸易发生原因的解释。波斯纳在描述技术差距时，提出了模仿时滞的概念。

波斯纳把产品创新到模仿生产的时间称为模仿时滞。模仿时滞分为三类，第一类是需求时滞，指新产品出口到其他国家，一时因消费者尚未注意或不了解，而不能取代原有的老产品所需的时间差；第二类称为反应时滞，指一个国家在新产品进口后，需求逐渐增加，使进口国的生产商感到不能再按照旧的方法生产老产品，因此要进行调整来生产新产品，但这中间需要有一段时间，即为反应时滞；第三类是掌握时滞，即仿制国家从开始生产到达先前国同一技术水平，国内生产扩大，进口变为零的时间间隔。如图 4 - 10 所示。

关于技术差距与国际贸易的关系，波斯纳认为，新产品总是在工业发达国家最先问世，新产品在国内销售之后进入国际市场，创新国便获得了初期的比较利益。这时，其他国家虽然想对新产品模仿生产，但由于先进工业国家之间存在的技术差距，需要经过一段时间的努力之后才可能做到，在这段时间内，创新国仍保有在该产品上的技术领先地位，其他国家对该产品的消费仍需通过进口得到满足，因而技术差距所引起的国际贸易必然继续进行。

技术差距理论证明了即使在要素禀赋和需求偏好相似的国家间，技术领先也会形成比较优势，从而产生国际贸易。这也较好地解释了实践中常见的技术先进国与落后国之间技术密集型产品的贸易周期，但不能解释为什么某些国家处于技术领先地位，而另一些国家则处于落后地位，也不能令人满意地解释模仿时滞。产品生命周期理论则有助于理解这些现象。

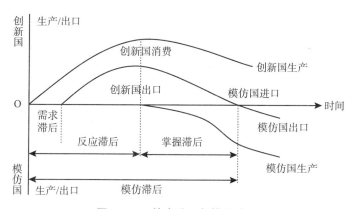

图 4 - 10　技术差距与模仿滞后

二、产品生命周期理论

产品生命周期理论是弗农从科学技术迅速进步这个因素出发所提出的贸易理论，这一理论将市场学的产品生命周期与技术进步结合起来阐述国际贸易的形成和发展，这一分析使比较利益学说从静态发展为动态。

弗农把产品生命周期分为产品创新阶段、产品成熟阶段、产品标准化阶段。

每一阶段都有许多不同的特点，这些特点可以从技术特性、产品要素特性、产品成本特性、进出口特性、生产地特性和产品价格特性进行考察。在图3－2中，针对三种类型的国家分别使用生产曲线和消费曲线反映一国生产和需求的变化，当生产曲线高于消费曲线时，表明该国有出口，否则认为该国存在产品进口。

1. 产品初创阶段（the stage of new product）

产品初创阶段（见图4－11）也称新产品创始阶段，或新产品阶段。这一阶段的特点是，从技术特性看，创新国企业发明并垄断着制造新产品的技术，但技术尚需改进、工艺流程尚未定型；从生产地特性看，由于新产品的设计和设计的改进要求靠近市场和供应者，因此，新产品生产地确定在创新国；从产品要素特性看，这一阶段上产品设计尚需逐步改进，工艺流程尚未定型，需要科学家、工程师和其他高度技术熟练工人的大量劳动，因此产品是技术密集型的；从成本特性看，由于这时没有竞争者，所以成本对于企业来说不是最重要的问题；从产品的价格特性看，这一阶段，生产厂商数目很少，产品没有相近的替代品，因此产品价格比较高；从产品的进出口特性看，制造新产品的企业垄断着世界市场，国外的富有者和在创新国的外国人开始购买这种产品，出口量从涓涓细流开始。

2. 产品成熟阶段（the stage of maturing product）

产品成熟阶段（见图4－11）的特点是，从技术特性看，生产技术已经定型，且到达优势极限，由于出口增大，技术诀窍扩散到国外，仿制开始，技术垄断的优势开始丧失；从生产地特性看，创新国从事新产品制造的公司，开始在东道国设立子公司进行生产；从产品要素特性看，由于产品大致已定型，转入正常生产，这时只需扩大生产规模，使用半熟练劳动力即可，因此生产的产品由技术密集型转变为资本密集型；从价格特性看，由于这一阶段是产品增长时期，产品有了广泛的市场，参加竞争的厂商家数很多，消费需求的价格弹性加大，厂商只有降低价格才能扩大销路；从产品成本特性看，随着出口增加及技术的扩散，其他发达国家也开始制造创新国企业制造的新产品，由于其他发达国家不需支付国际间运费和交纳关税，也不需要像创新国在创始阶段花费大量的科技发明费用，因而，成本要比创新国的进口产品低；从进出口特性看，东道国的厂商在本国生产新产品的成本虽然能够和创新国进口货物相竞争，但在第三国的市场上就不一定能和创新国企业的产品相竞争，因为这些厂商和创新国企业一样要支付国际间运费和关税，而在开始生产中，却无法获得创新国企业所获得的规模经济效益。因此，在成熟阶段，创新国虽然可能对东道国的出口有所下降，但对其他绝大多数市场的出口仍可继续，当然出口增长率要减慢。

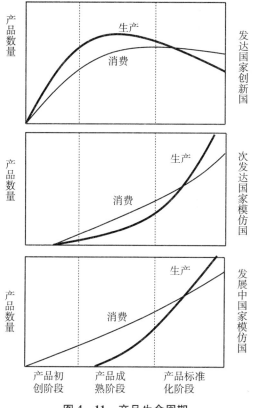

图 4 – 11　产品生命周期

3. 产品标准化阶段（the stage of standardized product）

产品标准化阶段（见图 4 – 11）的特点是：从技术特性看，产品已完全标准化，不仅一般发达国家已掌握产品生产技术，一些发展中国家也开始掌握这种产品技术；从产品生产地的特性看，产品生产地已逐渐开始向一般发达国家，甚至发展中国家转移，范围在不断扩大；从产品要素特性看，这时的产品要素特性，由于劳动熟练程度已经不是重要因素（产品标准化造成的），因而更具有资本密集型的特点；从成本特性上看，由于其他国家的厂商产量不断增加，生产经验不断积累，加之工资水平也低，所以产品成本开始下降；从产品进出口特性看，其他国家的产品开始在一些第三国市场上和创新国产品竞争，并逐渐替代了创新国而占领了这些市场，当这些国家成本下降的程度抵补了向创新国出口所需的运费和关税外，还能与创新国的产品在创新国市场上竞争，则创新国的产品开始从出口转变为进口。

根据产品生命周期的不同阶段，可以推断出不同国家的贸易演变过程：当创新国家推出新产品后，出口逐渐增加；随之而来的是，一些发达国家也开始跟随生产这种产品，这时创新国就会从出口的高峰上降下来，而这些发达国家开始从进口的谷底逐渐上升；当一些发达国家的产品打入创新市场并具有一定份额后，创新国出口极度萎缩，并逐渐走入进口谷底，与此同时，这些发达国家开始走向出口的高峰；当产品生命周期进入标准化阶段，一些发展中国家开始向创新国和一些发达国家出口产品，原来处于出口高峰的发达国家也开始滑向进口的深谷。这时，这些发达国家要想挽救销售以免丧失市场，必须研究提高和改进技术，使产品升级换代，才能在竞争中取胜，保住市场。但是，与其花力气在国内研究改进技术，不如将一些标准化的产品转移到技术水平较低、劳动力价格低廉、地价便宜的发展中国家生产。这样，这些发展中国家就开始把产品出口到创新国和一些其他发达国家，并开始从进口的深谷走向出口的高峰。

事实上，同一种产品，在不同的产品生命周期上，各国间的贸易显出不同的特点，这些不同的特点来自不同类型的国家在不同阶段上具有不同的相对优势。创新国家工业比较先进，技术力量相当雄厚，国内市场广阔，资源相对丰富，在生产新产品和增长产品方面具有相对优势；国土较小而工业先进的国家，由于拥有相对丰富的科学和工程实践经验，在生产某些新产品方面具有相对优势，但是由于国内市场狭小，生产成熟产品缺乏优势；发展中国家拥有相对丰富的不熟练劳动弥补了相对缺乏的资本存量的不足，因此生产标准化产品具有优势。相对于今天各国来说，各自都有自身优势，只要适当运用其优势，就可以获得极大的动态效益。

三、产品生命周期理论的发展

在产品生命周期理论基础上，弗农、赫希（Hirsch）、威尔斯（Wells）等进一步分析了制成品贸易流向，如图 4－12 所示。

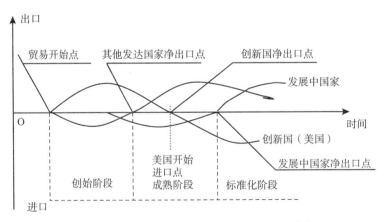

图 4－12　制成品贸易周期与各国贸易地位演变

弗农等经济学家认为，新产品的创新一般首先发生在美国。这是因为美国较高的单位劳动力成本引起了对复杂技术设备的需求；美国较高的收入水平，决定了其对新产品的需求强度大于其他国家；美国高水平的技术、强大的研究与开发能力和丰裕的资本，使其在新产品开发与生产上占优势地位。如图3-3所示，美国先推出新产品。这样，工业制成品贸易的周期性运动便开始了。

第一阶段，新产品处于创新时期，美国生产全部的新产品，并向欧洲出口。在这个阶段，新产品的生产技术为美国所垄断。随着生产规模的扩大，新产品的供给能力不断扩大，新产品的销售市场也从国内扩展到发达的欧洲国家。

第二阶段，新产品开始进入成熟阶段，欧洲开始生产新产品，美国仍控制新产品市场，并开始向发展中国家出口新产品。在这个阶段，新产品生产的技术差距在美国和欧洲发达国家之间逐步缩短，欧洲不断扩大新产品的自给能力。美国开始对外直接投资，以增强竞争力，同时向发展中国家出口新产品。

第三阶段，欧洲替代美国成为新产品的主要出口地。在这个阶段，欧洲国家开始成为新产品出口国，美国在新产品生产中的技术优势完全丧失，发展中国家的新产品需求市场开始为欧洲国家所控制。

第四阶段，新产品进入标准化阶段，美国成为净进口国，欧洲国家成为新产品的供给者，发展中国家在贸易保护政策下开始生产新产品。在这个阶段，欧洲生产规模急剧扩大，竞争优势明显，并彻底挤垮美国，发展中国家逐渐掌握新产品生产技术，并在高成本状态下开始自给。

第五阶段，欧洲的竞争优势下降，发展中国家成为净出口者。在这个阶段，因为新产品的生产已经完全标准化，欧洲国家的竞争地位削弱了，发展中国家则凭借其资源和劳动力优势，不断降低成本，扩大生产规模，并逐渐成为净出口者。到此为止，制成品贸易完成了一个周期。

事实上，在第二阶段、第三阶段时，美国又开始其他新产品的创新和生产了。也就是说，一个新的周期早已开始了。因此，制成品贸易表现为一种周期性运动。

四、原材料生命周期

弗农在产品生命周期理论研究过程中以制成品为主，而梅基和罗宾斯（Magee，Robins，1978）将此理论运用于对国际贸易中占有重要地位的原料贸易的分析，提出了原料贸易周期说。

梅基和罗宾斯将原料周期划分为3个阶段：第一阶段是"派生需求上涨"时期。某种产品的需求大量增加会引起该种产品生产所需要的原料需求的增加，原料价格将大幅度上升。第二阶段是"需求和供给来源的替代"时期。世界上天然原料的供给开辟了更多的可供选择的来源，产品的原有原料将被相对较便宜的替代品所取代。原料价格的上涨幅度缓慢下来，甚至出现实际下降的情况。第三阶段是"人工合成和研究与开发"时期。研究与开发最终引致人工代用品的发展，或者出现了节约使用原料的重要方法，原料进入生命末期。

从原料贸易的流向来看，它呈现出与工业制成品贸易流向正好相反的过程特征。在第一阶段，少数具有自然优势的发展中国家是世界原料的主要供给者，而发达国家则是主要进口者。在第二阶段，其他发展中国家加速开发原料生产，便利用自己的劳动力优势逐渐取代原有的少数原料出口优势国家，成为国际市场原料的主要出口者。在第三阶段，发达国家的技术进步优势开始作用于原料，出现了合成原料，原料供应的优势从发展中国家转向了发达国家。这些发达国家还开始出口合成原料。

赫希曾从产品生命周期的观点分析三组国家和地区在不同行业中的潜在竞争力。这三个国家和地区集团是：A 组：以美国为首的最发达国家；D 组：较小的发达国家，如荷兰、瑞典、以色列；L 组：已经开始工业化的欠发达国家和地区，如印度、中国香港、土耳其等。希尔茨指出，虽然 A 组国家既能生产创新产品，也能生产成熟期的产品，但由于具有相对丰富的资本、管理、外部经济和较大的国内市场，它们在处于创新期的产品上具有比较优势。A 组国家在需要大量资本及具有明显外部经济的新产品（如计算机、飞机、原子反应堆）上也具有比较优势。D 组国家由于具有相对丰富的科学技术知识，在新产品上具有比较优势，但由于这些国家国内市场相对较小、相对缺乏外部经济，并且新产品出口必然是高成本、高风险的，这种优势仅限于一定的产品范围。L 组国家和地区由于拥有相对丰富的低级劳动力，会在处于成熟期的产品上具有比较优势，如钢铁、重化工业和其他一些标准化的产品，而且成熟期产品容易向现成的市场出口。

赫希的分析是用产品生命周期模型补充赫克歇尔—俄林模型的一种尝试。这一尝试是在传统的三种生产要素之外增加了管理、非熟练劳动力、科技知识和外部经济等新的要素，并将其与产品生命周期的各个阶段相联系，它考虑了产品生命周期的不同阶段，比较优势将从一个国家组向另一国家组转移。

需要指出的是，产品的生命周期不仅决定于技术创新，也决定于产品差别化。实际上，新产品与产品差别化的联系比与技术创新的联系更密切。只有当外国企业界或消费者认为一种产品有其独特之处时，新产品的生产国才会取得出口垄断地位。差别化可能产生于技术创新（特别是对于一种全新的产品），也可产生于式样、设计、包装的改进和服务方面的变化。进一步说，并不是所有的技术创新都体现在产品上，某些创新可能只是改进现存产品的制造过程。由此可以认为，产品生命周期模型可以被用于解释差别化产品的贸易，而无论这种差别化是否与技术创新相联系。

五、产品生命周期理论形式化模型的发展

世界技术发展的历史表明，新产品或者新工艺并非同时在所有的国家产生，一般都是最先发生在经济和科技较发达的少数国家，然后通过各种途径的传播，扩散到其他国家并不断获得改良和发展。在现实的国际经济活动中，绝大部分的知识都物化在产品和服务中进行跨境流动，或者通过跨国公司进行转移，利用国际商品贸易实现的技术扩散是技术在国际间传播的重要途径，发达国家的技术创新和向不发达国家的技术传播在决定世界贸易模式及其随时间推移而发生的变化中都发挥着重要的作用，并已取得广泛的共识（Krugman，1979）。因此，以产品为载体通过国际贸易实现的技术溢出成为一国取得技术进步的重要方式。对此，波斯纳、弗农等学者最先从企业创新、贸易和技术转移的角度在理论上取得了突破，建立了产品生命周期理论，为贸易理论研究创新、贸易与增长关系、动态贸易模式的决定等问题提供了坚实基础。以企业创新为基础，产品和技术通过国际贸易在国际间的流动是一国整体参与国际经济活动的重要基础，以技术差距理论和产品生命周期为开端的贸易理论分析虽然给出了直观清晰的描述，但是却没有以形式化的模型在一般均衡框架内对于技术创新和技术溢出之间的相互关系作出准确的说明，对此我们借助克鲁格曼（Krugman，1979）及巴罗和萨拉—伊—马丁（Barro，Sala－I－Martin，1997）的理论模型来分析贸易的技术溢出对于贸易双方的各自影响。

假设世界上只存在南北两个国家，分别以 S、N 来表示，两国生产中都只使用一种生产要素劳动，且两国劳动力数量都保持不变，分别为 L_S、L_N。两国之间贸易均衡，国内产出等于国内支出。两国都使用本国可获得的中间产品 j 去生产一种同质的最终产品 Y，假定最终产品 Y 的价格为 1，两国最终产品生产都采取如下生产函数：

$$Y_i = A_i(L_i)^{1-\alpha} \sum_{j=1}^{N_i} (X_{ij})^\alpha \qquad 式（4-7）$$

其中，$0 < \alpha < 1$；$i = N，S$，分别代表南北国家；X_{ij} 表示国家 i 最终产品生产中使用第 j 种中间产品的数量；生产率参数 A_i 代表了南北国家间技术水平的存量差异。N_i 代表 N、S 国生产最终产品可获得的中间产品的种类，本章假设北方国家最初可获得的中间产品种类数目多于南方国家，$N_N(0) > N_S(0)$，所有的中间产品最先由北方国家发明，之后随着北方国家产品的出口，南方国家开始模仿这

些产品的生产，一旦南方国家模仿北方产品成功，北方国家的企业将不再生产此种产品，生产1单位中间产品，要耗费1单位最终产品Y。最终产品的生产具有规模报酬不变的特征，但是中间产品种类的增加具有产出放大效应，因此产品种类的增加会产生类似于技术进步的作用。

从式（4-7）可知，在最终产品Y的生产中，中间产品j的边际产出为：

$$\partial Y_i / \partial X_{ij} = A_i \alpha L_i^{1-\alpha} (X_{ij})^{\alpha-1} \qquad 式（4-8）$$

假设中间产品j的市场价格为P_{ij}，那么，$P_{ij} = \partial Y_i / \partial X_{ij} = A_i \alpha L_i^{1-\alpha} (X_{ij})^{\alpha-1}$，简单地变换可以得到国家i所有厂商对中间产品j的需求为：

$$X_{ij} = L_i (A_i \alpha / P_{ij})^{1/(1-\alpha)} \qquad 式（4-9）$$

中间产品j的发明者一旦成功开发出新产品，则拥有对该产品的永久垄断权。由于生产一单位中间产品，要消耗1单位最终产品，因此每单位中间产品的成本为1，因此，中间产品j的发明者所获得的利润流为：

$$\pi_{ij} = (P_{ij} - 1) X_{ij} \qquad 式（4-10）$$

将式（4-9）代入式（4-10），求最大利润的一阶条件等于0，可得到：

$$P_{ij} = 1/\alpha > 1 \qquad 式（4-11）$$

将式（4-11）代入式（4-9）可得：

$$X_{ij} = L_i A_i^{1(1-\alpha)} \alpha^{2/(1-\alpha)} \qquad 式（4-12）$$

从式（4-12）可知，所有的中间产品对称地进入生产函数，每一种中间产品j投入的数量都是相等的。把式（4-12）中的中间产品的产出数量代入生产式（4-7），可以得到一国最终产品的总产出为：

$$Y_i = (A_i)^{1/(1-\alpha)} \alpha^{2\alpha/(1-\alpha)} L_i N_i \qquad 式（4-13）$$

对式（4-13）加以简单变换，那么，人均产出可以表示为：

$$y_i = (A_i)^{1/(1-\alpha)} \alpha^{2\alpha/(1-\alpha)} N_i \qquad 式（4-14）$$

可以看出，在生产率参数A_i一定的基础上，南北两国人均产出将会随着可获得的产品种类N_i而发生同比例变化，N_i代表了两国的技术状况。

通过式（4-14）可知，北方国家与南方国家人均产出的比值为：

$$\frac{y_N}{y_S} = \left(\frac{A_N}{A_S}\right)^{1/(1-\alpha)} \times \frac{N_N}{N_S} \qquad 式（4-15）$$

在自由贸易条件下，任何一种中间产品都只由一家企业垄断生产，世界上可获得的中间产品的总数为N，$N = N_N + N_S$。假设北方国家中间产品的创新速度为g，那么，一定时期内所发明的新中间产品种类的总数为：

$$\dot{N} = gN \qquad 式（4-16）$$

因为对于北方国家来说，N种中间产品都是该国可获得的，因而关于所有中间产品的技术知识存量对北方国家来说，也是已掌握的技术。虽然单个企业单项技术的创新与发明存在一定的风险和不确定性，但是对于整个社会来说，则可以看作是按一个确定的比率发生的，因为一方面，对于大量已知中间产品的发明与生产，积累了大量的技术知识，为进一步发明新的中间产品种类提供了经验借鉴，大大降低了社会整体发明创新的不确定性；另一方面，产品创新和过程创新的机会是大量存在的，也为进一步的发明提供了更多可能，因此，可以把北方国家产品创新的速度假设为不变的速度。

对于南方国家来说，假定一项新中间产品生产技术的传播速度为 μ，一定时期内北方国家所开发并生产的新产品种类数量越多，则通过技术溢出转移到南方国家的新产品种类的数量也将越多，南方国家中间产品种类增长数量为：

$$\dot{N}_S = \mu N_N \qquad\qquad 式（4-17）$$

北方产品生产技术向南方的转移代表了当地可生产种类的减少，同时，考虑到新的发明所带来的产品种类增加，一定时期内北方产品种类数量的变化为：

$$\dot{N}_N = \dot{N} - \mu N_N = gN - \mu N_N \qquad\qquad 式（4-18）$$

由式（4-18）可知，随着南北两国技术的进步，两国所生产的中间产品种类数量处于不断的变化之中。令北方国家产品种类在全部产品种类中所占的比例为 σ，$\sigma = \dfrac{N_N}{N}$ 代表北方产品所代表的产品种类份额，σ 随着时间的变动为：

$$\dot{\sigma} = \frac{\dot{N}_N N - \dot{N} N_N}{N^2} = g - (g + \mu)\sigma \qquad\qquad 式（4-19）$$

当 $\dot{\sigma} = 0$ 时，两国的产品种类的变化达到均衡，此时可得：$\sigma = g/(g+\mu)$，可知当最初北方中间产品种类数所占比重小于 $\dfrac{g}{g+\mu}$，那么，表明北方在新产品开发上的速度较快，北方产品数目所占比重将不断增加，直至其等于 $\dfrac{g}{g+\mu}$ 的稳态水平；如果北方中间产品种类数目一开始就高于稳态水平 $\dfrac{g}{g+\mu}$，那么，意味着北方国家的产品创新速度将下降，其比重将会不断下降直至达到这一稳态水平为止。在稳态水平，σ 等于北方产品创新速度和该速度与南方的模仿速度之和的比值，创新速度越快，模仿速度越慢则北方企业垄断的新产品的数目就越多，因此，在总产品数中所占的比重也就越大。

由关系式 $\sigma = g/(g+\mu)$ 我们可以确定，南北双方中间产品种类的比例：

$$\frac{N_N}{N_S} = \frac{N_N/N}{N_S/N} = \frac{\sigma}{(N-N_N)/N} = \frac{\sigma}{1-\sigma} = \frac{g}{\mu} \qquad\qquad 式（4-20）$$

此时，南北两国经济达到一种动态均衡状态或者实现了一种稳定状态，把式（4-20）代入式（4-15），可以得到两国之间相对人均产出与中间产品种类比率间的关系：

$$\frac{y_N}{y_S} = \left(\frac{A_N}{A_S}\right)^{1/(1-\alpha)} \times \frac{g}{\mu} \qquad 式（4-21）$$

技术通过产品贸易从发达国家向发展中国家的转移，在决定世界贸易模式和变动中发挥着重要作用，外生的技术进步将对南北国家人均产出产生直接的影响，两国之间均衡的相对产出将由南北国家外生技术进步速度决定，生产率参数 A_i 作为两国历史因素决定的技术水平的代表，$\frac{A_N}{A_S}$ 的值可以视作不变的量，且 $\frac{A_N}{A_S} > 1$，因此长期内，南北国家间经济的收敛和发散取决于北方国家新中间产品发明的速度和南方国家对于北方国家新产品模仿的速度。在外生技术溢出模型中，国际贸易的确发挥了技术传播的作用，但是却没有揭示出贸易对技术溢出程度的影响，而国家间技术溢出的强度无疑会直接受国际贸易的影响，即贸易的技术溢出效应本身是内生的，因此，有必要在内生技术进步和溢出模型中深化这方面问题的研究。

第四节　内生增长与国际贸易

虽然波斯纳和弗农充分意识到技术进步在经济增长过程中的内生性，却把技术进步的原因归于外生的国家间市场特征的差异，因而没有把技术进步内生到贸易理论中来，但将技术引进贸易模型本身就是一个创新（Krugman，1990）。很长一段时期，国际贸易理论对于技术和技术变动的处理远落后于现实世界经济的发展。随着新一轮经济全球化进程的加速推进，发达国家的技术创新和向发展中国家的技术扩散在决定世界贸易模式的变动中发挥着重要作用，因此以技术进步为纽带，开放条件下考虑贸易影响的内生增长理论开始主导动态贸易理论的发展。

一、技术在新贸易理论中的内生化

技术和技术变动对于贸易模式和贸易利益的影响虽然自亚当·斯密以来就开始进入贸易理论家的视野，但却迟迟没有被结合到正统的贸易理论模型当中，主要由理论和技术两方面的原因造成。从理论发展来看，以李嘉图比较成本理论和要素禀赋理论为核心的传统贸易理论完全竞争、规模报酬不变的假定排除了技术进步分析的可能，因为完全竞争的企业同质分析，意味着单个企业的技术创新会在所有企业间迅速无成本地扩散，成为所有企业共享的公共物品，而现实的企业创新要通过市场垄断弥补前期技术开发的投资成本，这会产生动态规模经济，导致不完全竞争，因此传统贸易理论框架内技术变动与一般均衡的静态配置效应分析无法兼容。从技术上看，在迪克西特—斯蒂格利茨（Dixit - Stiglitz，1977）垄断竞争模型（D - S 模型）提出之前，贸易理论领域缺少一个处理递增收益和产品差异的有效分析工具，虽然张伯伦（Chamberlin，1933）依赖语言和几何推理的垄断竞争模型提供了一些原则性框架，但未对技术在国际贸易理论中的引入产生实质性影响。因此，技术在贸易理论模型中内生化的突破性进展是建立在 D - S 模型和克鲁格曼等新贸易理论基础之上的。

　　20 世纪 70 年代，克鲁格曼等新贸易理论的兴起，开始突破传统贸易理论完全竞争、规模报酬不变的假设，以规模经济、不完全竞争为基础研究国际贸易的动因和影响，为技术进步引起的报酬递增提供了一个基本理论分析框架，内生技术进步成为厂商追求利润最大化的理性行为，使贸易理论与现实经济的结合迈出了坚实的一步，国家间动态贸易模式及福利变动的分析有了牢固的理论基础。克鲁格曼等的新贸易理论对贸易动因的分析是建立在静态规模经济之上的，没有研究动态规模经济对贸易模式的影响，因此对贸易利益的分析也主要体现为静态贸易利益，没有考察国际贸易的动态经济增长效应。克鲁格曼（1979）较早意识到新贸易理论的这一不足，因此开始尝试把技术引入贸易理论模型中研究动态规模经济的贸易效应，以此作为对新贸易理论的重要补充。克鲁格曼（1979；1990）利用新贸易理论的分析方法，在产品周期理论和技术差距理论的基础上，研究了技术创新对于国际贸易的动态影响以及贸易对经济增长的影响，通过对这两个模型的扩展，贸易理论首次以形式化的方式把技术引入贸易模型中，但是在这两个扩展模型中，技术创新和技术传播都是外生的，虽然可以考察技术创新和技术转移的贸易效应，但是无法对它们产生的原因做出解释。新增长理论对内生技术创新和国际贸易的关注对克鲁格曼产生了重要启示，使其认识到把内生技术创新和技术传播引入新贸易理论模型的重要性，从而促使其构建了一个把技术和贸易的分析与新贸易理论相联系的简单内生技术模型（Krugman，1990）。在这个模型中，企业为获得垄断利润不断进行技术创新，相似国家间即使不存在静态规模经济，技术创新所产生的动态递增收益和技术外部性，也会使开放经济获得高于封闭情况下的经济增长，是在贸易理论中首次把贸易通过技术进步与经济增长相联系。

　　自 20 世纪 80 年代开始，内生增长理论研究获得突破性进展，极大地拓展了国际贸易研究的领域，把产业创新视作经济增长发动机的内生增长理论开始得到学界重视（Romer，1986；1987；Lucas，1988；Romer，1990；Grossman，Helpman，1991；Rivera–Batiz，Romer，1991；Aghion，Howitt，1992），贸易理论与经济增长理论的发展出现了融合之势，开放经济条件下的内生创新理论模型为研究国家间经济增长问题提供了一个有效的理论框架，为进一步研究一国通过贸易获得的技术进步效应奠定了基础。国际贸易理论研究开始超越静态贸易利益的解释范畴，贸易和经济增长的关系成为重要的研究内容。技术是贸易和增长相联系的重要纽带，是解释动态贸易模式发展的理论切入点，技术进步和技术溢出的内生化不仅成为经济增长理论研究的重要内容，也成为新贸易理论研究开放条件下增长问题的一个重要支点。开放条件下的内生创新理论在将贸易和经济增长相联系的过程中实现了对技术创新和技术扩散的内生化分析，逐渐发展成为新贸易理论体系的重要组成部分。内生创新理论将技术创新（包括产品创新和过程创新）和技术扩散（模仿）视作理性厂商追求利润最大化经济活动的结果，技术发达国家以产品创新或过程创新为目的，投入一定的资源进行研究和开发，技术落后国家根据自身的优势对先发国家的产品和技术进行模仿，两种类型国家分别获得在不同产品上的比较优势，内生技术能力的差别成为国际贸易的重要基础，国家间贸易模式在技术创新和技术扩散的过程中将发生动态的变化。如果实行自由贸易，并且存在知识在国际间的完全溢出，则贸易双方均会获得高于封闭经济时的技术进步和经济增长；如果不存在完全的技术溢出，即使国家间技术创新和经济增长速度不发生变化，消费者因消费品种类增加也会发生福利水平的永久性提高（Grossman，Helpman，1991）。内生创新理论对国际贸易中技术创新和技术传播的内生分析，为后发国家通过研发补贴等政策提升本国技术进步速度提供了很强的理论支持。

递增收益与专业化是紧密联系的，专业化会带来递增的收益，这种观点由来已久，它像经济学本身一样古老，可以追溯到斯密制针实例的分析。内生增长理论对专业化与递增收益间的关系进行了形式化的模型分析（Romer，1986，1987，1990，1991），把古典分工理论与现代经济增长理论有效地结合在一起，不仅解决了经济增长的根本动力问题，而且实现了开放经济条件下静态贸易利益和动态贸易利益分析的统一，为开放条件下的增长问题研究提供了重要的理论框架。内生增长理论对新古典增长理论的突破是从对资本的分解开始，与新古典增长理论不同，内生增长理论把资本区分为物质资本和知识资本。例如，最终产品 Y 的生产采取柯布—道格拉斯形式：$Y = L^{1-\alpha} \int_0^A x(i)^\alpha di$，$0 < \alpha < 1$；资本以中间产品投入种类和数量决定，$K = \int_0^A x(i) di$，其中，$x(i)$ 代表中间产品 i 的投入数量，A

代表中间产品的种类，它是追求利润最大化的企业或企业家投资研发的产物，可视作知识存量，并且知识存量的变动为：$\dot{A} = \delta HA$，H 表示参与研发的人力资本数量，δ 代表创新的速度。知识资本投资具有天然的外部性，不仅会带来新的产品设计或者是蓝图，还会直接增加已有的知识存量，导致知识边际生产率的提高。单个企业新知识的创造会对其他企业产生正的外部性，最终产品（消费品）的生产作为知识存量和其他中间投入品的函数表现出递增的收益，即知识表现出边际产品递增的特征，并且知识的增长没有限制。内生增长理论对资本的变换和分解，使经济增长和产品创新、技术进步、人力资本积累紧密地联系在一起，同时，也为开放条件下的贸易与增长关系的研究建立了连接的桥梁。

技术进步表现为知识存量的增加，科技创新是增加知识存量的主要手段，它依赖于科学知识的创造、传播与积累。但是，这并不意味着每一个经济体必须通过原始性自主创新去获取每一项技术进步的成果，由于落后经济体的技术水平一般处于行业技术前沿之内，对于这些经济体的企业来说，适宜的技术一般都是经济体外成熟技术，他们可以通过成本相对低廉的方式来获取这些技术发展的成果。近代经济史的发展也表明，落后于国际前沿技术的经济体，经济体内部次级创新和/或经济体内部边干边学而非基础创新推动了生产力增长和一般知识的积累（阿吉翁，霍伊特，1998）。从经济增长的观点看，商品的流通之所以重要，正是因为我们认为它和思想的传播有着高度的相关性（卢卡斯，2010）。发展中国家通过与发达国家的贸易与交流，可以很大程度上促进经济体外部先进思想和技术成果的扩散，更快地实现本国技术进步和经济增长。

二、"干中学"模型

20 世纪 60 年代开始，以阿罗（Arrow，1962）为代表的内生增长理论的兴起诱发越来越多学者将"干中学"的思想引入贸易问题的分析当中，出现不少较具影响的动态贸易理论模型。这方面研究的早期文献多集中在"干中学"因素对贸易模式影响的分析与验证上，例如，克莱因（Klein，1973）的研究，则在于考察"干中学"因素对国家间分工和贸易模式以及贸易模式演变的影响；随着20 世纪 70 年代后期新增长理论的崛起，"干中学"思想开始着眼于开放经济条件下的技术溢出、国家间经济收敛问题的研究，同时，也会考察国际贸易在长期发展中的影响。

贸易在经济发展中发挥着重要作用，贸易引致的学习效应是发展中国家快速增长的工具。现存的理论研究文献表明，现实经济中存在许多贸易影响经济增长的渠道。书籍、网络和其他途径的扩散虽然也会传递新技术的有关信息，促进技术在国际间的传播，但是有力的事实表明，产品的进口方便并强化了先进技术的学习过程，发展中国家通过逆向工程的学习是获得发达国家先进技术的重要途径（Chuang，1998）。

发展中国家先进口发达国家的新商品，然后通过逆向工程的研发、模仿从而实现自己生产这些商品，并最后出口这些商品到国外，是落后国家实现技术快速发展的重要方式。在发展中国家通过产品贸易的技术溢出获得国外先进技术的过程中，进口属性会从两方面对技术溢出的强度产生直接影响：进口来源国和进口产品。进口来源国的属性表现为进口国与进口来源国之间技术差距的大小，进口来源国的技术水平直接决定了来自该国技术溢出的可能性，世界范围的技术溢出一直表现为技术先进国家向技术落后国的扩散，贸易开放以后，一国的贸易伙伴的技术水平和特征是贸易导致技术学习效应的关键因素，会影响进口国的技术进步和经济增长。进口产品的属性表现为进口产品生产的技术复杂程度与技术含量的高低，一般来看，制造业产品的技术复杂程度和技术含量要高于初级产品，因而具有更大的学习潜能。研究进口属性通过技术溢出对进口国技术进步的影响必须考虑两个问题：一是贸易开放后进口属性通过技术溢出，是否会使一国获得高于封闭条件下的技术进步速度；二是进口属性通过技术溢出产生的技术进步效应，是否会使发展中国家实现与发达国家的技术收敛。许多学者对此进行了系统地研究，基于不同的假定前提，因此在研究结论上也出现了巨大的分歧。

杨格（Young，1991）在有限的"干中学"模型中考查了国际贸易的动态效应，认为不发达国家虽然可以通过国际贸易获得一定水平的贸易利益，但却可能造成技术进步方面的损失，自由贸易条件下的资源重新配置使发展中国家可能专业化于低技术含量产品的生产，而发达国家却专业化于高技术含量产品的生产，从而产生发达国家与发展中国家间经济差距的拉大。谢欣（Xin Xie，1999）区分了技术外溢导致技术进步中的"传染效应"（contagion effect）和"互补效应"（complementarity effect），认为在发达国家与不发达国家技术差距过大的条件下，两国之间的技术差距将会扩大，而只有在国家间技术差距低于一定水平，即不发达国家跨越一定的技术门槛，两种类型的国家间才会出现技术收敛，他由此得出结论认为较大的技术差距会降低国家间的技术溢出，使国家间的增长趋于发散，而当国家间技术差距处于一个较小的范围时，国家间的技术溢出通过互补效应和传染效应将促进不发达国家的技术更快进步，从而实现国家间经济增长的收敛。川格（Chuang，1998）根据发展中国家与发达国家技术差距的程度，分析了较大技术差距和较小技术差距情形下两种类型国家技术进步变动的可能以及贸易、生产和消费模式的变动趋势，强调贸易品性质对于技术溢出效应的影响，在巨大技术差距条件下，不发达国家可能出现比发达国家更快的技术进步，而技术差距较小的情况下却可能出现技术进步放慢的结果。相比之下，林毅夫和张鹏飞（2005）对后发国家适宜技术引进的分析则要乐观得多，他们认为后发国家通过适宜技术的引进可以获得比发达国家更快的技术进步速度，从而可以实现与发达国家间经济的收敛。

三、内生技术进步理论与国际贸易

传统的经济增长理论视每一个国家为一个孤岛，忽视了国际贸易对经济增长的影响。20 世纪 80 年代中期，一批新增长理论家如罗默、格罗斯曼、赫尔普曼、史格斯罗姆和克鲁格曼等，把内生创新的模式扩张到包括商品、资本和思想的国际流动，提出了一个更富于预见性且与可观测现象更为一致的新理论框架——开放经济条件下的内生增长问题研究。

这一研究的共同点，是强调政府贸易政策对世界经济长期增长具有影响。在内生增长理论中，内生的技术投资结构决定了技术进步水平的差异，因此，如果政府政策能够对技术投资的结构施加影响，世界经济增长的状况就会呈现相应的变化。例如，如果一个在研发上较为有利的国家对研究进行补贴，世界经济增长就会迅速上升；同样，如果一个经济效率更高的国家对产业而不是对技术创新进行类似的补贴，世界经济增长的速度就会下降。对贸易政策而言，贸易保护主义者的行为可能影响资源向知识创新部门的配置，对制造业进行保护的贸易政策，会促使熟练劳动力从研究领域向制造产业的转移，就会抑制技术创新。在其他条件不变的前提下，对采取积极贸易保护政策的国家而言，贸易政策致使资源由研究领域向制造业转移，反之，对采取消极保护政策的国家来说，资源将逆向流动。

这一研究思路强调国际贸易对发达国家和发展中国家的经济增长都有促进作用。首先，生产从发达国家转向发展中国家为发达国家节约了大量资源，用以促进新产品的开发研究活动。同时，发展中国家的经济增长也更快了，因为它学习和吸收了发达国家的先进技术。在这两种情况下，对学习的补偿可望提高经济的长期增长率。

值得一提的是，这一研究思路对发展中国家有着重要的启示意义：其一，一国的长期经济增长率基本上取决于技术进步的速度，因而对发展中国家来说，进行人力资本投资，提高劳动力素质，不仅可以提高本国资本的利用效率，而且可以有效地吸引外资，加速技术吸收和转移；其二，像中国、印度这样的人口大国，参与国际贸易主要的获益并不在于有更广大的市场，而在于分享世界上有限的资源即技术人力资源从事技术创新的成果；其三，发展中国家有效地吸收适合本国的资源、要素的劳动密集型技术，使本国产业结构、出口产品结构不断上移，对维持一个有利的贸易条件和较高的人均国民收入增长率有重要意义；其四，发展阶段相近的发展中国家在争取比较优势的过程中会相互竞争，实行自我封闭的所谓进口替代政策，即将稀缺的资源引入资本和技术人力资源密集度高的重工业，将会使一国在经济竞争中处于极为不利的地位。

在里维拉—巴蒂兹（Rivera - Batiz）和罗默（Romer）的经济一体化增长模式中，解释了为什么参与经济一体化可能加速一国的经济增长。首先，加入一体化的世界市场中的一国居民可以分享一个比其在孤立状态中更大的技术知识基础，因为贸易自身就是有助于技术传播的过程。其次，参与国际竞争可以减少产业研究的过剩。为有保护的国内市场开发产品的厂商只需利用对本地域而言是新的技术，但对那些想在国际市场竞争的厂商就必须生产在全球范围内具有创新的产品。最后，通过扩大潜在的消费者基数规模，经济一体化可能提供产业研究的刺激。

1990 年，罗默在《内生技术变化》和《非凸性技术对理解增长重要吗》两篇文章中开拓了关于内生技术变化增长思路的研究，其特点是强调发展研究是经济刺激的产物，由这一研究与开发产生的知识必定具有某种程度的排他性，因此，新思想的开发者拥有某种程度的市场力量，有意识地发展研究所取得的知识技术是经济增长的源泉。其基本机制是：确立专门生产思想的研究部门，研究部门把技术投资加诸于当前的知识存量，产生新的知识会提高生产率，并以零边际成本供给其他使用者。具体地，这种知识以产品设计的形式出现。这种新知识（或新技术）以两种不同的方式进入生产：其一是新设计可用来生产新的中间品，进而提高最终产品的产出；其二是新设计具有溢出效应，会提高研究部门的知识存量的积累，进而提高研究部门的人力资本的生产效率，通过这两种方式可使经济具有持续增长的能力。因此，这种经济不会是完全竞争的，他需要某种垄断力，从而建立了一个垄断竞争均衡模式。在均衡中，增长发动机是非具体化的知识或技术创新，它是由配置到设计部门的人力资本生产出来的，其生产率可通过设计存量的积累来提高。

罗默对单部门具有技术变化的新古典增长模式，以及外在效应模式的扩展，给予了技术变化源泉一个内生的解释。在新古典增长模式中，技术是"外生"的某种随机的东西，在外在性模式中，知识只是产品生产中生产经验的副产品。尽管它们都强调技术变化在增长过程中的决定性作用，但它们要么视技术为一种无法解释的未知东西，要么只理解了技术变化的部分源泉（即"边干边学"），因而对技术变化源泉的理解是不能令人满意的。罗默的突出贡献是，给出了技术变化的一个内生解释。罗默指出，尽管某些特定技术突破或许是随机出现的，但大多数技术变化源于追求利润极大化的经济主体应对市场竞争而做出有目的的投资决策的产物，技术的全面增长是与人们投入的资源成比例的。罗默形象地描述，想一想勘探金矿的情形吧。如果你只是单独一个人，那发现金矿的机会是如此小，以至于即使你如果真的找到金矿的话也会被视为是完全意外的发现。但如果你手下一万人外出遍布在整个地理区域中找金矿的话，那找到金矿的机会将大大提高。如果把社会作为一个整体来看，就可以清楚地看到，探索发现活动无论是找金矿还是开发新技术，是我们为其付出多少努力的函数。

罗默强调，内生技术变化是经济增长的源泉。这种技术变化源于人们有意识的投资。具体地，它是由研究部门生产的，并以两种不同方式进入生产。首先，它会用于中间品生产，并进而通过中间品数量和种类的不断扩大提高最终产品产出；其次，它会增加总知识存量，通过外溢效应提高研究部门的人力资本生产率。通过这两种途径，经济就可以实现长期增长。

因此，罗默认为通过对专业化中间产品的不断积累，以及通过设计部门知识积累的外溢效应产生的外在经济的作用，持续增长就可以实现。这一模式表明，拥有大量人力资本的国家会取得较快的经济增长率，而人力资本水平的低下是发展中国家经济增长滞缓的主要根源；强调庞大的人口并不是产生增长的充分条件，而大规模参与国际贸易和经济一体化则会提高一国的经济增长率。

此后，格罗斯曼（Grossman）、赫尔普曼（Helpman）、阿格辛（Aghion）、霍维特（Howitt）等从不同侧面推进了这一研究思路。1991 年，格罗斯曼和赫尔普曼共同发表题为《增长理论中的质量阶梯》一文中，提出了一个产品质量阶梯不断提高的内生技术变化增长模式。他们认为，质量阶梯的提高是以现期最好技术为基础，且由研究者的研究发展努力来推动的，每一成功者对其质量提高的产品拥有排他性产权，可以从其使用中获取垄断利润，同时，又会终止前一研究者的垄断利润。但是，发明者的这种垄断地位是暂时的，其产品会被质量阶梯更高的产品淘汰，新产品不断使旧产品老化，产品质量阶梯不断爬升。格罗斯曼和赫尔普曼强调，正是一系列部门中产品质量阶梯的不断提高构成了经济增长的源泉。

格罗斯曼和赫尔普曼预见了不变的长期增长率，考察了资源基础、创新、国际贸易与长期增长之间的互动关系，协调了垂直产品创新与水平产品创新的相互作用，为理解内生增长的微观机制提供了诸多见解。

1992 年，英国经济学家阿格辛和霍维特共同在美国《计量经济学》杂志上发表题为《一个创造性破坏产生的增长模式》一文中，继承熊彼特关于"创造性破坏"（creative destruction）的基本思想，沿用并扩展了罗默和史格斯罗姆等的分析框架，考察了以产品质量提高为主要内容的产业创新过程，引入老化因素——新产品使以前的旧产品老化——提出了一个创造性破坏产生的内生增长模式。

在这一模式中，源于竞争性厂商的垂直产品创新（vertical innovation）被认为是经济增长的根本源泉。每一创新由一新中间品组成，这一新中间品能比以前的中间品更有效地生产最终产出。从事研究的厂商受成功创新的专利产生的垄断租金的驱动，但这些租金依次被更新一代创新破坏。创新是一个创造性破坏过程，它为一部分人创造垄断利润的同时，又破坏了另一部分人的垄断利润。在模式中，阿格辛和霍维特预见，平均增长率和增长率的差异是创新规模、技能劳动规模和研究生产率的递增函数，是有代表性的个人的时间偏好率的递减函数。

技术内生增长理论还不是很规范，尚存在不少局限，但这一新理论对人们重新认识长期经济增长问题提供了不少深刻看法。已在并仍将在经济理论和各国经济实践中产生深远的影响，正如格罗斯曼和赫尔普曼所言："我们不敢说已完全明了技术进步的决定因素，但我们相信，我们所描述的新的规范模式有助于我们达到这个目的。新增长理论已在包容现实性方面——如引入不完全竞争、不完全占有、国际依存和规模收益递增等内容——朝着正确方向迈出了一大步，并且可以肯定的是，这些方面对理解一个经济将在各种知识中如何投资相当重要。我们相信经济学这个特定领域的知识，像经济学的其他大多数知识一样，将会迅速且持续地得到积累"。[1]

---

① Grossman, G. & Helpman, E., "Endogenous Innovation in the Theory of Growth", Journal of Economic Perspectives, Winter, 1994.

第五章

产业内贸易理论的起源与发展

第一节　产业内贸易理论的起源

随着经济活动的发展，第二次世界大战以后，特别是 20 世纪 60 年代以来，国际贸易实践出现了许多与传统贸易理论描述相悖的新倾向。主要表现在，发达国家之间的贸易量大大增加，同类异质产品之间的贸易量大大增加，出现了同一行业内既出口又进口的双向贸易，即产业内贸易。以克鲁格曼为代表的一批学者，吸取以往传统国际贸易理论的合理因素，利用产业组织理论和市场结构理论解释国际贸易新现象，用市场结构中的不完全竞争、规模报酬递增、产品差异化等概念和思想来构造新的产业内贸易理论模型，引发了贸易理论的一场革命，并得到主流经济学界的普遍认可。

一、产业内贸易理论形成现实背景

在 1933 年以前，瑞典经济学家俄林（Ohlin）就已经注意到了产业内贸易，但是直到 20 世纪 60 年代中期，产业内贸易才引起了经济学家的重视。在当时，随着西欧经济的重新崛起和日本经济的高速发展，世界经济格局发生了重大变化，国际市场演变为不完全竞争的市场结构，发达国家之间的劳动—资本比率由巨大差异发展到了相近或相同，技术和劳动生产率的差距也日益缩小。在贸易自由化的进程中，这种趋同导致了国际贸易竞争的加剧。同时，原有的发展中国家中的一部分国家充分利用这段世界经济发展的黄金时期，灵活运用合理的经济发展战略，晋升于新兴工业化国家的行列。这些国家和地区的出口产品在国际市场上也具有很强的竞争优势，对原有发达国家的同类产品构成极大地威胁，贸易竞争的加剧，导致贸易摩擦日益频繁。其间，国际贸易出现了两种倾向：第一，发达工业国家之间的贸易量大大增加。在 20 世纪 50 年代，西方发达工业国家之间的贸易总额中只有 40% 左右，大部分贸易发生在发达国家与发展中国家之间。从 60 年代开始，这种格局逐渐改变，比例上升到世界贸易量的 2/3 左右，到了 70~80 年代，这种发达国家之间的贸易已占世界贸易量的 3/4 以上，成为国际贸易的主要部分。第二，产业内贸易大大增多，产业竞争加剧。多数国家不仅出口工业制成品，也大量进口相似的工业制成品，出现了一个国家在同一产业内既有出口又有进口的"产业内贸易"。发达国家传统的"进口初级产品—出口工业制成品"的模式逐渐改变，同时一部分发展中国家也开始改变了"进口工业制成品—出口初级产品"的贸易模式。传统贸易理论以李嘉图的比较优势理论为核心，认为各国应致力于更多地生产它能相对更有效地进行生产的产品，并出口这些产品以换回生产上处于劣势的产品。而赫克歇尔—俄林的要素禀赋理论指出，各国应该出口那些在生产上密集地使用本国丰富的生产要素的产品，并进口那些在生产上密集地使用本国稀缺的生产要素的产品。由于发达国家和发展中国家要素禀赋的巨大差异，大量的国际贸易应该发生在这两类国家之间，这就意味着国家之间的相似性与贸易量之间成相反的关系。然而事实上，世界贸易的大部分是在要素禀赋比较相似的发达工业化国家之间进行的。而且，在第二次世界大战后世界经济发展的绝大部分时间中，发达国家之间的贸易份额以及这种贸易占这些国家收入的份额都在上升，尽管以大多数标准来衡量，这些国家越来越相似了。特别地，各国应该出口那些要素含量反映其资源禀赋的产品，但实际的贸易中却包括大量的要素密集度相似的产品的产业内贸易。产业内贸易的迅速发展，对赫克歇尔—俄林的要素禀赋理论提出了挑战，因为这种新的贸易倾向不能用"资源配置"来解释。而且，产业内贸易的发展显然也没有遵循传统贸易理论完全竞争和规模收益不变这两个基本假设条件。相反，大量的产业内贸易是垄断竞争和寡头厂商所生产的差异产品之间的交换，而垄断竞争和寡头竞争都是不完全竞争形式，它们的生产都要受到规模经济的制约。由于传统国际贸易理论的假设同国际贸易的实践相距甚远，自然无法解释国际贸易的格局。

同时，对发展中国家经济发展的研究兴起于第二次世界大战之后，"发展理论"的早期研究以结构主义的分析思路为主流，强调计划化或国家干预、物质资本的积累，以及进口替代的工业化对发展中国家经济发展的重要性，从而忽视了市场机制、农业发展、人力资本以及国际贸易对经济发展的重要作用。虽然发展经济学家们不断对这些理论进行修补，提出了"贸易条件恶化""不平等交换""债务危机""经济依附"等理论，用以解释发展中国家所处的不利地位并试图指导经济发展，但绝大多数发展中国家不仅没有如第二次世界大战后初期所期望的那样实现经济现代化，反而问题丛生，困难重重，在国际竞争中越来越居于不利的地位，它们与发达国家的经济差距不仅没有缩小，反而日益扩大。与此同时，在这场关于发展中经济体在"不平等条件"下要不要同发达国家开展贸易的激烈争论中，20世纪60～70年代之后一批以出口为导向的外向型的发展中经济体却崛起了，成为新兴的工业经济体。它们成功的经验，为新的国际分工和贸易理论提供了佐证。新国际分工和贸易理论以较为成熟的新古典经济学思想体系和分析工具作为基础，对一些发展中经济体的经济发展历程做出了实证分析，部分地解释了东亚发展中经济体（如韩国、中国台湾、中国香港和新加坡）经济发展的成功经验，指出它们之所以发展迅速是由于相对自由的国际贸易体制并采取了出口导向的发展模式。但是，同样实行市场经济体制的另外一些经济体，按照以出口带动经济增长的发展模式，尽管得到了不同程度的增长，但并没有实现预期的经济发展。无论对发达经济体还是对发展中经济体，同样的经济原理都适用。但发展中经济体的经济实践表明，无论是早期的比较优势理论，还是架构在其之上的要素禀赋理论，都不能对经济发展的这些新的变化提出全面、合理的解释，更不能提供一种指导经济发展的有价值的思路。而此时产业内贸易占世界贸易的大部分且其比重不断增大的现象，引起了西方经济学家对这一问题的关注。

二、产业内贸易理论产生原因与过程

20世纪70年代末80年代初，克鲁格曼（Krugman）、布兰德（Brander）、斯宾塞（Spencer）以及迪克西特（Dixit）等通过引入新产业组织理论分析方法，将规模经济、不完全竞争、多样化偏好以及产品的异质性等理论范畴纳入了规范的贸易理论分析之中，建立了一系列具有开创性的模型，解释了资源禀赋和技术相似国家间贸易以及行业内贸易急剧上升等新国际贸易现象，从而宣告了产业内贸易理论的诞生。产业内贸易理论之所以能够在20世纪70年代后期产生，其原因表现在两个方面：一是现实经济现象对传统理论的挑战，要求人们对传统理论进行全面修正，为国际贸易提供新的理论基础；二是现代经济学20世纪70年代初期的快速发展为解决这些问题提供了新的分析工具。

早在20世纪50年代，"里昂惕夫之谜"就对以H-O定理为核心的新古典贸易理论提出了挑战，但是，"里昂惕夫之谜"只不过是利用现实贸易格局对H-O定理的一种检验，它所引起的理论修正基本上是在H-O分析框架之中对新古典贸易理论进行修修补补，而没有对新的贸易理论分析范式提出革命性的要求。所以，推动新的贸易理论思想产生的最为直接的动力在于，传统理论无法解释自20世纪50年代中后期以来，世界贸易模式、产业组织和投资模式所发生的革命性的变化。这些革命性的变化包括以下几个方面：一是资源禀赋非常相似的国家间贸易不断增长，美国、日本和欧盟等发达国家或地区间的贸易规模大大超过资源禀赋差异很大的发达国家或地区与落后国家或地区之间的贸易规模；二是产业内贸易急剧上升；三是以欧洲经济共同体为代表的贸易自由化运动迅猛发展；四是跨国公司迅猛发展，使很多行业的市场结构从第二次世界大战后的竞争格局向垄断格局不断发展；五是伴随跨国公司的兴起，发达国家间的直接投资规模也有所增加，它进一步强化了国际贸易的垄断格局；六是工业化国家之间在生产不同产品的分工格局方面具有很强的随机性，其发展没有规律可循，特别是那些用相同要素密集度生产的产品。

　　这些新现象与传统贸易理论存在着难以调和的冲突：第一，资源禀赋相似国家间的大规模贸易以及产业内贸易在传统贸易理论看来是不可能出现的，更不可能成为国际贸易发展的主导模式；第二，从新古典贸易理论中的斯托尔伯—萨缪尔森（Stolper－Samulson）定理出发，贸易的自由化会受到既得利益集团的强烈反对，无法得到顺利推行；第三，市场结构的垄断性与传统贸易理论的完全竞争的前提假设完全不相符；第四，国际分工的模式在传统贸易理论看来是确定的，可以根据各国的技术差异、资源禀赋差异或偏好差异来进行预测，而不是随机的。所以，自20世纪50年代后期以来，经济学家开始在修正传统贸易理论的基础上来解释上述国际贸易新现象。例如，克拉维斯（Kravis）提出可获得性理论（availability）；波斯纳（Posner）和胡夫鲍尔（Hufbauer）分别提出技术扩散理论和技术模仿理论；弗农（Vernon）、赫尔西（Hirsch）提出产品周期理论；林德尔（Linder）提出收入效应理论；巴拉萨和克拉维斯提出规模经济是解释工业国家之间第二次世界大战后国际贸易格局的关键；格鲁贝尔和劳艾德在H－O分析框架中利用国际贸易产品分类提出的产业内贸易理论。但是，这些理论创新存在很多致命的缺点：一是这些理论大部分只能将产业内贸易以及相似国家间的贸易基础放在十分狭小、偶然的范畴之上。例如，季节的差异、交易成本以及需求条件的变化之上，建立在这些范畴上的理论是无法解释产业内贸易以及相似性国家间贸易所具有的巨大规模，无法说明为什么自20世纪50年代以来这些贸易现象迅猛发展的原因。二是很多理论虽然找到了十分坚实的理论基础，例如，林德尔理论就将"规模经济""产品差异"以及"偏好的多样化"等新贸易理论所强调的理论范畴纳入其中，但是它从根本上只是一种理论思想，没有形成一个体系化、模型化和形式化的理论体系。三是面对垄断的国际贸易市场结构，上述理论修正都没有找到一个恰当的分析工具来处理由垄断引申出来的一系列理论问题。这些缺陷决定了整个20世纪50年代后期～70年代中期的理论发展没有从根本上解决现实问题对贸易理论所提出的各种挑战。

　　实际上，产业内贸易理论出现的最大障碍并非在于思想性的创新方面，因为斯密和马歇尔等很早以前都提出了规模经济以及分工经济是国际贸易的核心基础之一。同时，在 20 世纪 50 ~ 70 年代，许多国际经济学家在解释第二次世界大战后新贸易现象时也发现，利用简单修正传统贸易理论来解释新贸易现象是理论发展的一个死胡同，对传统贸易理论进行革命是唯一的出路，并且，贸易理论的革命必须把其理论基础建立在"规模经济""垄断""产品差异性"等范畴之上。因此，导致产业内贸易理论在 20 世纪 70 年代后期产生的最为直接的原因就在于，自 20 世纪 70 年代以来的经济学分析方法的革命性突破为贸易理论与产业组织分析方法的结合提供理论基础，使经济学家可以将以往无法处理的"规模收益递增""不完全竞争""产品差异化"以及"偏好的多样化"等理论范畴纳入规范的贸易理论分析框架之中，为解释新贸易现象提供更为合理、坚实的理论基础，集中体现在以下几个方面：

　　第一，以库恩—塔克（Kuhn - Tucker）定理和拓扑学为基础的角点解（corner solution）分析方法的运用和改进，使经济学将"规模收益递增"纳入理论分析框架成为可能。因为，"规模收益递增"的存在就必然会导致完全的专业化生产，而完全专业化就意味着均衡解不可能是"内点解"，而只能是**角点解**。以"边际理论"为基础的古典微观经济学是无法解决"角点解"问题的。事实上，在经济学思想史上，利用"专业化"和"规模经济"来解释国际贸易并非创新，而只是经济学家无法找到好的形式化处理方法而已。

　　第二，博弈论分析方法的创新，使经济学家可以从最一般的角度来处理各式各样的策略性行为，从而推动新产业组织理论在 20 世纪 70 年代得到迅猛发展。这些发展为经济学家处理"不完全竞争"提供最为一般的分析框架。在 20 世纪 70 年代后期之前，市场结构问题的模型化是将规模收益递增和产品差异化等范畴纳入国际贸易理论模型的最大障碍，因为收益递增和产品差异化必定会带来"垄断""寡头垄断"或"垄断竞争"的市场结构，而这些市场结构是与新古典贸易模型的完全竞争假设相冲突的，而利用传统的产业组织理论又无法直接引申出与国际分工和国际贸易相关的理论结论，因为传统产业组织理论对市场结构及其行为模式的理解过于简单，而新产业组织理论恰好能够解决这两个方面的缺陷。

　　第三，微观经济学各种封闭模型的发展，直接为新的贸易理论提供了整合新贸易思想和分析技术的切入点。许多国际经济学家发现，20 世纪 70 年代出现的一系列微观经济模型完全可以经过简单的修正被推广到开放体系之中，并为解释新国际贸易现象提供全新的理论基础。这集中体现在：（1）迪克西特和斯蒂格利茨以及斯宾塞依据张伯伦不完全竞争模型建立的"规模经济—多样化需求"模型

（或称为 S－D－S 模型），被克鲁格曼、迪克西特和诺尔曼（Norman）用于开放经济研究，直接建立了新张伯伦（neo－Chamberlin）垄断竞争理论，用规模经济与多样化偏好需求规范地解释了产品水平差异化——行业内贸易现象；（2）兰卡斯特（Lancaster）、赫尔普曼（Helpman）采用相似的方法，将霍特林（Hotelling）模型向国际贸易领域进行推广，建立了一个在理论基础上与新张伯伦垄断竞争模型完全不同的水平差异化行业内贸易模型，即新霍特林模型；（3）布兰德和克鲁格曼以及耐文和菲利普斯（Neven，Phlips）将传统的价格歧视和市场分割基本模型运用到开放经济体系之后，得出十分惊人的理论结果，建立了双头垄断下的行业贸易模型，得出了即使两个国家在技术、偏好、资源禀赋等方面完全相同，且不存在规模经济时，由于垄断的市场结构和国际市场分割的存在，国际贸易依然会产生的结论；（4）布兰德和斯宾塞将古诺模型和施塔克尔伯格模型运用到开放经济之中，建立了战略贸易政策理论的基准模型——布兰德—斯宾塞模型，规范化地证明了政府可以采取干预性政策，通过促进国内产业的发展以提高租金收益或利润转移等方式来增进本国福利水平的观点。

三、产业内贸易理论演进与形成

第二次世界大战后至 20 世纪 70 年代中期以前，关于国际贸易新现象的多数研究，主要集中于对产业内贸易现象及产业内贸易在国际贸易中的重要地位进行经验验证阶段，如沃顿（Verdoom，1960）对比荷卢经济同盟的集团内贸易格局变化的统计研究，迈凯利（Michaely，1962）对 36 个国家五大类商品的进出口差异指数的测算，巴拉萨（Balassa，1963）对原欧共体成员制成品贸易结构的研究，小岛清（Kiyoshi Kojima，1964）对发达国家间横向制成品贸易格局的分析等。这些关于产业内贸易的研究，虽然多以对统计现象进行直观推断解释为主，但为后期的理论研究奠定了基础。

20 世纪 70 年代中期开始，产业内贸易研究由经验检验进入理论性研究阶段。格鲁贝尔和劳埃德（Grubel，Lloyd，1975）的研究具有里程碑意义；其后，格雷和戴维斯（Gray，Davies，1973）、兰卡斯特（Lancaster，1980）、克鲁格曼（Krugman，1979）等对产业内贸易现象做了开创性、系统性的研究。

进入 20 世纪 80 年代后，以保罗·克鲁格曼为代表的一批学者陆续建立模型对产业内贸易问题从不同角度进行了探讨。迪克西特和诺尔曼（Dixit，Norman，1980）将迪克西特和斯蒂格利茨（Dixit，Stiglitz，1977）发展出来的多样化产品的分析框架引入国际贸易理论，用来解释产业内贸易的现象，意味着这一垄断竞争的框架能够很好地与收益递增的思想相结合。① 克鲁格曼（1980）将迪克西特和斯蒂格利茨提出的将差异产品和内部规模经济考虑在内的垄断竞争模型推广到开放条件下，证明了当市场结构从完全竞争变为不完全竞争，达到规模报酬递增阶段的时候，即使两国间没有技术和要素禀赋差异，产品水平差异性和规模经济也可推动国际贸易。克鲁格曼（1981）进一步考察了多样化商品产业内的专业化分工以及福利问题。赫尔普曼（1981）则在兰卡斯特（1980）的基础上，通过考虑异质性的消费者来引入多样化产品。马库森（Markusen，1981）详细分析了不完全竞争下的贸易和贸易利得问题，认为收益递增是相似国家间产生贸易的基础。埃思尔（Ethier，1982）则认为，即使消费者对多样化产品并不偏好，企业生产所表现出来的收益递增也会使得各国形成专业化生产，从而产生产业内贸易。

　　除了从多样化产品和收益递增的角度解释产业内贸易，还有一些经济学家们则直接从垄断企业策略性行为的角度来分析国际贸易问题，这一类模型一般采取博弈论的分析框架。布兰德和克鲁格曼（Brander，Krugman，1983）构造了一个"相互倾销模型"（差别垄断模型）以解释标准化产品产业内贸易现象，指出各国开展相同产品贸易的原因只在于垄断或寡头垄断企业的市场销售战略。1985年，克鲁格曼与赫尔普曼运用 D－S 模型和张伯伦的垄断竞争理论，对市场结构与贸易理论进行研究。②

　　事实上，以克鲁格曼为代表的一批学者是将规模经济与垄断竞争结合起来研究贸易理论的集大成者，其吸取了传统国际贸易理论的合理因素，并结合 20 世纪 70 年代蓬勃发展的产业组织理论，对产业内贸易新现象做出了较为全面的解释，从而引发了国际贸易理论的一场革命。

第二节　产业内贸易理论的创立

　　理论界最早发现产业内贸易的是巴拉萨，不过，对于产业内贸易的发展起到实质性推动作用的当属格鲁贝尔和劳埃德。他们不仅分析了产业内贸易的发生因素，而且提出了产业内贸易的计量方法，到目前仍然是普遍接受的最优计量方法。自格鲁贝尔和劳埃德起，陆续出现了一大批经济学家，提出很多模型阐述产

---

　　① A. Dixit，V. Normon. Scale economies and imperfect competition theory of international trade，Cambridge：CUP，1980.

　　② 赫尔普曼，克鲁格曼：《市场结构与对外贸易——报酬递增、不完全竞争和国际贸易》，上海三联出版社 1993 年版。

业内贸易理论。如图 5-1 所示。

产业内贸易理论体系中，除了布兰德与克鲁格曼用"倾销模型"分析同质产品产业内贸易以外，产品差异仍然是产业内贸易最重要的决定因素。因此，根据产品特征的差异，贸易产品被分为水平差异产品和垂直差异产品。水平差异是指，产品质量相同、属性不同；相反，垂直差异则指，产品质量不同、属性相同。垂直差异产品产业内贸易理论与传统的 H-O 理论有相似之处，属于一个理论框架；水平差异产品产业内贸易理论则是在传统理论基础上，放宽了一些理论假定，从而创立的新贸易理论。以下，将主要介绍同质产品"相互倾销"模型、垂直差异产品的比较优势模型以及水平差异产品的规模经济模型。

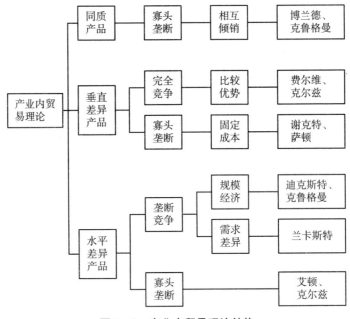

图 5-1　产业内贸易理论结构

一、同质产品产业内贸易理论模型

对同质产品产业内贸易的最早解释源于格鲁贝尔和劳埃德，他们认为导致同质产品产业内贸易产生的原因有很多。

首先，是运输成本，高昂的运输成本能够导致产业内贸易的产生。因为运输成本的存在可能使一国从邻国进口某种产品的价格比从本国国内更远的地区购买该产品更低。如果该国更远的地区能够通过边境出口产品，那么，产业内贸易实际上就发生了。这种情况一般出现在国家领土相对较大、与邻国不存在贸易壁垒的情况下。如北美自由贸易区中，美国从加拿大西部地区进口牛肉，同时又向加拿大的东部地区出口牛肉，以避免两国东西部几千英里的运输成本。

其次，为转口贸易。最具代表性的是中国香港与新加坡，他们对进口产品进行简单加工，再出口到其他经济体，形成产业内贸易。出现转口贸易的国家和地区都有其共同的特点，具备中转性质的地理位置，同时有大量相对廉价的劳动力。尤其是前者，优越的地理位置往往决定了其在整条贸易线路中的职能，中转站或是聚散地。

再次，为季节性因素。季节性因素对农产品产业内贸易的影响最大。大多农产品都受季节的影响，通常是一年一季。然而，人们对农产品的需求却是连续的，不会因为季节的变动而改变。所以，如果两个国家位于南北两个半球，生产出的产品刚好可以互补。这种情况下，也容易产生产业内贸易。

最后，为需求层次因素。一个国家的需求层次是由该国的收入水平决定的。正如林德所说的，每一个国家都存在一个代表性的需求水平。代表性需求水平表明一国平均的收入水平或大多数人的收入水平。这种收入水平的代表性消费品是各国消费品产业发展的主导。因为企业生产的产品只有符合大多数消费者的需求，生产才容易达到规模经济，生产成本才能降低；同时，任何一个国家，由于收入水平的差异，需求水平必然有差异。因此，一国专门生产某一个代表性需求层次上的产品，就意味着它不能满足其他收入水平消费者对同类产品的消费。国际贸易正好可以解决各国生产者在某个层次产品的生产上达到规模经济和满足不同收入消费者消费需求的矛盾。即各国可以专门生产本国代表性需求产品，并出口这种产品，同时分别从不同的国家进口其他国家生产的代表性需求的产品，满足本国其他收入层次消费者的需求。代表性需求理论表明，在消费品的生产上，规模经济容易在各国代表性需求的产品生产上形成；收入水平比较接近的国家，他们的贸易较多，因为他们代表性需求的接近，为相互之间满足不同收入水平的消费者的需要创造了条件；由此可以推论，两国间收入水平的差距越大，他们相互贸易的可能性越小；建立在代表性需求基础上的国际贸易，是同一产品内部不同档次产品的贸易。这是产业内贸易最具普遍意义的解释。

除了以上这些理论解释以外，布兰德与克鲁格曼以理论模型分析了寡头垄断市场模式下同质产品产业内贸易的发生原理。假设 A、B 两国，各自有一家垄断厂商，面临着 A 国和 B 国两个市场。在市场结构一致的假定下，又假设两家企业具有相同的成本结构，并保持边际成本不变，成本函数为：

$$C(q) = F + cq \qquad \text{式 (5-1)}$$

其中，F 为固定成本，C 为常数边际成本。假定两国之间实行自由贸易，不存在关税、贸易壁垒以及出口退税等政策，与成本变化关系最为密切的只是运输成本。两国之间的运输成本依照"冰山假定"（Iceberg Hypothesis），即存在一个值 g（o≤g≤1），当 A 国出口 Q 单位产品到 B 国，除去运输成本，到达 B 国的数量为 gQ。按此假定，货物的一部分（1-g）被充作运输成本，假设两国的 g 值相同，g 值越高则运输成本越低。再假定，两家厂商每一家的产出决策都以另一家的产出不变为条件，即形成双寡头垄断竞争市场结构，以下将求其古诺均衡。

设两国需求函数为：

$$P_A = \alpha - b(q_{1A} + q_{2A}) \qquad \text{式 (5-2)}$$

$$P_B = \alpha - b(q_{1B} + q_{2B}) \qquad \text{式 (5-3)}$$

$$\pi_1 = [a - b(q_{1A} + q_{2A})]q_{1A} + [a - b(q_{1B} + q_{2B})]q_{1B}$$
$$- [F + c(q_{1A} + q_{1B}/g)] \qquad \text{式 (5-4)}$$

$$\pi_2 = [a - b(q_{1A} + q_{2A})]q_{2A} + [a - b(q_{1B} + q_{2B})]q_{2B}$$
$$- [F + c(q_{2B} + q_{2A}/g)] \qquad \text{式 (5-5)}$$

利润最大化一阶条件为：

$$\frac{\partial \pi_1}{\partial q_{1A}} = -2bq_{1A} - bq_{2A} + a - c \qquad \text{式 (5-6)}$$

$$\frac{\partial \pi_1}{\partial q_{1B}} = -2bq_{1B} - bq_{2B} + a - c/g \qquad \text{式 (5-7)}$$

$$\frac{\partial \pi_2}{\partial q_{2A}} = -2bq_{2A} - bq_{1A} + a - c/g \qquad \text{式 (5-8)}$$

$$\frac{\partial \pi_2}{\partial q_{2B}} = -2bq_{2B} - bq_{1B} + a - c \qquad \text{式 (5-9)}$$

根据对称性可解得均衡解：

$$q_{1A} = q_{2B} = \frac{a - 2c + c/g}{3b} \qquad \text{式 (5-10)}$$

$$q_{1B} = q_{2A} = \frac{a + c - 2c/g}{3b} \qquad \text{式 (5-11)}$$

当运输成本趋于零（g=1）时：

$$q_{1A} = q_{2B} = q_{1B} = q_{2A} = \frac{a - c}{3b} \qquad \text{式 (5-12)}$$

当运输成本为正（0<g<1）时：

$$q_{1A} = q_{2B} \geq q_{1B} = q_{2A} \qquad \text{式 (5-13)}$$

即本国企业在本国市场所占份额超过外国企业所占份额。同时，由式（5-10）、式（5-11）可知，本国企业在本国市场的份额与运输成本成正比。运输成本越高，本国企业所占本国市场份额越多；随着运输成本降低，外国企业在本国市场份额就会增加。当然，由于两国市场结构一致，当运输成本降为零时，两家企业刚好均分两国市场。

由式（5-2）、式（5-3）计算厂商在两国市场的边际收益和均衡价格：

$$MR_{1A} - MR_{1B} = b(q_{1B} - q_{1A}) \qquad 式（5-14）$$

$$p_A = p_B = \frac{a + c + c/g}{3} \qquad 式（5-15）$$

很显然，在存在运输成本的情况下，$q_{1B} \leqslant q_{1A}$，所以，$MR_{1A} \leqslant MR_{1B}$。即企业在外国市场的边际收益相对于国内市场要高一些。在市场结构完全一致的情况下，两个市场的总供给量相等，因此，两个市场的价格水平一致。进一步因为$\frac{p - c/g}{p} \leqslant \frac{p - c}{p}$，后者正好为垄断厂商的提价。所以，每个厂商在国内市场的提价幅度要高于企业在外国市场上的提价幅度，克鲁格曼称这种现象为相互倾销（Reciprocal Dumping）。尽管从表面上看，在国外市场上产品的销售价格降低了，但是从销售全部产品所获利润最大化的角度，如果这种销售不影响在本国销售的其他产品的价格，那么，厂商所获得的总利润水平提高了。同样，其他国家厂商也会采取同样的战略将增加的产品销售量运往对方国家市场，这种相互倾销行为所形成的贸易不是由于两家分属不同国家的厂商生产了差异产品，而是因为各自对自己最大限度利润的追求。由此可以看出，在相互倾销贸易理论中，各国开展对外贸易的原因只在于垄断企业或寡头垄断企业的市场销售战略，与产品成本差别无关，也与要素禀赋差别无关，并且也不受生产者和消费者对差异产品追求的限制。即使允许存在运输成本，也不会影响本结论的有效性。放松假设已允许一家厂商能够预测到另一家厂商的反应函数或允许一系列的战略互动形式的存在（从充分竞争到完全合谋），也将不会改变产业内贸易将会发生这一基本结论的有效性。

相互倾销基础上国际贸易的利益来自于各国企业通过"倾销"所获得的垄断利润和在本国市场上销售价格保持不变情况下所获得的垄断利润总和。相互倾销理论将建立在不完全竞争基础上的国际贸易理论推向了更高层次，即使各国生产的产品之间不存在任何差异，垄断企业或寡头垄断企业仍然可以出于对最大限度利润的追求，开展各国之间的贸易。不完全竞争企业的市场战略，使国际贸易的结构更加不确定。既然国际贸易产生于企业为获取最大限度的利润而确定的市场战略，贸易的结构只服从于垄断企业的市场战略或获取最大限度利润的标准。所以，相互倾销理论指出现代国际贸易的原因之一是不完全竞争企业的市场战略，在这种市场战略下，贸易的结构仅仅是由于各国的垄断竞争企业对最大限度利润的追求。

二、垂直差异产品产业内贸易理论模型

垂直差异产品一般指质量上存在差别的产品，可以用绝对数量指标来衡量，比如价格等。对垂直性差异产品产业内贸易理论研究，比较有代表性的人物是法尔维（Falvey）。他认为，由许多不同的厂商生产质量不同的产品，一系列质量不同的产品都被生产出来，每种质量产品被许多竞争厂商所生产。同时，厂商的资本品不再是同质的，不同的行业使用特有的资本品设备，由于其独特性，行业间资本品不能流通，但显然，资本可以在行业内部各种质量的产品生产上流动。在这里，垂直差异产品产业内贸易与经典的以要素禀赋为基础的产业间贸易有相似之处，资本相对充裕的国家出口质量高的物品，劳动力相对充裕的国家出口质量低的物品，以下将主要介绍费尔维与克尔兹的 F - K 模型。

为简便起见，分析限于单一行业，该行业拥有一定数量的特有资本 R（回报率不断调整以保持资本品的完全使用），并以当前工资率 W 雇用一定数量的劳动力。行业使用常数规模回报的技术生产一系列质量连续变化的产品（连续性是为了数学上的方便）。现在，要解决的问题是质量的定义。为此，费尔维引入一个数字指数 α，α 值越大，对应的质量越高，并且假定较高质量的产品需要较多的资本投入。现在可以这样定义度量单位：生产一单位 α 质量的产品，需要一单位的劳动力投入和 α 单位的资本投入。在需求方面，假设两国消费者有相同的偏好，在相对价格一定的情况下，对不同质量产品的需求以消费者的收入而定，收入越高，就越倾向于消费更高质量的产品。由于分配不均，每一个国家都有对不同质量产品的需求。

给定完全竞争的假设，对任何质量，价格等于单位生产成本，即：

$$P_1(\alpha) = W_1 + \alpha R_1 \qquad\qquad 式（5-16）$$

$$P_2(\alpha) = W_2 + \alpha R_2 \qquad\qquad 式（5-17）$$

其中，角标 1、角标 2 表示两个国家，假设两个国家的生产技术相同。不失一般性，假设 $W_1 \geqslant W_2$，因而国际贸易要求 $R_1 \leqslant R_2$。否则，由公式对于任意质量的产品，国家 2 都能以低于国家 1 的成本生产，因此不存在国际贸易的可能。假定 $R_1 \leqslant R_2$，对一定质量的集合，国家 1 的生产成本低于国家 2 的成本；而对于其他的集合，国家 2 的生产成本低于国家 1。为了区别这两个子集，如

图 5 - 2 所示。

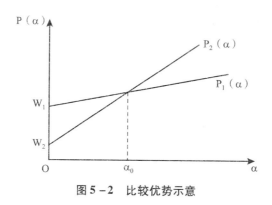

图 5 - 2 比较优势示意

由图 5 - 2 可知，在临界点 α_0，两国价格相等。国家 2 在低质量产品（$\alpha \leqslant \alpha_0$）的生产上相对国家 1 有比较成本优势；相应的，国家 1 在高质量产品（$\alpha \geqslant \alpha_0$）的生产上有比较成本优势。现在假设，两个国家都有对高质量、低质量两类产品的需求。那么，在没有运输成本的自由贸易情况下两国之间存在国际贸易，国家 1 向国家 2 出口高质量产品，进口低质量产品。因为考虑的是同一行业内部的产品，所发生的实际上是产业内贸易。这种产业内贸易符合 H - O 定理。根据生产要素回报的假设：$R_1/W_1 \geqslant R_2/W_2$，国家 1 相对于国家 2 资本充裕。因为 α 的较大值意味着较高的质量和较高的资本/劳动比率，国家 1（资本充裕）出口资本密集型产品；另外，劳动力充裕的国家 2 出口劳动密集型产品。

当然，这只是一种理想化的模型解释。实际上，在完全的垂直差异产品产业内贸易与完全没有这种贸易之间有许多过渡类型。实际的贸易类型依赖于要素禀赋、技术和收入分配情况这三个因素对不同国家的相对影响。首先，在技术一样、要素禀赋不同的情况下，贸易类型是：资本密集度高的国家进口同质性产品，同时成为异质性产品的净出口国。在这种情况下，垂直差异产品产业内贸易可能出现，也可能不出现。在存在产业内贸易的情况下，哪个国家出口高质量产品是不确定的。虽然资本密集度高的国家在高质量的产品上有比较优势，但是这一优势未必会在出口中表现出来。如果两个国家要素禀赋差异特别明显，但是劳动力的收入相差很远，资本密集度高的国家可能集中出口低质量的产品以迎合穷国消费者的需求。实际上，如果两个国家的平均收入相差太远的话，即使穷国国内存在一定程度的收入不平等，穷国对于质量高的产品也几乎不会有需求，它只需要质量低的产品。

其次，在要素禀赋一致、技术不一致的情况下，垂直差异产品产业内贸易的形式可以被确定：拥有高技术的国家将出口高质量的产品，进口低质量的产品。在这里，两个贸易国的收入分配情况不是重要的决定因素，在两个国家中都会既有高收入群体也有低收入群体，高收入群体将购买高质量产品，低收入群体将购买低质量产品。

最后，两国之间要素禀赋差异发生变化时，对产业内贸易也会产生影响。假定两国在一开始有同样的禀赋，然后在增加一国人均资本的同时，减少另一国的人均资本。如果技术发达国家的资本/劳动比率升高，这个国家在高质量产品生产上的比较优势将得到加强，高质量产品的品种将增加，同时，对低质量产品的需求将减少。相反，缺乏技术的国家，人均收入下降，使得对来自国外的高质量产品的需求下降了。这样，产业内贸易也就减少了。另外，如果生产低质量产品国家的要素密集度发生了改变，人均资本量上升，变化将是相反的。在这种情况下，只要资本租金的改变不致使两国的比较优势发生逆转，产业内贸易就将上升。缺乏技术的国家由于收入的上升，对对方国家有比较优势的高质量产品的需求将上升，同时，由于低收入国家资本/劳动比率的上升，产品向高质量发展，高收入国家对其产品的需求也将上升。

两国间要素禀赋相对差异的变化对于垂直差异产品产业内贸易份额的增减有重要影响，垂直差异产品产业内贸易是增加还是减少取决于是哪个国家使自己的资本/劳动比率更高；如果是高质量产品出口国的资本/劳动比率升高，垂直差异产品产业内贸易将下降，如果是低质量产品出口国的资本/劳动比率升高，垂直差异产品产业内贸易将上升。

三、水平差异产品产业内贸易理论模型

新贸易理论的发展主要是针对产业内贸易的出现，而产业内贸易理论的核心即水平差异产品产业内贸易理论。水平差异产品在产品质量上往往是一致的，只是表现出来的产品外观、品牌、地理分布、交易条件、售后服务和广告宣传等因素存在差异。这类产品相互之间的替代关系比较密切、价格水平也较为一致。

相对于传统贸易理论，水平差异产品产业内贸易理论新增加了一个基本要素：规模经济。所谓规模是指，工艺装备、工艺过程组织和企业在一定条件下的最大生产能力。规模经济性或规模经济性规律则是指，产品单位成本随着产出规模的扩大而逐渐降低的规律。规模经济理论是一种长期均衡理论，所描述的厂商均衡通常以长期成本曲线表示。在贸易理论中，规模经济的运用通常沿袭了内在规模经济和外在规模经济的分类方法。前者是指，某一企业通过内部生产能力的

改善所能获得的成本随产出增加而降低的收益递增性；通常以 $f(\theta x) = \theta f(x)$ 表示。其中，当收入弹性 $\theta > 1$ 时，规模收益递增；反之，规模收益递减；当 $\theta = 1$ 时，规模收益不变。后者是指，在满足一定外部条件的情况下，企业才能获得收益随产出增加而增加的性质，通常以 $x = f(v, X)$ 表示。其中，当 $f(\cdot)$ 相对于整体产业 X 的弹性为负的时候，规模收益递减；反之，规模收益递增。当相对于产出 X，$f(\cdot)$ 的弹性为 0 的时候，则规模经济不变。

1980 年，克鲁格曼在产业内贸易理论有关基本假设和结论的基础上，提出包含规模经济等要素在内的理论解释模型（Krugman，1980），深入阐述了规模经济与国际贸易的关系，成功解释了传统国际贸易理论无法解释的第二次世界大战后国际贸易新格局，得出了一个比较大的国内市场的存在对于一国出口贸易的促进作用。当然，模型的均衡解是借鉴迪克斯特和斯蒂格利茨推出的张伯伦（Chamberlin）垄断竞争均衡解形式。结论是当两个具有相似需求偏好、技术水平和要素禀赋以及不完全竞争市场结构的经济体开展贸易时，规模经济会导致贸易利益的产生。具体模型为：

首先，假定某一经济体（国家或产业）可以在相同的技术条件下生产任一数量很大的产品 i，i 的区间范围为 $(1, n)$；其中，n 仍是一个数量较大的产品。在 i 产品生产中，企业必须事先投入一笔固定资本 α，然后才可以在边际成本 β 不变的条件下进行。假定经济体中的要素供给只有单一劳动供给，则第 i 产品生产的成本可表示为：

$$l_i = \alpha + \beta x_i \qquad\qquad 式（5-18）$$

其中，l_i 表示用于第 i 种产品生产的劳动投入。所以，在边际成本不变的情况下，平均成本随着 x_i 的增加而降低。因为随着 x_i 的增加，分摊在单位产品中的固定成本将不断下降，但这种下降永远不会导致 $l_i / x = \beta$。

其次，在消费上，假定所有消费者拥有的效用函数相同；且其消费偏好均匀分布于各产品上。则：

$$U = \sum_{i=1}^{n} c_i^{\theta}(0 < \theta < 1) \qquad\qquad 式（5-19）$$

同时，每种产品的产量必定等于所有消费者的消费量总和，如果把单个消费者等同于劳动力提供者，那么，产量也就等于一个代表性个人的消费数量乘以劳动力总量。

$$x_i = Lc_i \qquad\qquad 式（5-20）$$

进一步假定充分就业，总劳动力等于生产中使用的劳动力总和，则：

$$L = \sum_{i=1}^{n} (\alpha + \beta x_i) \qquad\qquad 式（5-21）$$

根据以上假定开始分析均衡结果。由于消费者的消费行为具有在预算限制一定的条件下努力谋求效用最大化的特征。因此，由式（5-19）可得：

$$u(c_i) = \theta c_i^{\theta-1} = \lambda p_i \qquad 式（5-22）$$

其中，又是预算限制的"影子价格"，也可以被理解为收入的边际效用。将式（5-20）代入式（5-22），经整理可得厂商面对的需求曲线为：

$$p_i = \lambda^{-1}\theta\ (x_i/L)^{\theta-1} \qquad 式（5-23）$$

可以看出，厂商定价与边际收入效用呈负相关。若所生产的产品数量很大，又可被视为一个定值，第1个厂商所面对的需求弹性 ε 可以描述为：

$$\varepsilon = -u/u''$$

经整理即：

$$\varepsilon = \frac{x}{1-\theta} \qquad 式（5-24）$$

由此可以得出，需求弹性取决于厂商的产出水平。进一步，由于内在规模经济使各厂商在相关产品市场是有一定的垄断力量的，他们在进行价格决策时可以不考虑其他企业的影响。因此，其利润最大化的价格决策应该是：

$$\pi_i = p_i x_i - (\alpha + \beta x_i)w \qquad 式（5-25）$$

如果利润为正，新的厂商将会进入直到利润为零，所以，令 $\pi_i = 0$ 可以得出均衡条件下的产出水平：

$$x_i = \alpha\theta/\beta(1-\theta) \qquad 式（5-26）$$

又根据均衡价格取决于边际成本和需求弹性，即：

$$p_i = (1-1/\varepsilon)^{-1}\beta w \qquad 式（5-27）$$

联立式（5-24）、式（5-27），即可直接求出均衡状态下的市场价格（由于表达式过于复杂，此处略去）。同时，联立式（5-21）、式（5-26），可以得到均衡状态下厂商的数目，即产品种类的数量：

$$n = \frac{L(1-\theta)}{\alpha} \qquad 式（5-28）$$

假定两个国家运输成本为零，具有相同的需求偏好和科技水平，由于劳动力是唯一的生产要素，那么，两国之间也就不存在要素禀赋的差异，所以两国相互展开贸易时就不能用传统贸易理论加以解释。产生贸易的原因在于，规模经济下各国生产的产品种类增加，单个消费者面临更多的选择范围。由该模型的对称性可知，这两个国家具有相同的工资率，并且两个国家生产的任何一种产品的价格也相同，每一个国家生产的产品种类数目为：

$$n = \frac{L(1-\theta)}{\alpha}; \ n^* = \frac{L^*(1-\theta)}{\alpha} \qquad 式（5-29）$$

其中，L^* 是第二个国家的劳动力数量，n^* 是这个国家生产的产品种类数目。

消费者根据效用最大化原则，会选择不同的产品，不仅有国内的 n 种商品，还有国外的 n* 种商品，这样，在真实工资率 w/p 保持不变的情况下，消费者福利得到提高。同理，本国消费者将收入的 n*/(n* + n) 用于外国产品的消费，而外国消费者会将他们收入的 n*/(n* + n) 用于本国产品的消费，由此可以决定两国的贸易流量。虽然两国的贸易流量可以确定，但是，贸易的流向是随机的，即哪个国家生产哪种产品，出口到哪个国家等是不确定的。

由此，一方面，规模经济理论模型强调了企业可以通过扩大其生产规模、降低产品的单位成本而占据市场竞争的优势地位，同时，企业对规模经济效果的追求，将带来一个行业或产业排他性的增强，先进入的企业可以通过逐步扩大自己的生产规模形成单位产品的成本优势，从而拥有了价格优势。这是一种凭借规模经济效果所取得的市场实力或市场控制力。另一方面，尽管理论上假定市场是完全竞争的，但在现实中，大多数的市场是不完全竞争的。这是由于人和企业都希望通过某种优势，获得对市场价格的操纵权或控制权，而获得垄断或控制权的便利途径是生产差异产品。从消费者的角度看，随着收入水平的提高，消费者不仅要追求某种消费品消费数量的增加，以提高自身消费的福利水平，还可以通过在多种同类产品的供应中，选择最适合本人愿意消费的产品提高自己的福利水平。因此，一国封闭经济条件下，市场从两个方面表现出不完全竞争的特点：一是规模经济排除了企业自由进入某些部门的可能性，二是差异产品意味着企业追求控制产品价格的可能性。这两个方面都打破了原有的自由竞争的市场结构。然而，在一国市场范围内，追求规模经济效果和追求差异产品是矛盾的。因为规模经济效果要求生产大批量、同质产品，从而带来市场价格的下降。但是，对差异产品的追求要求生产小批量、异质产品。要解决这一矛盾的最佳途径是开展国际贸易。因为国际贸易可以使批量生产的产品分布在不同国家的市场上，从而在每个国家都成为小批量产品，且成为差异产品。这一基本观点由规模经济和差异产品贸易理论强调，在规模经济发生作用的条件下，生产者和消费者对差异产品的追求是国际贸易产生的原因，对规模经济效果的追求，从而是对获得超额利润的追求是国际贸易产生的动力。

这一理论观点还意味着，国际贸易的结构是不确定的，因为建立在规模经济效果基础上的国际贸易暗含着这样两个重要的假定条件，一是各国之间不存在技术水平的差异；二是各国生产要素禀赋不一定是有差异的，甚至可以说，在参加贸易国家的生产要素禀赋相同的条件下，国际贸易仍然可以存在。此时的贸易结构与以往国际贸易结构的根本差异在于，古典贸易理论所揭示的国际贸易是产业间或部门间的贸易，而建立在规模经济和差异产品基础上的国际贸易是产业内贸易。产业内贸易中，出口方的利益就是不完全竞争市场上获得的市场实力与规模经济利益的总和。进口方利益则是从消费差异产品中获得消费上的满足，进而是福利水平的提高。由此，按照克鲁格曼的观点，既然要素禀赋相同的国家可以通过开展产业内贸易获得经济利益，那么，各国之间建立在要素禀赋相近或相同基础上的贸易冲突将消失，代之而起的是各国企业在产业内生产和出口差异产品。

第三节　产业内贸易理论的发展

20世纪90年代以后，人们对产业内贸易的研究进入一个新的高潮。学者们不断在产业内贸易理论中融入新的内容，使得对产业内贸易的分析日益贴近国际贸易的现实情况。随着经济全球化的深入发展，各国间产业分工乃至产品内部的分工日益密切，中间产品贸易不断扩大，并成为产业内贸易发展的重要动因。此外，国际贸易也对一国内部劳动力市场的影响越来越明显。在此背景下，产业内贸易研究在中间产品贸易方面和关于对劳动力市场影响方面取得了突破性的进展，从而成为当前产业内贸易研究中的重要领域。除此之外，有的模型与国际生产相结合；有的模型则结合非贸易品进行研究；还有的模型将地理因素也考虑进来。虽然各个模型之间尚缺乏统一的联系，但却沿着各自的研究方向不断深入发展，使得对国际贸易现象的解释能力不断提高。①

一、垂直专业化与中间产品产业内贸易

20世纪90年代以来，垂直专业化成为国际分工的重要形式。垂直专业化指一国（地区）从其他国家（地区）进口物品或劳务作为本国（地区）产品的中间投入，经过国（地区）内加工和制造后，再将所生产的产品出口的国际分工方式。垂直专业化在贸易形态上包含中间产品贸易，其本质是生产环节在纵向上的跨国界的合理分布。胡梅尔斯（Hummels, 2001）等利用十个OECD国家和四个新兴市场国家的投入—产出表数据，对1970~1990年这些国家出口品中所含的进口的中间品价值的比率（即垂直专业化比率，vertical specialization(VS) share）进行了计算，结果表明，20年间这些国家的VS值增长了近30%。

关于中间产品产业内贸易，格鲁贝尔和劳埃德（Grubel, Lloyd, 1975）及埃思尔（Ethier, 1982）都曾对此作过论述与分析。埃思尔认为，中间产品和最终产品厂商都能够因中间产品的规模经济和产品差异效应而受益。不过，科尔和雷

① 刘钧霆：《产业内贸易研究的新发展：文献综述》，《经济研究导刊》，2008年第3期。

蒙特（Kol，Rayment，1989）最早注意到垂直专业化在中间产品产业内贸易中的作用。他们认为，中间产品的多样化可以视为生产过程的分割。而生产过程的分割导致相似的中间产品交换及中间产品与最终消费品和资本品的交换，由此产生了产业内贸易。通过对荷兰家具业产业内贸易类型的实证分析，科尔和雷蒙特证明了中间产品产业内贸易的存在。

琼斯、科尔兹考斯基和伦纳德（Jones，Kierzkowski and Leonard，2002）用垂直专业化理论系统地解释了产业内贸易。他们认为，影响垂直专业化形成的两个重要因素，是生产集群（production blocks）与服务联系（service links）。为了获取比较利益，产品被分割在两个或更多的集群生产，同时也会相应地产生服务联系成本。如果生产成本降低所带来的利益大于服务成本提高带来的损失，则垂直专业化将会出现。而在现代经济条件下，电信、交通等服务设施的改善将带来规模经济效应，从而降低服务成本，导致垂直专业化成为重要的国际分工方式。琼斯、科尔兹考斯基和伦纳德认为，除了因质量水平型差异与垂直型差异形成的产业内贸易外，由技术进步所引起的垂直专业化可能成为第三种形式的产业内贸易。琼斯等以美国—墨西哥的彩电业、汽车业、服装业和美国与加拿大的航空及半导体业为例，分别计算了整体行业与行业内中间产品和最终产品的产业内贸易水平，结果发现，这些行业的整体产业内贸易水平与中间产品和最终产品的产业内贸易水平存在很大的不匹配，从而证明了在这些行业中存在垂直专业化现象。可以看到，琼斯虽然用新的方式解释了产业内贸易，但比较利益与规模经济仍是产业内贸易的根本原因。随后，琼斯和科尔兹考斯基（2003）建立了分析垂直专业化的理论框架，进一步说明了服务联系活动中的规模经济效应。

特肯（Turkcan，2005）则将中间产品产业内贸易分为水平型与垂直型，并用垂直专业化理论解释垂直型中间产品产业内贸易。特肯认为，李嘉图模型和 H－O 模型是解释垂直专业化的两条理论线索，前者文献包括桑亚尔（Sanyal，1983）、迪尔多夫（Deardoff，1998），而后者包括芬斯特拉和汉森（Feenstra，Hanson，1997）等。在此基础上，特肯用 1985～2000 年贸易数据对土耳其和 OECD 国家中间产品产业内贸易的国家特征和产业特征决定因素进行了检验，结果发现，国家特征因素对土耳其与 OECD 国家的中间产品产业内贸易起着核心作用。

安多（Ando，2005）同样将垂直专业化理论引入产业内贸易理论中，用以解释垂直型产业内贸易产生的原因。根据安多的分析，垂直型产业内贸易的产生不仅仅是由于质量差异，还有可能由垂直专业化这种生产方式所引起。据此，安多设计了简便的方法用以判断垂直型产业内贸易是由何种原因引起。卢杰和塞尔韦（Luthje，Servais，2005）则根据卢杰（2001）构造的模型，说明了规模经济与产品差异引起的中间产品产业内贸易同样能够导致垂直专业化的发生。

二、调整成本与边际产业内贸易

当前，关于产业内贸易研究的另一个重要发展，是关于调整成本问题的研究。调整成本指，当劳动力市场在需求与供给条件变化后未能及时出清而导致暂时性效率低下时产生的损失成本（Brulhart，2002）。贸易引致的调整成本包括以下两方面的福利损失：（1）劳动力在工作搜寻、重新安置及再培训方面所花费的成本；（2）暂时性失业。尼尔利（Neary，1985）利用"特定要素模型"阐述了贸易调整成本产生的根源，即部门间劳动力的不完全替代性（要素的特定性）和名义工资的刚性。其中，要素的特定性导致了劳动力工作搜寻、重新安置和再培训成本的产生，这一成本在尼尔利的模型中表现为部门间暂时性的工资差异；而名义工资的刚性则导致暂时性失业的产生。

关于产业内贸易引致的调整成本问题，起源于巴拉萨（Balassa，1966）的"平滑调整假说"（Smooth Adjustment Hypothesis，SAH）。"平滑调整假说"的基本思想是：与产业间贸易相比，产业内贸易的调整成本可能更低。这是因为产业内贸易作为同类商品的交换，其要求生产商品的劳动力技能的相似性必然高于产业间贸易。当劳动力不需要经过更多的再培训就可以在同一产业内部的企业间流动时，其调整成本必然较低。另外，由于其他互补性生产要素在同一产业内可能更具流动性，也使劳动力市场在较小的工资调整下就能够获得均衡（Brulhart，2002）。

20世纪90年代以来，随着区域经济一体化的深入发展，人们发现区域经济一体化与产业内贸易水平之间存在某种正相关关系，这可能是由于产业内贸易引致的调整成本较低造成的。于是，围绕"平滑调整假说"，大量文献进行了理论研究和实证检验。这是一个艰苦的"试错"过程，许多文献并未对"平滑调整假说"提供强有力的支持。在理论方面，拉沃里和纳尔逊（Lovely，Nelson，2000，2002）运用一般均衡分析发现，产业内贸易最终会带来产业间的调整，意味着产业内贸易并不必然会带来较低的调整成本。在经验研究方面，沙拉康和卡尔法特（Tharakan，Calfat，1999）、斯米茨（Smeets，1999）、罗斯尼和布拉托尼（Rossini，Burrattoni，1999）、格林纳维、海恩斯和米尔纳（Greenaway，Haynes and Milner，2002）以及海恩斯、阿普沃德和赖特（Haynes，Upward and Wright，2002）也并未发现产业内贸易与较低的调整成本之间存在必然的联系。不过，在实证检验过程中，人们发现"平滑调整假说"的成立与否与以下几方面的因素有关：

（1）产业内贸易变量的选择。

由于调整本身是一个动态概念，因此，应该用反映动态的产业内贸易指标来表示产业内贸易变量。哈密尔顿和科尼斯特（Hamilton, Kniest, 1991）在此方面做了开创性的研究，他们首先提出边际产业内贸易概念，即用特定时期增加的贸易量中产业内贸易所占的份额来反映产业内贸易的变化。边际产业内贸易分析提出后，许多学者对这一动态指标提出了改进办法（Brulhart, 1994; Menon, Dixon, 1997），实证研究表明，边际产业内贸易指标比静态的格鲁贝尔—劳埃德（GL）指数能够更好地反映贸易引致的调整成本（Brulhart, 2000; Brulhart, Elliott, 2002）。

（2）调整成本变量的选择。

总体来讲，调整变量的选择不仅要反映整体行业就业的变化，还要反映行业内部劳动力构成的变化，此时回归效果较好。布鲁哈特和埃利奥特（Brulhart, Elliott, 2002）用工资变异性和失业持续期度量，其中工资变异性具有显著性；布鲁哈特、埃利奥特和林德雷（Brulhart, Elliott and Lindley, 2004）用行业间工人流动和职业间工人流动度量，结果都获得了显著性；布鲁哈特、墨菲和斯特劳伯（Brulhart, Murphy and Strobl, 2004）用工作变动（Job Turnover）度量，卡波劳尔和斯尔瓦（Cabral, Silva, 2005）则构造了一个新的调整变量，该变量基于产业内的职业变动，不仅衡量就业水平的总变动，而且衡量产业内不同职业组就业水平的变动，上述方法都获得了理想的效果。

（3）调整间隔时期的选择。

调整是一个中短期的问题，此时生产要素的供给会相对缺乏弹性。布鲁哈特（Brulhart, 2000）的实证研究结果表明，调整对滞后一年期的 A 指数回归时，结果最具显著性。从这个意义上讲，"平滑调整假说"在局部均衡分析中可能更适用。

关于产业内贸易与调整成本之间的关系，还有待于进一步研究。不过，在这一过程中所引出的边际产业内贸易的概念及度量具有更广泛的应用，其中之一就是将边际产业内贸易指数用于行业贸易绩效的衡量。

三、结合生产国际化的产业内贸易模型

早期的各种产业内贸易模型所讨论的生产企业，其生产活动仅局限在本国范围内。然而，大量的经验研究表明，许多企业的生产活动分布在不止一个国家，即许多企业为跨国企业。与此相适应，一些学者将产业内贸易与国际生产相结合，研究在邓宁的 OLI 范式下产业内贸易的一些特征。赫希（Hirsch, 1976）认为，企业在服务国际市场时选择以出口的方式，还是在国外设立生产基地的方式，取决于两国相对生产成本、相对市场成本，以及企业所拥有的所有权优势的

大小。蒙纳迪（Mainardi，1986）将模型进一步扩展，认为在产品存在差异的情况下，追求成本最小化的跨国企业在进行生产和销售决策时，会将子公司在东道国的市场成本和生产成本与母公司采取契约交易方式时的市场成本和生产成本、当地竞争企业的成本、其他跨国企业的竞争性子公司的成本，以及投资于第三国的成本相对比，在满足特定条件时，就会发生 HIIT 现象。此外，马库森和马斯库斯（Markusen，Maskus，2001）构建了一个有关商品贸易和子公司生产的一般均衡模型，结果发现产业内贸易水平随着双边贸易成本上升而下降，但随着双边投资成本的上升而上升；当国家更加富裕，而且规模和要素禀赋越相似时，产业内子公司的销售指数相对于产业内贸易指数上升得越多。这无疑说明在跨国公司存在的情况下，子公司在同一产业的跨国生产和销售在一定情况下能取代一般意义上的产业内贸易。

哈特姆特（Hartmut，2004）等则从跨国公司利润汇回的角度证明了在跨国公司存在的情况下，不平衡的利润汇回及贸易成本均会对 G－L 指数造成扭曲，从而构建了一个有关贸易与跨国公司的三要素一般均衡模型，并对产业内贸易指数进行修正。

四、结合非贸易品的产业内贸易模型

第二次世界大战后，世界制成品贸易每年以大约高于世界产出 3% 的速度增长。另外，据世界贸易组织报道，1999 年发展中国家商品出口增加 8.5%，为世界平均水平的 2 倍，为世界总产出的 7 倍还多。不同学者试图解释这种增长速度差距。石井和易（Ishii，Yi，1997）以及胡梅尔斯、石井和易（Hummels，Ishii and Yi，2001）从生产的垂直专业化分工出发，认为各国越来越专业化分工生产中间投入品，在进行国际交换的过程中产生大量的中间产品贸易，因此相对于世界产出而言，国际贸易速度就要高得多。但即使如此，这种垂直专业化也只能至多解释 1990 年 10 个 OECD 国家（代表了 60% 的世界贸易量）总出口的 21%。希米特和余（Schmitt，Yu，2001）通过在标准的产业内贸易模型（Dixit－Stiglitz－Krugman Model）中引入非贸易品，认为当贸易壁垒降低时，原本为非贸易品的水平差异产品变为可贸易品，这种水平产业内贸易的增加使得出口占总产出的份额几乎增加一倍，从而在很大程度上解释了世界产出增长率与世界贸易增长率之间的显著差异。

五、与地理相关联的产业内贸易模型

许多研究表明，产业内贸易水平随着贸易伙伴之间距离的增大而急剧下降。

对于这一问题，有的学者认为产业内贸易与产业间贸易交易过程的特征不同，例如，进行产业内贸易产品的搜寻成本很容易受距离的影响，因此产业内贸易会因距离而被削弱；也有的学者认为，相对于远距离贸易伙伴而言，近距离贸易伙伴生产和需求的产品更加相似，因此产业内贸易水平也较高。许多研究表明，第一种解释是正确的，如巴拉萨（Balassa，1986）认为，所有的贸易量均会随距离而下降，但是对于许多容易发生产业内贸易的复杂制成品，如机械和运输装置等，在进行贸易时需要掌握大量的产品信息，然而随着贸易伙伴距离的增大，这些差异产品的信息却越来越难以获得，搜寻成本也随之增加，因此这类产品的产业内贸易大大降低。莱斯（Rice，2002）等则认为，除了上述第一种解释之外，贸易伙伴出口供给和进口需求特征的空间结构也能在很大程度上解释产业内贸易的空间结构特征。他们利用主要 OECD 国家的双边贸易数据，发现邻近贸易伙伴一般拥有相似的供给结构和需求结构，结果就表现为相对高的产业内贸易水平。

六、动态比较优势模型中的产业内贸易模型

格罗斯曼和赫尔普曼（Grossman，Helpman，1991）在其动态比较优势模型中，也考察了产业内贸易的问题。他们的模型是新贸易理论和现代比较优势理论相结合的产物，其中理念和知识是重要的变量。他们假定，理念和知识能够方便地在国际间流动。知识在国际间的溢出，会导致国家规模和生产结构的历史对长期贸易格局不产生影响，但如果知识只是一国内部的公共产品，则这些因素会对长期贸易格局的确定产生重要的影响。

格罗斯曼和赫尔普曼分析的基础，是一个 2×2 模型——其中两种生产要素的供给是固定的——这可以理解为，即使在长期中，可用资源的供给也是相对固定的，也可以理解为，投入品供给在经过多期积累之后，会达到某种稳定的水平；而划分部门的标准则是其为科技进步提供的机会和其中两种初始投入品的密集程度。他们的模型分别对创新产品的水平差异和垂直差异进行了探讨（Grossman，Helpman，1991）。

格罗斯曼和赫尔普曼对新产品的水平差异与内生比较优势的分析，事实上是克鲁格曼（Krugman，1981）、迪克西特和诺尔曼（Dixit，Norman，1980）以及埃思尔（Ethier，1982）等对产业内贸易和产业间贸易的静态分析的动态化。其中，每一个时点上，贸易格局都取决于各国企业所拥有的科研项目的数量。从长期来看，贸易模式随各国企业家所开发的新科技的数量而演进，而新科技又取决于各国 R&D 投资的规模——其中，知识资本和差异产品的引入是该模型的重要特征。在该模型中，格罗斯曼和赫尔普曼说明，当国家之间要素禀赋构成差别不

大时，存在一个实现了要素价格均等化的长期均衡。他们的模型分别预测了，在
这样的均衡中产业内贸易和产业间贸易的格局。其中，对产业内贸易格局的预测
是，每个国家的企业都只是出口他们自己所开发的独一无二的品牌。这是因为家
庭的消费需求呈多样化；企业投入固定成本生产某种无差异产品，这种固定成本
是领先者必须支付的研发费用。在这样的情形下，无论如何，各国都会出口自己
的品牌产品，来交换国外已经生产出来的品牌产品，而不会再花费高昂的固定成
本来生产别国的产品。

　　格罗斯曼和赫尔普曼还用质量提升的模型，研究不同国家的厂商在研发活动
上展开竞争以引入高质量产品的制造方法的情况下，贸易与专业化的长期模式。
在这一质量竞争模型中，当两国要素禀赋构成差别不太大时，会得到一个长期的
自由贸易均衡，其中要素价格均等。在要素价格均等的均衡条件下，人力资本相
对丰裕的国家会在 R&D 上相对专业化；由于这使得在研究活动中更容易成功，
因此能在较多的高科技产业内获得领导地位。如果在稳定状态下，贸易是平衡
的，则人力资本丰裕的国家在长期会进口传统产品，而且其高科技产品部门存在
正的净出口。如果在稳定状态下贸易不能平衡，则可能会有某个国家在长期中同
时进口两种商品。但是无论如何，人力资本丰裕的国家都会进口传统产品。

第四节　产业内贸易理论发展评述

一、对产业内贸易研究关注的主要领域及前沿问题的评价

　　20 年多来，产业内贸易研究关注的四个主要方面包括：分类汇总与产业内
贸易水平的度量、产业内贸易理论、产业内贸易的决定因素及其政策含义。本节
就产业内贸易研究关注的这些主要领域及前沿问题进行简单总结。

　　（1）汇总水平以及经验分析中度量方法的选择问题。

　　产业内贸易是否真正存在，还是在分类汇总时将不相关的产品放在一组的结
果，这是产业内贸易研究发展过程中第一次重要的论战。利普塞（Lipsye，
1957）、芬恩格（Finger，1975）、帕墨派特（Pomrfet，1979）均认为，产业内贸
易是由贸易数据不恰当的汇总或汇总口径过宽引起的一种数字现象或人为的统计
假象。但是，广泛的统计表明，产业内贸易实际上是一个稳定存在的真实现象，
实证分析的积累和包含产业内贸易与产业间贸易的国际贸易模型的发展也解决了
这个问题，这些模型同时包含度量产业内贸易的恰当方法。

（2）产业内贸易理论方面，对产业内贸易的经验研究一直先行于理论研究。

新要素比例理论将产业内贸易加入产业间贸易流中，丰富了原有的要素比例理论。科德纳（Cordne，1979）指出，产业内贸易现象的出现并不需要任何新理论，只是影响现存理论，如要素比例理论的重要性。对产业内贸易较为系统的理论研究则始于20世纪80年代，其中较有影响的是赫尔普曼和克鲁格曼（Helpman，Krugman，1985）以及萨拉康（Tharakan，1989）等的研究成果。

（3）产业内贸易的决定因素问题。

综合修正的要素比例理论、需求相似理论、产品生命周期理论、技术差距理论、人力资本理论、贸易壁垒理论、市场结构行为分析法、产品差异化模型、规模经济理论等对产业内贸易研究的成果，可以认为这种贸易现象出现的原因主要包括：①生产中规模经济的盛行；②产品差异化程度和跨国公司的主导地位；③由GATT谈判和自由贸易安排引起的贸易壁垒削减和贸易的相对自由化；④贸易伙伴的发展水平；⑤贸易伙伴的市场容量和文化、语言以及偏好的相似性。

（4）政策含义方面。

一方面，与产业内贸易相关的调整成本要比产业间贸易小得多。改变产业间的产出模式时，由于劳动力再配置和资本重组引起的调整成本巨大，调整时间长，而产业内资源调整的优势就在于降低失业过渡成本和保护变化引起的过剩空间（Grubel，Lloyd，1975）。另一方面，产业内贸易还可以减小由贸易自由化引起的国家之间的冲突。传统贸易理论认为，贸易自由化会因影响生产中稀缺要素的实际收入而引起集团之间的社会冲突，因此自由贸易政策被抵制。然而事实上，受产业内贸易发展的影响，第二次世界大战以后与工业化国家之间贸易自由化相关的社会成本已经最小化。从这方面来看，产业内贸易的福利效应会更大。

产业内贸易研究的新领域，则涉及跨国公司直接投资和公司内贸易、新地理模型中的产业内贸易以及服务业的产业内贸易。产业内贸易理论体系至今仍不是十分完善。因此，对产业内贸易的任何尝试性研究，都可能具有潜在的重大意义。

二、产业内贸易理论与其他贸易理论关系评价

（一）产业内贸易理论与新贸易理论的关系

产业内贸易理论与新贸易理论相互促进、共同发展，但又有区别。1975年，格鲁贝尔和劳埃德开始从理论上研究产业内贸易，虽然对产业内贸易的成因没有

系统地论述，但他们的努力足以证明，传统贸易理论已经不能完美解释国际贸易的发展，需要有新的突破。在此基础上，1977年，迪克斯特和斯蒂格利茨从新的视角分析国际贸易现象，引入规模经济的分析理念，开创了新贸易理论体系。进一步，产业内贸易的研究才有了新的突破，先后出现一系列研究成果，如1980年克鲁格曼规模经济模型、1980年兰卡斯特垄断竞争模型、1981年法尔维新—赫克歇尔—俄林模型、1983年布兰德与克鲁格曼的倾销模型等，他们从不同的角度解释产业内贸易，并形成比较完整的产业内贸易理论体系。

自新贸易理论创立以来，基于规模经济和不完全竞争的贸易理论模型能很完美地解释现实中大量存在的产业内贸易。但是，大量的实证研究表明规模经济与产业内贸易之间的关联并不清晰。由此，戴维斯毅然摒弃了新贸易理论，重新回到规模收益不变和完全竞争市场结构的假定，从比较优势的角度研究了产业内贸易。1995年，戴维斯创立了赫克歇尔—俄林—李嘉图模型。该模型将李嘉图技术差异贸易理论引入赫克歇尔—俄林模型，证明规模经济并不是解释产业内贸易所必需的因素，技术差异将导致厂商的产业内专业化生产并最终引起产业内贸易。新时期下，戴维斯的研究又一次将产业内贸易与新古典贸易理论结合起来，表明二者联系会越发紧密。

另外，水平差异产品产业内贸易理论，其中最为核心的解释为规模经济。在兰卡斯特1980年垄断竞争模型中指出，规模经济和水平性产品差异可以独立地在要素禀赋相似的国家之间引起贸易（水平差异产品产业内贸易）。所以，具体而言，除了对产业间贸易理论的补充，新贸易理论最为主要的理论贡献在于支撑了水平差异产品产业内贸易理论。而垂直差异产品产业内贸易理论则主要归功于要素禀赋理论在行业内的分析与应用。事实上，如果将新古典贸易理论分析思路限于同一行业，并对资本特殊性、产品差异和产品需求作额外假定，将会得到与传统理论模型结论相似的新赫克歇尔—俄林模型，即垂直差异产品产业内贸易理论的主体。

（二）产业内贸易理论与其他理论的区别和联系

产业内贸易理论的基本内容主要有以下几个方面：首先，国际同类产品的异质性是产业内贸易的基础。同类产品的异质性是指，从实物形态上看，同类产品可以由于商标、牌号、款式、规格等方面的差异而被视为异质产品。随着科学技术的进步，产品的潜在系列不断发展，在国际竞争中取胜的产品不是因为要素禀赋的优势，而是取决于产品能吸引消费者，并能满足消费者欲望的特色。这种特色包括产品的商标、品牌、款式、质量及售后服务等构成同类产品的异质性。其次，收入偏好的相似性是产业内贸易的动因。最后，规模收益的递增是产业内贸易利益的来源。随着生产规模的扩大，产量增加，单位成本下降，利益上升，资源节约。

产业内贸易的发展，加速了各国经济间的相互融合、渗透的过程，使得比较优势间的竞争越来越演化成综合实力的较量，也使得国家与国家之间的竞争日趋激烈。在探索如何创造、培育和发挥贸易优势的过程中，逐步形成了一种通过保护和扶持某些具有发展潜力的战略产业，创造和强化贸易优势，从而提高本国经济国际竞争力的新贸易理论即战略贸易理论。战略贸易理论认为，在不完全竞争的现实社会中，在规模收益递增的情况下，要提高产业或企业在国际市场上的竞争力，必须首先扩大生产规模，取得规模效益。而要扩大生产规模，仅靠企业自身的积累一般是非常困难的。对于经济落后的国家来说更是如此。对此，最有效的办法就是政府应该选择有发展前途且外部效应大的产业加以保护和扶持，使之迅速扩大生产规模，降低生产成本，凸显贸易优势，提高竞争力。从产业内贸易理论与战略贸易理论的内容可以看出两者之间有着一定的联系，并且它们与传统贸易理论也存在着联系和区别。

首先，分析产业内贸易理论与新贸易理论之间的联系。第一，产业内贸易理论与战略贸易理论都是建立在不完全竞争和存在规模经济的前提下的。传统贸易理论认为，不存在规模经济和完全竞争已经不能解释当代国际贸易的新发展了。产业内贸易理论与战略贸易理论的出现，给国际贸易的发展提供了新的理论依据和理论支持。第二，产业内贸易理论与战略贸易理论都主张政府对经济的干预作用。因为单纯依靠企业自身的发展是很难在激烈的国际市场竞争中获胜的，政府的一定扶持和鼓励是必不可少的。

其次，我们可以从以下几个方面考查它们与传统贸易理论的区别与联系。第一，传统贸易理论认为，需求偏好和生产要素的所有权分配决定了对最终产品的需求，由此导出了对要素的派生需求。对要素的派生需求和要素的供给决定了要素价格。要素价格和生产技术决定了商品的价格。新贸易理论则认为，规模经济的存在，两国相对商品价格的差异就不能由要素价格的相对差异导出，而必须加入生产技术因素和市场结构因素——市场结构因素是影响公司对生产的产品定价的各种因素。第二，传统贸易理论依据两种要素、两种商品、两个国家的模型得出，一个国家将出口的商品是使用该国资源禀赋丰富的要素生产的。新贸易理论认为，引入规模经济和不完全竞争以后，相异产品的存在使得产业内贸易存在。由于规模经济垄断的原因，要素的相对价格差异不再是商品价格差异的唯一原因。第三，传统贸易理论的贸易要素模式很简单，贸易中要素流动的方向为：一国出口本国相对丰富的要素，进口本国相对稀缺的要素，从而达到贸易均衡。新贸易理论指出，尽管对于商品贸易模式而言，要素贸易模式相对稳定，但是垄断租金的存在则可能改变要素进出口的分割点。即使两国的贸易是平衡的，一国也可能是所有要素的净流入国。第四，传统贸易理论认为，不考虑贸易产生的动态利益，若存在着要素禀赋相对差异的两国分别进行不完全专业化生产，各自发挥比较优势，然后进行贸易，则双方都能获利，自由贸易使贸易各方都能获利，是最好的贸易政策选择。新贸易理论认为，在规模经济和不完全竞争的市场结构下，经济不可能达到完全竞争条件下的资源最佳配置，而只有在一种次优的状态下运行。

三、产业内贸易理论研究的分歧探讨

产业内贸易理论研究上的分歧，源自于新贸易理论和新赫克歇尔—俄林理论对产业内贸易性质的不同理解。新贸易理论（规模报酬递增和不完全竞争）分析方法将产业内贸易定义为相似要素密集度（similar factor intensity）产品的交换。理想状态下的产业内贸易产品被称为"完全的产业内贸易产品"（perfectly-intraindustry goods），指在任一相同的要素价格下贸易产品都具有完全相同的要素密集度（identical factor intensity），新赫克歇尔—俄林理论则将产业内贸易定义为同一产业内不同质量产品品种的交换。而不同质量产品品种的要素密集度却是不同的。

新贸易理论在相似要素密集度假定下的产业内贸易研究考虑的是产品的水平差异性，即分析相似或相同要素密集度产品在存在水平差异时的交换，其主要原因在于产业内贸易活动主要发生在技术水平、要素禀赋和收入水平都相似的发达国家之间。影响比较大的理论模型包括克鲁格曼（1979）、兰卡斯特（1980）、布兰德和克鲁格曼（1983）等。这些研究的结果认为，规模经济、产品多样性、消费者偏好等构成了产业内贸易的基础。

新赫克歇尔—俄林理论在不同要素密集度假定下的产业内贸易研究其重要的假定在于产品不同品种间的要素密集度是随着质量差异而变化的，从而开辟了垂直型产业内贸易的研究领域。这方面研究的代表，当属法尔维和科尔兹考斯基。

产业内贸易的理论研究是由经验研究推动的，但产业内贸易理论上过于苛刻的假定条件却偏离现实较远。因此，将产业内贸易区分为水平型产业内贸易和垂直型产业内贸易分别进行研究，使理论与现实的结合更为密切一些。

在理论分析方面，水平型产业内贸易建立在不同产品品种具有相同或相似要素密集度的假定下，分析了不完全竞争条件下规模经济、产品多样性、消费者偏好等对产业内贸易的基础作用；而垂直型产业内贸易则建立在不同产品品种要素密集度因质量差异而变化的假定下。分析了在完全竞争条件下要素禀赋比较优势对产业内贸易的决定作用。

从贸易现实来看，即便是发达国家的产业内贸易活动，垂直型产业内贸易的相对重要性也被证实超过水平型产业内贸易活动，再加上规模经济与产业内贸易的不稳定的相关关系，水平型产业内贸易对现实的解释力要略逊于垂直型产业内贸易。对发展中国家而言，由于其生产产品的技术水平或生产函数与发达国家差距较大，因而其在参与产业内贸易活动方面，垂直型产业内贸易应该更具有解释力，很有可能成为未来产业内贸易经验研究方面一个富有活力的研究领域。

第六章

新兴古典贸易理论的起源与发展

古典贸易理论主要可以分为两个相互关联的体系，一个是亚当·斯密提出的绝对优势理论，另一个则是李嘉图提出的比较优势理论。虽然比较优势理论是在借鉴绝对优势思想基础上发展而来，并且最初是针对绝对优势理论适用范围以外的情形做出的崭新分析，但是在 20 世纪 80 年代以前，主流的国际贸易学家普遍认为比较优势理论具有更加广泛的适用性，而绝对优势理论仅仅是比较优势理论的一个特例。基于这种认识形成了新古典贸易理论，即参考比较优势理论的思想进一步考察国家间要素禀赋的相对差异，代表性的成果有 H－O 模型、H－O－S 定理与罗伯津斯基定理等。新古典贸易理论基本占据了西方国际贸易理论的主流地位，后续的发展和研究都是基于新古典贸易理论的进一步延伸发展。但是，以杨小凯等华人经济学家为代表的一批研究者认为，如果用超边际分析的方法重新讨论分工对贸易的重要影响，可以发现基于绝对优势理论的解释更能准确描述真实世界的贸易动因，从而有助于我们重新认识古典贸易理论。这意味着，杨小凯等开始沿着与西方国际贸易学主流理论完全不同的路径重新思考贸易的基本问题。基于这样的思想，杨小凯等创立了新兴的古典贸易理论。值得一提的是，这一理论以及更为广泛意义上的新兴古典经济学派，是一个"有中国背景的经济学前沿的新学派"。[①] 华人经济学家能够占据西方经济学主流理论的一席之地，并得到国际学术界的广泛认可，相关研究文献大量发表在国际顶级期刊且被广泛引用，获得此类成就中杨小凯教授是第一位。

第一节　新兴古典贸易理论的起源

新兴古典贸易理论的起源无疑是斯密的绝对优势理论，然而更为直接的起

---

① 杨小凯，张永生：《新兴古典经济学与超边际分析》（修订版），社会科学文献出版社 2003 年版。

源，或许可以定义为 20 世纪 50 年代，以罗森（Rosen）、贝克尔（Becker）、杨小凯和博兰德（Borland）和黄有光为代表的经济学家所建立的新兴古典经济学，因为他们的工作为新兴古典贸易理论的产生提供了理论与工具基础。此外，科斯（Coase）的企业理论及其衍生的交易费用学说后来成为新兴古典贸易理论的重要研究基础。综上我们有理由认为，绝对优势学说、新兴古典经济学与科斯的企业理论，共同构成了新兴古典贸易理论的起源。

一、对绝对优势学说的重新思考

斯密在其代表性著作《国民财富的性质和原因的研究》中，利用"绝对优势"的原理来说明国际贸易开展的动因，即每个国家都有其适宜生产某些特定产品的绝对有利的生产条件。如果每个国家都按照其绝对有利的生产条件去进行专业化生产，然后彼此进行交换，则对所有国家都是有利的。在李嘉图提出比较优势理论的很长一段时期里，国际贸易学界普遍认为比较优势理论更具有广泛的适用性，即只要国家之间的生产效率差异不是"处处相同"，则对外贸易并不一定需要每个国家都存在绝对优势才能开展，换言之，绝对优势理论是比较优势理论的特例。

但是，新兴古典贸易学家对此却有不同的看法。首先，D－S模型①发现即使两国的初始条件完全相同，没有李嘉图所说的比较优势，只要存在规模经济，两国依然可以选择不同的专业化道路，最终产生内生的（后天的）绝对优势。简而言之，我们完全可以找到一些例子，它们有斯密所说的源自专业化的绝对优势，却没有李嘉图所说的源自生产率差异不平衡的比较优势。可见，在某种条件下李嘉图的比较优势概念不能包含斯密的绝对优势概念，因而新兴古典贸易学家认为绝对优势学说或许更具一般性。其次，李嘉图认为人的天生条件存在差异，因而每个人都存在外生的比较优势，而斯密则认为人可能生下来差别不大，但是由于后天选择了不同的专业，因而产生了生产不同产品的生产率差异。新兴古典贸易理论所描述的故事显然与绝对优势学说更加接近：每个人天生条件可能相同，人们之间并不存在与生俱来的差别。人们喜好多样化的消费，而专业化生产能够带来高效率，但却增加了交易次数，因此产生了一对两难矛盾：如果利用专业化经济，生产效率虽然获得了提高，但却带来了交易费用的增加。杨小凯和张永生在其著作《新兴古典经济学与超边际分析》中举了一个形象的例子：假如某人以前

---

① Dixit 和 Stiglitz 在 1977 年提出的一个垄断竞争模型，它对不完全竞争市场框架的构建起了奠基作用。

自给自足粮食和衣物两种产品,由于非专业化生产效率较低,生产的粮食为2500公斤,衣物为25件。现在由甲专业化生产粮食,乙专业化生产衣服,则甲一年可以生产1万公斤粮食,乙一年可以生产100件衣服。甲、乙每人可以分得5千公斤粮食。可见,虽然甲乙并没有先天的比较优势,但是却有内生的绝对优势,即后天各自专业化生产某种产品。[1] 从更深层次的角度来说,新兴古典贸易理论并不认为"各方面完美的天才"是普遍存在的,经济的发展和运行主要依靠在各自专业拥有高生产率的个体推动,而绝大多数个体并不是"样样精通"的。这在哲学层面呼应了唯物史观,即认为"普通民众而非英雄"创造历史。

新兴古典贸易学家们深入讨论了劳动生产率提高的原因。他们认为,平均劳动生产率是专业化水平的单调增函数。如果存在着分工现象,则全社会将出现分工经济,这种分工经济产生的根本原因在于分工可以节省重复学习的费用。继续讨论上面的例子,无论甲乙双方谁专业化生产粮食,一旦这种专业化配置形成,那么就可以节省甲乙学习对方专业化生产产品的费用,从而提升整个社会的劳动生产率,这并不因为初始时期甲乙双方谁专业化生产何种产品而改变,只要专业化生产过程中不再改变这种生产配置即可。

杨小凯等创立的新兴古典贸易理论基于对绝对优势理论的重新思考。他们肯定了绝对优势理论所阐述的内生专业化形成过程,相对于李嘉图比较优势理论阐述的外生专业化形成过程而言更具有普适意义。因而,新兴古典贸易理论的起源之一,是对绝对优势学说的重新思考。

二、新兴古典经济学

马歇尔的《经济学原理》一书,将数学模型与表述方式引入经济学,在很大程度上完善甚至重构了古典经济思想,在此基础上形成了新古典经济学。借鉴新古典经济学的普适性方法,一些应用经济学科如金融学、国际贸易学的相关理论也得到了重新发展与表述,新古典国际贸易学就是在这种背景下产生的。20世纪50年代以后,线性规划和非线性规划等方法开始在数学界流行起来,为复兴古典经济学的核心思想提供了有力的武器。正是在这种背景下,20世纪80年代以罗森(Rosen)、贝克尔(Becker)、杨小凯等为代表的经济学家,利用线性规划与非线性规划的超边际分析方法重新将古典经济学中关于分工和专业化的精彩思想表述成决策和均衡的经济学数理模型,就是新兴古典经济学的基本思路。

---

[1] 在杨小凯等看来,这种专业化不是先天确定的。即使甲专业化生产衣服,乙专业化生产粮食,在专业化的生产过程中,甲乙也能各自逐渐适应并擅长这种专业化安排,最终也能带来生产效率的提高。

在新兴古典经济学基本思路的指引下，杨小凯等是这样开始对贸易理论进行重新思考的。在新古典经济学中，国内贸易和国际贸易的产生动因截然不同：国内贸易之所以产生，是因为在纯消费者和生产者绝对分离的假定下，纯消费者如果不进行国内贸易就无法获得生活所必需的产品；国际贸易之所以产生是因为每个国家都拥有外生的比较优势，进行贸易能够增进双方的福利，当然即使不进行贸易，各国也能够生产足以满足各国需求的产品，即国际贸易不再是"互通有无"，甚至不再是"调剂余缺"。必须承认这种对国际贸易动因的认识具有一定的合理性，并且在较大程度上解释了真实的贸易现实，但是基于新古典经济学思路的国际贸易理论完全割裂了国内贸易与国际贸易之间的关系，将国内贸易和国际贸易的发展动因对立起来，因而无法解释为什么国内贸易能够发展到国际贸易，也无法解释为什么发达国家之间的贸易水平远远高于发达国家与发展中国家之间的贸易。① 因为新古典经济学认为，国内贸易与国际贸易产生的动因完全不同，因而国内贸易不可能在类似的路径条件下转变为国际贸易，而发达国家与发展中国家比较优势差异更加显著，按照比较优势理论南北贸易应该规模更高。这些与现实情况显然有悖的结论，促使新兴古典经济学家重新思考国际贸易理论，逐渐形成了开放条件下的新兴古典经济学。

基于新兴古典经济学的基本理论，杨小凯等发现一旦使用超边际分析方法去内生化个人选择专业化水平的决策，然后分析市场和价格制度如何决定全社会分工水平，则新古典经济学的许多缺点就可以被克服。在此基础上，他们将视线转向开放条件，基于新兴古典经济学的方法，可以将很多贸易现象解释为分工演进的不同侧面，因而新兴古典贸易理论的另一个重要起源就是开放条件下的新兴古典经济学。

三、科斯的交易费用理论

科斯的交易费用理论，从广义上来讲不仅包含交易费用理论本身，而且包含基于交易费用理论而衍生形成的企业理论和产权理论。无论是交易费用理论本身，还是企业理论和产权理论，都被杨小凯等新兴古典经济学家借鉴并加以发展，最终为重新阐述国际贸易理论服务，因而它们都是新兴古典贸易理论的重要起源。

---

① 根据新古典经济学的观点，贸易应该更多地存在于比较优势差异明显的国家之间，即发达国家与发展中国家之间，但是事实上发达国家之间的贸易规模远远大于发达国家与发展中国家之间的贸易规模。

（一）交易费用的内生化

科斯等很早就意识到，交易费用对企业分工乃至国家经济结构的形成至关重要，交易费用系数越低，分工水平越高，分工越细化企业产出越有效率，国家经济结构就越成熟。但是，巴泽尔（Barzel，1985）提出对交易费用概念的重新思考，认为笼统地将描述广义交易过程中产生的交易成本定义为"交易费用"，不利于区分形成路径不同的交易成本，因而此后经济学家开始进一步讨论内生交易费用和外生交易费用之间的区别。内生交易费用由模型中试图刻画的微观个体行为产生，具体而言，就是对策性机会主义行为。对于新兴古典贸易学家而言，交易费用的问题尤为重要，因为无论企业、城市的形成与发展，还是国际贸易的产生与发展，在对其进行演化路径和目标的分析过程中，考虑交易成本的降低都是重要的理论立足点之一。外生交易费用是指，在交易过程中直接或间接发生的那些费用，不是由于决策者的利益冲突导致经济扭曲的结果。例如，购买每单位商品的交易费用系数就是外生交易费用，因为人们在做决策之前都能看到它的大小，它同各种自利决策之间利益冲突产生的经济扭曲没有任何关系。在新兴古典经济学的思想中，内生交易费用包括广义内生交易费用和狭义内生交易费用。广义内生交易费用是指，只有在所有参与者都做出了决策后才能确定的交易费用；狭义内生交易费用是指，市场均衡同帕累托最优之间的差别。

交易费用的内生化，对于研究基于个体优化的分工演进过程具有重要的理论价值，因为在尽可能保障互动行为得以继续进行的前提下，[1] 最优化个人利益的重要思路是降低交易费用、减少交易摩擦，因此内生化交易费用有助于保障分工演化进程得以顺利进行。如果将分工演化进程的分析放到开放框架下，讨论经济全球化背景下的国际分工演化，就可以很好地解释国际贸易产生的动因，模拟国际贸易运行的过程。

（二）企业理论

科斯（1937）指出，中间产品与最终产品之间的分工，以及交易费用的差别是厂商出现的充要条件。张五常（1983）则进一步指出，当劳动力交易效率比中间产品交易效率高时，企业会从生产最终产品和中间产品的分工中出现。以此类推，国际企业（或者可以简单说成"跨国公司"）的产生实际上基于的背景包含

---

[1] 在很多时候互动行为（策略性行为）能否继续进行下去是一个重要问题，触发战略和折中战略能够保证"背叛"行为不发生或发生后仍然可以回到"合作"的轨道上，但是构建合理的触发战略和折中战略并不总是显而易见的。

两个方面：一方面，国际间劳动力效率的提高是国际企业产生的基础；另一方面，仅凭两个国家各自的国内企业通过进出口形成的中间产品效率，将逐渐低于国际间的劳动力效率。杨小凯等所创立的新兴古典经济学，充分吸收了科斯、张五常等对企业形成过程的描述和对企业产权结构的分析思路，创立了新兴古典企业理论。

新兴古典企业理论是这样描述企业出现的故事：每个人都要进行的第一步选择是对专业的选择，而企业则是个人进行上述决策后，在组织交易方式中继续进行决策的被择项之一。企业出现的原因是用这种形式组织分工比直接用产品市场组织分工更有效率，而在新兴古典框架中，劳动力的买卖可以与产品买卖互相替代，哪种交易方式好只取决于劳动力交易与产品交易的相对交易效率。新兴古典经济学认为，一个社会中有很多决策前天生相同的人，各自选择专业带来了分工或自给自足的组织结构。分工的好处是专业化，坏处则是带来交易费用，所以在交易效率极低时，由于分工产生的交易费用大于分工的好处，人们往往会选择自给自足。在交易效率很高时，由于分工带来的好处大于分工产生的交易费用，人们就会选择分工的形式。

新兴古典企业理论接下来需要描述的是，谁当企业老板更有效率的故事。科斯（1960）曾提出一个著名的假想，在没有交易费用时，所有权结构的差别不会影响市场竞争的结局。但是现实情况是，经济中存在着交易费用，不同产品和劳动的交易效率也不一样，因此不仅需要考虑是否创造企业，而且还需要考虑何种所有权结构（即谁当老板）的问题。新兴古典企业理论认为，谁当老板更有效率取决于两类专业化劳动的交易效率。如果一种专业化劳动的交易效率很低，如管理专家的劳动难以度量其质量和数量，那么这种专业化劳动专家通过自己组织企业就更能够充分获得专业化劳动的收益；而如果一种专业化劳动的交易效率很高，如生产衣服的专业化劳动易于度量其质量和数量，那么这种专业化劳动专家就应该加入一些委托—代理模式的企业，而不应该选择自己当老板。

新兴古典企业理论认为，企业是组织分工的一种形式，它用企业家得到剩余权这一巧妙的间接定价方式，将交易效率最低的企业家活动引入分工（如前面提到的管理专家自己组织企业），同时又避免对这类活动的产出和投入直接定价，从而极大地促进了分工。因此新兴古典企业理论认为，企业家的剩余权是经济增长的原动力。将这种思想推广到考察开放条件下的国际企业形成过程当中，即认为国际层面的交易效率差异带来了国际分工的可能性。交易效率偏低的企业家组织企业，交易效率偏高的企业家参与生产与专业化，而交易效率偏低的企业家又通过利用自己的非生产性技能促进企业生产效率的提高，从而大大促进了生产与专业化过程的推进，最终形成国际企业。

新兴古典企业理论深入探讨了企业产生的根本条件与动因，而对于进行国际贸易的主体——国际企业而言，其产生的条件与动因显然也可以被纳入新兴古典企业理论的框架内。新兴古典企业理论深刻指出企业家私人剩余权的重要性，为进一步讨论国际贸易主体效率提升的路径奠定了理论基础。

（三）产权理论

产权经济学的基本思想，是20世纪60年代由科斯和张五常等提出的，其理论渊源是福利经济学第一定理。根据该定理，如果不存在外部效应及全局的规模经济，则完全竞争是帕累托有效的，即完全竞争市场会将初始的产权分布做有效率的重新分配，其效果对全社会而言是最优的。科斯定理基于福利经济学第一定理，进一步讨论了私人之间形成效率分配的方式：无论私有产权的初始分配如何，通过自愿私下的讨价还价，人们可以将产权做重新分配，从而使社会福利最大化。当然，科斯的产权理论较之福利经济学定理假设更为宽松，因为即使市场竞争不完全，甚至具有显著的外部效应，私人双边的讨价还价依然能够保证产权分配的有效性。

产权理论本身与国际贸易就有非常紧密的联系：首先，私人双边的讨价还价本身就是贸易的主要内容。在国际贸易活动中，国际企业间进行产品或服务的买卖洽谈，实际上就是两个产权明晰的主体在讨价还价。当然从狭义上说，除了股权等所有者权益归属性谈判外，普通的商品交易谈判并不会涉及产权的重新分配，但是广义上一切所有者收益都可以视为"产权"，因而国际贸易活动本身就遵循产权理论的基本描述。其次，产权理论所描述的讨价还价结果正是国际贸易活动追求的目标。一切经济活动所追求的目标都是效用（利润）的最大化，而理性人的行为则是通过进行一系列的决策达到效用（利润）最大化的目标，或者找到达到目标的最合理路径。在国际贸易活动中，企业间进行产品或服务买卖洽谈的目标，就是为了达到各自利润的最大化，而产权理论已经指出私人间的讨价还价可以最终达到最优的产权分配目标，因而产权理论和国际贸易理论在企业产权层面达到了思想上的统一。

我们之所以说新兴古典贸易理论的重要来源之一，是科斯等提出的产权理论，原因在于杨小凯等基于产权理论，进一步讨论了产权界定效率对交易费用和分工的影响，而如前所述，交易费用和分工对国际企业和国际贸易的产生至关重要。杨小凯和威尔斯（1990）所提出的模型已经证明，当法律制度所决定的界定每个交易中的合约及有关产权的效率上升时，分工水平和人均收入会上升，而竞争程度会下降。但是，当产权界定效率提高时，它对每个交易的内生交易费用水平及总内生交易费用的影响却可能有两类：第一类是当界定产权的效率改进时，人们可以用省下来的界定产权的费用来发展高分工；第二类是将省下来的费用仍用在界定产权中，从而使每个交易的可靠性上升，每项合约的精确性上升。这一理论进一步得到新古典贸易学派相关实证研究的论证（杨小凯、王建国和威尔斯，1992）。

综上所述，新兴古典贸易理论的产生借鉴了西方主流经济学界的许多重要理论与思想，尤其是绝对优势学说、新兴古典经济学与科斯的企业理论共同构成了新兴古典贸易理论的起源。但是，在借鉴诸多重要理论思想的基础上，杨小凯等新兴古典贸易学家基于内生专业化和分工的思想，修正甚至重构了国际贸易、交易费用、产权等基本理论，为我们从异于主流经济学的角度重新思考国际贸易产生的动因提供了可靠的理论基础。从这个角度上说，杨小凯等创立的新兴古典国际贸易理论又在很大程度上有别于这些经典理论，甚至在一定程度上重新阐释和超越了这些理论，从而更加深刻地描述了国际贸易的运行过程。此外，基于新兴古典贸易理论重新考察国际贸易的经济效应，也为我们得出更加完备且可靠的研究结论提供了可能。

第二节 新兴古典贸易理论的基本内容

由于新兴古典贸易理论借鉴了许多西方主流经济学界的重要理论，因而其基本内容与主流的许多理论有着千丝万缕的联系。但是如前所述，新兴古典贸易理论基于内生专业化和分工的思想，在很大程度上修正甚至重构了国际贸易的相关理论，因而新兴古典贸易理论的核心内容依然与以往主流经济学界的相关理论有显著差异。可以从新兴古典贸易理论的基本思想、基本研究方法和基于新兴古典贸易理论的相关问题研究思路的不同三个方面加以阐述。

一、新兴古典贸易理论的基本思想：分工的演进

分工是新兴古典贸易理论研究的起点。如前所述，新兴古典贸易理论赞成斯密的绝对优势学说，认为人们之间不一定有与生俱来的差别，即不存在外生比较优势。后天形成的分工和优势取决于人们后天的专业化努力，因而新兴古典贸易理论就与主流的以比较优势理论为起点的相关理论存在思想上的差别。贯穿新兴古典贸易理论的基本思想是阐述分工演进的路径与动力，而对分工演进的讨论就是基于内生比较优势进行的。

在新兴古典贸易学家看来，分工的演进可能是自发形成的。其中，内生交易

费用的变化以及社会组织试验的运行，都有可能促成和改变分工的演进，从而在开放条件下进一步促成国际分工的演进，最终影响国际贸易发展与结构变迁。因而，贯穿新兴古典贸易理论基本思想始终的，就是分工的演进问题。

（一） 内生交易费用与分工的演进

前面已经提过内生交易费用的概念。交易费用对分工演进和经济发展有着极其重要的影响，交易费用系数越低，分工水平就越高；反之则越低。从理论上说，无论是内生交易费用还是外生交易费用，对分工水平和生产力的发展都有决定性的影响，而如何降低内生交易费用，对分工的意义就更大，原因在于内生交易费用可以通过制度的创新和改进、习惯的形成而加以减少，这部分内生交易费用是可以通过理性人的适当行为得到一定程度减少的。而外生交易费用是指，在交易过程中直接或间接发生的那些费用，不是由于决策者的利益冲突导致经济扭曲的结果，因而新兴古典贸易学家更多地关注内生交易费用。

内生交易费用包括两种类型，广义内生交易费用和狭义内生交易费用。广义内生交易费用是指，只有在所有参与者都做出了决策后才能确定的交易费用，狭义内生交易费用是市场均衡同帕累托最优之间的差异。新兴古典贸易理论认为，内生交易费用对均衡分工网络大小和经济发展的影响，比外生交易费用的影响更加重大，因为内生交易费用由个体的决策以及他们选择的制度和合约安排所决定。例如，诺斯和温格斯特（1989）指出，英国成功工业化最重要的驱动力是英国国家制度的演进，即建立了政府对宪政秩序的承诺机制，因为这大大减少了国家的机会主义行为，从而也大大减少了人们的"寻租"行为和相关的内生交易费用。

目前，对于内生交易费用的研究主要有三种方法：以迪克西特—斯蒂格利茨贸易模型为主要代表的外部性内生法；以戴蒙德（1983）的新古典委托代理模型为主要代表的合约设计法；以梅莱思（Mailath，1998）、维布尔（Weibull，1995）为代表的博弈模型法。新兴古典经济学家重点强调了用博弈模型去研究策略行为之间直接的交互作用，认为博弈模型是分析复杂的策略互动引起的内生交易费用的一个强有力工具。基于这样的思想，新兴古典经济学家讨论了市场减少内生交易费用的原因，假定议价不是双边而是多边的，即大家都集中到市场上，不但两两之间可以议价，而且每个人都可以方便地从正在议价的卖主转向其他卖主。多边议价的功能是形成非人格的市价，它有如下好处：第一，使策略行为完全无利可图，机会主义行为也会因此而消失，从而大大降低内生交易费用。前面提到机会主义行为导致微观个体在策略互动过程中产生套利追求与预期，会带来交易过程中的摩擦性和重复性成本，如果能够使得机会主义行为不再有利可图，自然就会降低内生交易费用。当然，无论是"用脚投票"还是利用差价投机套利，其本身也会产生一些外生和内生的交易费用，例如，更换选择的信息搜寻成本等，也就是说，非人格的市价可以大大减少机会主义行为产生的内生交易费用，但是不可能完全消灭内生交易费用，但是相对于套利的机会主义行为而言，这种内生的交易成本肯定是大大降低的。第二，非策略行为与非人格市价相结合，使人们只需看价格而无须了解任何与其生产消费活动无关的其他信息。当分工非常发达时，由于每个人要与很多不同专业进行交易，因而非人格市价节省内生交易费用和信息费用的好处将会十分显著，事实上把复杂的交易筛选标准简化为价格这种直接明了的信号模式，对于经济发展的各个方面而言都是大有裨益的，其中的一个重要好处在于简化了微观个体收集和分析信息的成本。所以在新兴古典经济学中，大多数模型都是采用瓦尔拉斯定价机制分析各种经济问题。

将这种思想用于分析国际贸易的形成动因和运行特征，新兴古典贸易理论同样认为内生交易费用的变化直接促进了国际分工，因而在很大程度上促成了国际贸易的实现。在多边的贸易体制下，国家与国家之间关于商品贸易价格的讨价还价，实际上在很大程度上减少了双边议价带来的交易费用，保证产品的准进口国以可议价范围内的最低价获得进口产品，虽然这也同时带来了基于进出口双方互动而产生的交易成本，但是总体而言依然很大程度上降低了交易费用，从而进一步促进了交易双方未来各自按照其绝对优势进行专业化生产的形成。从这种意义上说，国际贸易中交易费用的降低促进了国际分工和专业化的进一步形成与强化。

（二）社会组织试验与分工的自发演进

新兴古典贸易理论基于内生交易费用对分工演进进行的分析，都认为劳动分工随着交易效率的改进而演进，而交易效率的改进在模型中又都是外生的，因此劳动分工也是外生演进的。在这种假定前提下，如果交易效率系数不随时间变化而提高，分工演进就不会发生。但是，现实经济生活中也存在"熟能生巧"和"干中学"，仅仅认为分工只能外生演进显然不能完全解释熟能生巧和"干中学"的运行机制，因而新兴古典贸易理论的另一重要内容，就是使用动态一般均衡模型来解释分工的内生演进。

所谓分工的内生演进，是指一种动态机制在任何经济参数都不发生外生变化时，分工依然会随时间的流逝而自发地演进。使用动态一般均衡模型描述分工的内生演进，不但意味着分工的自发演进并不是一种机械过程，而且意味着整个自发过程都基于每个人从自利出发进行动态最优决策，从而经过互相冲突的自利决策交互作用后，产生出一种所有人都必须接受的结果，这种结果的演变过程同样基于人们的动态自利决策交互作用运行。杨小凯和博兰德（1991）最先发展了这种分工内生演进的模型，称为新兴古典内生增长理论。后文将介绍新兴古典内生增长模型的基本情况，这里依然只讨论分工的自发演进。

每个人都有基于最大化效用的动态优化行为，即都会认识到自己当期的决策行为对未来的生产条件和福利产生的影响，并将这些影响综合起来考虑以衡量自己未来各期的福利总和的当期贴现，人们的目标是追求福利现值的最大化。在这种动态决策中存在几个两难冲突：第一，专业化生产的加速学习过程的动态效果与交易费用的冲突；第二，当前消费与未来消费之间难以兼顾的冲突。人们的动态优化行为，本质上就是权衡这些两难冲突以取得的最优折中。基于这种动态优化行为的分工的自发演进过程，是在初始阶段人们对各种生产活动都没有经验，所以生产率很低，因此他们无法支付交易费用，只能选择自给自足。在自给自足生产中，每个人逐渐在每种活动中积累了一些经验，生产率得到缓慢改进，使得他能够承担少量的交易费用，于是选择较高的专业化水平并通过小范围的交换满足生活需要。通过市场自由择业和自由价格机制，这些自利决策的交互作用会使整个社会的分工水平提高，市场也就因此出现。由于升高的专业化水平反过来加速了经验积累和技能改进，使生产率进一步上升，此时个人将在专业化未来收益现值与当前新增交易费用之间进行权衡，认为可以通过支付更高的交易费用来保证专业化水平的维持进而提高，因此又进一步提升了专业化水平。综上所述，可以形成良性循环过程，从而加速分工的演进，在国家层面产生"经济起飞"。当分工演进的潜力因人口规模或与制度有关的交易条件的限制而耗尽时，分工演进逐渐放缓甚至停止，学习过程不再能够加速分工演进，社会开始进入成熟增长阶段。

新兴古典贸易学家同样将这样的思想用于研究国际分工的自发演进和国际贸易的运行过程。最早的国家全都处于自给自足的状态，表现为闭关自守，这时每个国家都需要在各方面进行生产，与此同时无法进行专业化，从而造成生产率较低，无法支付国际交易费用。随着自给自足生产的进行，每个国家都在产品生产中积累经验，从而不同的国家逐渐开始在不同的产品生产上占据优势，生产率得到缓慢改进，国家开始能够负担少量的国际间的交易费用，于是开始出现小规模的国际贸易，但是这种贸易规模很小，且形成的原因基本限于国家间的"互通有无，调剂余缺"，即对于本国能够生产且能够满足本国市场需求的产品，往往不进行国际贸易。随着学习效应的发挥，生产率进一步提高，国家在各自占优产品的生产专业化水平进一步提高，国际分工开始形成并进一步强化，国际贸易规模开始提高，国家间进行贸易的产品范围不仅有所扩大，各国的专业化生产产品的质量也大幅度提高，国际贸易对世界整体福利的增进作用逐渐显著。实际上，在新兴古典贸易学家看来，分工的自发演进是国家经济发展和国际贸易质量提升的更为根本的动力所在，因为专业化生产和学习是人在劳动过程中的本质行为，它会自然而然地推动分工的演进，从而进一步提高经济生产效率。

二、新兴古典贸易理论的基本研究方法：超边际分析

新兴古典贸易理论是新兴古典经济学理论的一个重要组成部分，因而其研究的基本方法与新兴古典经济学的基本研究方法一致，均为超边际分析。超边际分析方法与古典经济学的"同边际"（或更熟悉地称为"边际"）方法既有相同之处，也有许多差别。古典经济学的代表人物马歇尔提出的边际分析方法，没有办法解决最优化框架下的角点解问题，因而导致主流经济学的核心从分工问题转向了给定分工结构下的资源分配问题。直到 20 世纪 50 年代，数学界才出现了处理角点解的非线性规划方法，为超边际分析方法提供了数学工具，即超边际分析要对每个可能的角点解进行比较，进行所谓"总收益—成本分析"。如何较为简便地将这些角点解的信息纳入最优化的考虑范畴，则是新兴古典贸易学家所做出的重要贡献所在。

杨小凯（1988）成功地解决了最优化的角点解问题，他运用库恩—塔克条件首先排除了一些非优化的可能解，从而将最优解的范围大大缩小。基本思想是，假如存在着专业化经济和交易费用，则一个人绝不会同时购买和生产同一种商品，而且最多只卖一种商品，这就是由文（Wen，1996）所提出并将其推广到一般准凹效用函数上的文定理。文定理意味着那些可能成为最优决策解的数目，比所有可能的角点解和内点解要少得多。于是，超边际分析实际上可以分为三个步骤：第一步，利用文定理排除那些不可能是最优的角点解；第二步，对剩下的每一个角点解用边际分析求解，求出每一个局部最优值；第三步，比较各角点解的局部最大目标函数值，就可产生整体最优解。下面，详细介绍超边际分析的过程。

第一步，利用文定理排除不可能最优的角点解。如前所述，文定理是指，"最优决策从来不会同时买卖同种产品，从不同时买和生产同种产品，最多只出售一种产品"。文定理的直观意义是比较清楚的："不会同时买卖同种产品"是因为买卖过程需要承担诸如运输成本、讨价还价成本、时间机会成本等；"不同时买和生产同种产品"是因为购买自己能够生产的产品会产生不必要的交易费用；"最多只出售一种产品"是因为生产中有专业化经济存在，专业化生产一种产品可以使得不必要花费精力去学习生产另一种产品，也提高了生产专一化产品的效率。如果同时生产并出售两种产品，不仅生产效率无法达到最高，而且还增加了交易费用。当然需要注意的是，文定理在有资本财富和动态条件下不一定

成立。

第二步，对剩下的每一个组合用边际分析求解最优值。当然，这一工作涉及对消费者（同时也是生产者）假定效用函数、生产函数、时间约束及预算约束。如果购买商品则需要承担交易费用，因此交易效率成为十分关键的因素。在同等条件下，交易效率越高效用就越大。于是核心问题是：如何在满足生产函数、时间约束和预算约束的条件下求效用函数的最大值。现代经济理论针对这一问题有两种解答思路：一种是通过将所有约束代入效用函数，从而将有约束条件下的效用最大化决策转化为无约束条件下的效用最大化决策；另一种是通过利用经济学的最优化方法，例如，库恩—塔克条件、汉密尔顿方程（针对连续函数与时间）、贝尔曼方程（针对离散函数与时间）来求解有约束条件下的效用最大化问题。

第三步，比较上面两步分析后所得出的局部最大值，找出其中最大的即为整体最优解。

超边际分析方法的产生和严格论证，对于新兴古典国际贸易理论的基础起了很好的夯实作用。周林、孙广振和杨小凯（1998）证明了即使人们天生不同，一般均衡不但存在，且是帕累托最优的，就在新兴古典的框架内严格证明了福利经济学第一定理。此外，他们的工作可以使内生比较优势和外生比较优势同时存在，因此个人可以有事前不同的特点，这个一般均衡存在性定理使得超边际分析可以应用到更多的模型中去。基于这样的思想，新兴古典贸易学家进行了李嘉图模型和赫克歇尔—俄林模型的超边际分析，将交易费用引入古典贸易模型的框架，从而能够更为准确地探讨交易费用与贸易政策内生对国际贸易动因的影响。

必须承认超边际分析的思路对于解决最优化角点解问题提供了出色的思想途径，因为即使现在主流经济学界已经能够利用库恩—塔克条件解决线性方程的一般最优化问题，利用汉密尔顿系统解决连续目标函数最优化问题，利用贝尔曼方程解决离散目标函数最优化问题，但是在处理角点解问题上依然显得非常艰难，讨论角点解的最优化可能时则需要特别谨慎小心。超边际分析的思路使得角点解的处理与内点解的获得纳入统一的框架，而不需要再去考虑极值条件或终端条件的限制，这当然在很大程度上提高了最优化处理的准确性。

三、基于新兴古典贸易理论的相关问题研究

新兴古典贸易理论作为新兴古典经济学的思想载体之一，其研究范畴不仅仅停留在国际贸易方面，还涉及诸如经济增长、失业、城市化、工业化等经济生活中的许多方面。这些研究虽然刚刚开始进行，但相关成果已经发表在国际一流学术期刊，基于新兴古典贸易理论的相关研究已经初具规模，且将在国际学术界产

生越来越重要的影响。另外，不可忽视的一点是，这些相关问题的研究与讨论实际上也进一步成熟化了对贸易动因和行为的研究技术，很好地推动新兴古典贸易理论的发展。

（一）新兴古典内生增长理论

杨小凯和博兰德（Yang，Borland，1991）提出的分工内生演进模型，集中体现了新兴古典内生增长理论的思想，被称为"杨—博模型"。该模型比传统经济增长模型和罗默的新增长理论具有更高的解释力，该文在发表时被同行匿名审稿人视为第一篇用劳动分工的演进解释内生经济增长的论文。杨—博模型认为，经济增长并不单单是一个资源分配问题，而且更重要的是经济组织演进的问题，市场发育、技术进步只是组织演进的结果。换言之，比技术和市场更本质的推动经济增长的因素，是分工的演进，相当于将经济增长的故事推向了更加本源的层面。

杨—博模型具有如下经验含义：第一，交易部门的收入份额随着分工的演进和人均收入的提高而提高。第二，增长绩效和分工演进的速度紧密依赖交易的条件。这两个经验的含义均已被相关实证研究所证明。此外，新兴古典内生经济增长模型的另一优势在于能够解开规模经济之谜，以及能够同时解释经济增长中的趋同和趋异现象。在杨—博模型中，经济增长背后的驱动力是分工的正网络效应，而不是规模效应。内生演进的贸易商品种类数同分工网络大小的演进有关，随着分工网络的扩大，很多隔离的地方社区将合并为一个越来越一体化的市场，这种现象可以在没有人口规模增加和其他规模效果时发生，因此新贸易品出现的速度是由分工演进的速度而非人口多少或研究部门扩大的速度决定。换言之，在R&D模型中，对科研的投资同新商品的种类数及相关的技术之间是"当且仅当"的关系，而在杨—博模型中则没有这种关系。内生技术变化取决于分工网络的演进是否足够大，以致这种网络能创造一种社会学习能力，并使新产品商业化成为可能。

杨—博模型以个人"干中学"的专业化经济为特征，使他有别于经典的"干中学"模型（Arrow，1962；Lucas，1988）。在杨—博模型中，即使没有规模效应而只有个人专业化地"干中学"和分工网络的扩大，也能够产生社会学习的网络效应。此外，杨—博模型对经济增长的趋同争论做了一个较为完备地解释。现实中，不同经济体经济增长的趋同和趋异现象往往是并存的，在很大程度上造成了理论解释的混乱，但是杨—博模型则显示趋异和趋同现象是一个在经济发展过程中依次发生的现象，就意味着经济增长依次要经过三个阶段：前工业化增长（低分工减速增长）、加速增长和起飞、成熟增长（高分工减速增长），因此在他们看来经济增长率应该呈现先下降、后上升，最后又下降的特点。尽管交易效率对加速增长和分工的自发演进并不一定必须，但随着交易条件系数的提高，人均收入的增长率却不一定会随之提高，这种比较动态的结果可以用于解释国家间经济增长的差别。

新兴古典内生增长模型同其他内生增长模型的差别是，它们内生了个人的专业化水平和分工网络的大小，实际上成为新兴古典贸易理论的一个动态版。新兴古典增长模型内生了个人的专业化水平、市场一体化程度以及分工网络的大小。当然它也有一定缺陷，例如，杨—博模型不容易应用于更现实的不对称模型，等等。

（二）新兴古典失业理论

对于古典经济学而言，失业等宏观经济问题往往得不到很好地解释，因为古典经济学家普遍认为市场作为"看不见的手"能够很好地处理经济发展过程中产生的"非出清"问题，所以失业问题一方面，都是自然失业而显得并不重要；另一方面，政府对失业问题也应该束手无策。"大萧条"促使凯恩斯建立了独立于古典经济学之外的宏观经济学框架，但是早期的宏观经济学模型大多没有自利行为及其交互作用的微观基础，就造成了凯恩斯主义无法了解失业产生的微观原因，更加无法利用统一的经济学框架来同时解释微观层面和宏观层面的经济问题，而新兴古典经济学很好地解决了这一问题。

新兴古典经济学解释失业有三种方法。第一种方法是用分工网络的可靠性，即交易风险来解释失业现象。在新兴古典产权理论中，若每个交易都有一个失败的风险，则当外生交易效率改进时，均衡的分工水平会上升，而整个经济分工协调完全失灵的风险也上升。但是，因为外生交易效率改进时，增加分工的好处大于增加的总外生交易费用和增加协调失灵风险的坏处，所以人们会从这些互相冲突的效果之间的最优平衡的角度，同时选择高分工水平和高协调失灵的风险。而高分工水平意味着商业化程度、大市场容量和高总量需求，分工协调失灵的风险则意味着人们在协调失灵中有可能被迫回到自给自足的低生产率。如果考虑到转行需要承担的高成本，则在分工水平很高时，每个从事专业化生产的工人回到自给自足的模式是不可能的，因而整个经济分工协调失灵的风险意味着大规模失业的风险。所以如果按照新兴古典经济学把分工看成一个网络问题，不将供求分析与分工水平内生化分开，则分工网络的整体特性就能用来解释一般均衡为什么会产生很高的均衡协调失灵风险，从而产生大规模失业的风险。

第二种方法是用所谓整数问题来解释为什么即使在经济景气阶段也存在"自然失业"。新兴古典经济学假定经济中只有 3 个人，则当交易效率提高到一定程度时会出现分工，但瓦尔拉斯一般均衡意味着每个专业有 1.5 人，这与人数必须为整数的条件相冲突，因此瓦尔拉斯一般均衡因不满足整数条件可能不存在。3 个人中有 2 个人可能建立瓦尔拉斯均衡，但第三人被排除在分工之外，他会有意愿在稍低于市价条件下专于一个行业，将此种产品卖给市场换取另一种产品，这意味着在相等的瓦尔拉斯市价下供求不平衡，所以市场会调节到两个人的行业产品价格是另一行业产品价格一般水平时，才会在两人专于一个行业而另一个人专于另一行业时，达到供求相等。但是在这个三人经济中，效用均等条件和市场供求均衡条件不可能同时成立，也就是说，瓦尔拉斯均衡不存在，这就是所谓瓦尔拉斯均衡存在的整数条件，即能生产最高效用的角点均衡中，选择各专业模式的角点均衡人数必须是整数。如果假定 3 个人中有一个人的生产率稍低于其他两人，则瓦尔拉斯均衡仍会存在，因为两个生产率较高的人会发现，与生产率低的人进行分工会导致实际收入略微降低，所以他们两人会形成一个瓦尔拉斯均衡，而将生产率较低的人排除在分工之外。当然，这个被排除在外的人只能被迫选择自给自足，他卖不出他愿意卖的产品，也买不起他想买的产品，这类失业就是新兴古典经济学认定的非自愿失业。有必要提醒的是，新古典经济学认定的非自愿失业指的是愿意接受现有的工作条件却依然找不到工作所产生的失业，主要是从失业者个体角度来定义，而新兴古典经济学认定非自愿失业则基于整体的瓦尔拉斯均衡和局部的分工矛盾，在更加宏观的层面把握非自愿失业的真实原因。

第三种方法是用分工结构的变化来解释失业。当交易效率或生产函数的参数发生变化时，均衡的分工水平、贸易品种类数、迂回生产链条的长度都会变化，这些变化都会要求某些人改行。若改行的费用很高，则在分工结构调整的过程中会产生失业现象。由于分工的特点是专业化对熟能生巧的正面影响，所以改行也意味着过去的专业经验突然变得无用，而新入行者永远赶不上已有很多专业经验的人，因此再也难以找到就业机会，也就是说，一旦失业，就失去了"干中学"的机会，从而陷入生产效率降低的恶性循环。这种原因导致的失业在某种程度上很像新古典经济学认定的"摩擦性失业"和"结构性失业"，即由于经济结构发生变化或劳动力市场信息转化过程中产生摩擦带来的失业，但是二者在理论上显著不同：新古典经济学认定的"摩擦性失业"和"结构性失业"，会随着经济结构优化的完成和劳动力市场信息的完善而逐渐消失，但是新兴古典经济学描述的由于分工结构变化造成的失业，往往因为失业者生产能力低下的恶性循环而变得持续时间很长，越不参与分工的劳动者越难获得今后的工作。

客观上说，新兴古典经济学框架下解释失业的方法，要比传统的宏观经济学自然得多，因为其抓住了社会经济发展的本质动力——分工，通过考察分工与生产效率的相互关系来描述可能产生的自愿失业与非自愿失业的机制，从而为宏观经济的失业现象提供了具有微观基础的经济学解释，无疑是对失业理论的重要贡献。然而，我们认为将失业原因完全归结于分工中出现的摩擦和非均衡可能并不完美，认为生产效率偏低的员工一旦失业，就会陷入难以找到新工作的恶性循环显然并不完全与现实相符。可能的一种解释是除了"干中学"机制以外，经典的学习效应也有可能使得暂时失业的员工获得生产效率增进的机会，而这种学习效应的描述并未体现在新兴古典经济学的框架中。从这一角度来说，新兴古典经济学应该在一定程度上借鉴新古典失业理论的精华，争取进一步完善其对失业原因的讨论。

（三）新兴古典城市化理论

城市化问题是经济地理学考察的核心问题，其中城市产生的过程及发展的动因吸引了从古至今诸多经济学者的关注。早在古罗马时期，色诺芬就认识到分工同城市之间存在着某种内在联系。17世纪英国著名经济学家威廉·配第指出，城市能够降低交易费用，从而提高了分工水平。但是，在新兴古典经济学家创立城市化和层级结构模型（Yang，Rice，1994）之前，还一直没有能够解释城市出现和分工之间内在关系的一般均衡模型。城市化和层级结构模型是第一个新兴古典城市化的一般均衡模型，它能显示城市的起源、城乡的分离，并且证明这些都是分工演进的结果。在这个模型中，由于食物的生产需要占用大量的土地，农业活动不能像工业活动那样集中在一个小区域内，而工业品的生产由于不需要占用大量土地，故它们既可以分散布局在广大地区，也可以集中布局在城市。假定生产每种商品都具有专业化经济，即专业化程度越高，生产效率也越高，同时贸易会产生交易费用，就会出现一个专业化经济同交易费用之间的两难冲突。假如交易效率很低，人们就会选择自给自足，此时没有市场城市也不会出现。假如交易效率得到些许提高，分工结构就会从自给自足进步到局部分工，开始出现半专业化的农民和半专业化的工业品生产者。因为农业要求占用大量土地，而生产工业品没有这种要求，所以农民就只能分散居住，而工业品生产者则选择离农民最近的地方居住，以降低分工带来的交易费用。因此，如果农业和制造业之间的分工水平较低，就不可能产生城市。如果交易效率进一步提高，在农业和制造业的分工之外，在制造业内部将会出现专门以制衣、修建房屋、制造家具等为职业的制造业者。由于制造业者既可以分散居住，也可以集中在一个城市，为了节省由于不同非农职业之间交易带来的交易费用，从事工业生产的人们就会居住在一个城市中。因此，由于专业制造者和专业农民，以及不同制造业之间出现了高水平的分工，就出现了城市及城乡的分离。

新兴古典的城市化理论与克鲁格曼（Krugman，1991）创立的新经济地理学，在考察城市形成过程及城乡分离问题时存在很多类似的思想，例如，它们都是通过考察农民与工人的生产效率来研究城市的形成与发展。但是，新兴古典的城市化理论显然有别于克鲁格曼（1991）创立的"城市中心—农村外围"模型，显然更加注重分工与生产率提高在城市形成过程中的关键作用。此外，在杨小凯等的模型中，并没有类似于克鲁格曼考察开放条件下的"冰山成本"问题，但是却更加深刻地讨论了集中交易改进交易效率的路径，因而能够解释更多与城市化相伴而生的现象。新兴古典模型显示，自利行为的交互作用最重要的功能之一是同时决定有效率的交易地理布局、居民居住地的分布、相关的分工网络以及交易效率。新兴古典模型还显示，大城市土地价格的升值潜力是由分工演进的潜力决定的。随着一个大城市成为日益一体化的分工网络的市场交易中心，该城市的地价将上涨到远远超过传统边际供求分析所能预见的程度，显然更加符合中国的现实。

更重要的一点是，新经济地理学基于国际贸易的背景，深刻揭示了国际贸易与城市、区域形成和要素配置的关系，这与新兴古典贸易理论关注贸易的动因和贸易行为特征的分析不谋而合，未来两者可以在一定程度上互相借鉴。

（四）新兴古典工业化理论

工业化理论的核心问题，是需要解释或内生化新机器与技术的出现。无论是古典经济学的创始人斯密，还是新古典经济学的开拓者马歇尔，都认为新机器及有关新技术的出现有赖于分工的发展。前面提到过 D - S 模型利用多样化消费的好处与规模经济不可兼得的两难冲突来内生产品种类数，可以解释新产品的出现。然而，这里的新产品主要是指消费品，并不能解释新机器是如何出现的。如果要解释分工发展与新机器和新技术出现的关系，必须进一步发展以往有关迂回生产效果与企业出现的模型，以使其内生中间产品种类数。新兴古典模型采用了新古典经济学内生中间产品数的方法，但是与之相比进一步采用超边际的分析方法，同时内生了每个人的专业化水平，因此新兴古典工业化理论的故事要比新古典工业化的故事更加丰富。

在新兴古典的工业化模型中，中间产品（可视为机器）种类之所以增加，是因为这些中间产品可以增加最终消费品的生产率。但是，如果每个人同时自给自足地先生产很多种机器，然后再用其生产最终消费品，则由于每种机器生产中专业化水平很低，最终消费品的生产率也不能提高。因此，在最终产品生产率和中间产品生产率之间，就存在着难以兼顾的两难冲突。因此，当交易效率极低时，分工产生的总交易费用超过专业化经济的好处，人们必须选择自给自足。而如果自给自足，则由于每人的时间有限，上述提高机器生产率与增加机器种类以提高最终产品生产率的两难冲突就特别尖锐。所以，一般人们在自给自足时不会生产很多不同种类的机器。当交易效率改进后，人们有更大的空间来折中节省交易费用与利用分工好处的两难冲突，所以会选择高分工水平。而高分工水平会扩大人们折中机器的种类数与机器生产率之间的两难冲突。可见，通过不同专家专业生产不同的机器，机器种类数会随分工的发展而同时增加。因此，交易效率的改进可以通过促进分工，使新的机器及有关的新技术出现。

第三节　新兴古典贸易理论的发展

许多人都相信杨小凯教授的出色贡献很有可能使其成为第一位华人诺贝尔经济学奖获得者，然而非常不幸的是，新兴古典贸易理论的主要创始人杨小凯教授于2004年因病逝世，对新兴古典贸易理论的进一步发展而言，无疑是巨大的损失。令人安慰的是，2004年以后，国内外许多学者依然坚持新兴古典经济学的分析框架，从理论和实证方面推进了新兴古典贸易理论的发展，并且利用超边际分析方法进一步探讨了经济发展诸多层面的现实问题。这些工作和努力都为新兴古典贸易理论的传承和发展做出了重要贡献，使得新兴古典经济学和贸易理论的发展没有因为杨小凯教授的离世而中断。尤其是杨小凯教授的许多弟子都全力继承了新兴古典经济学的建模思想与能力。

一、新兴古典贸易理论框架下的外包问题研究

外包一直是国际贸易理论和实务界研究的热点问题，新古典贸易理论与新—新贸易理论对其都有完备地论述，国内学者对外包问题的理论和实证研究也非常丰富，但是绝大多数的研究依然基本上基于新古典贸易理论和新—新贸易理论的框架，而很少从新兴古典贸易理论的思想角度进行研究。在杨小凯教授逝世后，国内外出现了一批学者基于新兴古典贸易思想并利用超边际分析的方法研究外包问题，为国际贸易学从理论角度探讨外包的经济效应开辟了崭新的道路。

陈和张（Cheng，Zhang，2006）将交易成本引入李嘉图模型，基于新兴古典经济学的思想进行一般均衡分析，考察了企业进行外包活动的决策机制。他们发现，企业在垂直一体化和专业化之间进行选择，取决于内部交易成本与国际服务外包带来的成本，而均衡的外包模式和贸易结构与引入交易成本后的比较优势理论的演化结论是一致的。陈和张的文章很好地把外包与FDI统一到了一个新兴古

典模型中进行分析，但没有分析劳动力数量、生产率和市场容量等内生变量，也没有探讨外包与经济增长的关系。[①] 庞春近年来基于新兴古典贸易思想做了大量极有价值的工作，其中庞春（2010）建立了一个经中间产品（包括研发服务）迂回生产最终品的新兴古典模型，探究一体化和外包生产的发生和转变的微观机理，并由此揭示了外包对经济发展和增长的宏观意义。超边际一般均衡的分析表明，不同于较高的研发和生产的总学习成本，由充分改进的综合交易效率所导致的一体化向外包的转变，除带来研发和生产专业化、最终品生产的市场分工、研发市场形成、产业链拉长外，还带来研发和最终品生产率提高、劳动力向中间产品生产迁移、中间产品贸易增长、市场总容量增加、人均真实收入提高。他的研究还显示，外包可产生分工网络的正反馈——发包商生产率、接包商生产率、研发市场容量、最终品市场容量之间交织的正效应将促进经济增长。庞春（2010）的研究为从理论角度讨论外包提供了一个新的理论平台，丰富了新兴古典贸易理论的内容，对未来研究外包的经济效应提供了重要参考。

二、新兴古典贸易理论框架下的集聚问题研究

经济学中关注的一个重要问题是集聚问题，具体而言，主要包括产业集聚、劳动力集聚、商业集聚等。集聚问题的宏观研究必然考察到城市化的演进过程，因而研究城市化问题也成为研究集聚问题的一部分。在新兴古典贸易理论的框架下讨论产业集聚问题，一直是新兴古典经济学的兴趣所在。杨小凯教授去世后，国内也有不少学者继续这方面的研究。例如，何雄浪（2006）运用新兴古典经济学与交易成本经济学思想，考察了劳动分工、交易效率与产业集群演进的互动关系，认为产业集群的形成与发展是一个劳动分工深化、交易效率提高、交易成本降低的过程。在此基础上，文章对杨小凯的基于专业化经济的劳动分工模型进行了拓展和深化，以便对产业集群的演进机制进行深入分析，并通过模型分析支持了该文的观点。因此，产业集群的形成与发展有其自身的内在规律。当前政府更为紧迫的任务是注重产业集群软环境的建设，以此降低交易费用，促进产业集群的持续、健康发展。[②]

---

① 庞春：《一体化、外包与经济演进：超边际——新兴古典一般均衡分析》，《经济研究》，2010年第3期。

② 何雄浪：《基于新兴古典经济学、交易成本经济学的产业集群演进机理探析》，《南开经济研究》，2006年第3期。

尹德洪（2011）在新兴古典贸易理论的框架下，讨论了商业集群的问题。[①]该文指出，商业集群是流通领域的一种特殊现象。商业集群在现代城市、商业街、商务中心区（CBD）、集贸市场等建设中具有重要的作用。该文运用新兴古典经济学的分析框架，分析分工演进、交易效率与商业集群之间的关系，得出了商业集群的形成与发展是分工演进、追求交易效率的必然结果，反过来，商业集群的形成也有利于交易效率的提高，进而推动分工的进一步发展。

张松林等（2010）基于新兴古典经济学的思想，讨论了中国城市化与服务业双重滞后的原因。[②] 与传统文献把城市化滞后与服务业发展滞后分开解释不同，该文在一个统一的理论框架下将二者联系起来。研究得出，中国城市化和服务业发展双重滞后的根源在于，交易效率长期处于低水平演进状态。长期低水平演进的交易效率导致"分工刚性"，使得整个经济体长期停滞于低水平的分工结构。在这种结构中，"亦工亦农"的农民工难以向"全职非农"（完全分工）的市民转变；与此同时，制造业企业自我提供服务限制了服务业的专业化发展。然而，农民工促进城市工业的分工以及制造业企业之间的分工使得工业化顺利进行。因此，这种分工结构一直存在意味着长期只存在工业化，而无农民工市民化和服务业的专业化发展，从而导致城市化和服务业发展的双重滞后。

三、新兴古典贸易理论框架下的当前热点问题研究

资源、环境与收入差距问题，一直是近年来经济学关注的热点问题。可喜的是，在2004年以后，许多国内学者基于新兴古典经济学的思想，开始将超边际分析的方法运用在分析这些热点问题上，得出了崭新而有价值的结论，无疑是新兴古典贸易理论的进一步拓展与应用深化。

刘瑞明和白永秀（2008）从分工角度出发，在一个包含偷抢的新兴古典经济学框架下分析自然资源对经济增长的效应，内生化了资源诅咒假说。[③] 该文分析表明，丰富的人均资源本身会提高分工的门槛，使得人们难以形成有效的分工结构，从而抑制经济增长。另外，由于资源丰富国家往往伴随高的偷抢水平，也降低了分工合作的可能性及其经济绩效。该文的政策含义是，为了避免资源诅咒效应，必须打破现存的资源依赖格局，构建良好的制度基础，实现分工深化以促进

---

① 尹德洪：《分工演进、交易效率与商业集群》，《财经科学》，2011年第8期。

② 张松林，李清彬和武鹏：《对中国城市化与服务业发展双重滞后的一个解释——基于新兴古典经济学的视角》，《经济评论》，2010年第5期。

③ 刘瑞明，白永秀（2008）：《资源诅咒：一个新兴古典经济学框架》，《当代经济科学》，2008年第1期。

经济增长。该文的一个重要意义在于，所创立的模型内生化了资源诅咒的形成过程，并且将偷抢这一现实问题引入新兴古典经济学框架，阐述了资源大国同样存在"资源诅咒"的根本原因。

高丽敏和兰宜生（2012）引入环境所有权概念，运用新兴古典经济学的超边际分析方法，研究了贸易结构变迁与相应的污染分布和转移，揭示了大国污染效应、工业化路径的环境效应、贸易结构变迁的环境所有权因素以及环保政策失效的原因。

赵亚明（2012）从超边际分析的视角，讨论了地区收入差距的问题。[①] 该文通过引入专业化分工和交易成本，构建了超边际分析视角下地区收入差距的理论模型，揭示了经济系统中分工演进与制度环境影响下交易效率之间的逻辑关系。此外，该文数值模拟的工作进一步表明，不同的交易效率演变路径是引致地区之间收入差距发展变化的重要原因。因此，强调交易制度的重要性，努力改善落后地区的市场化交易环境，是缩小中国地区收入差距的根本途径。

四、新兴古典贸易理论传承与发展的评述

综上所述，虽然经历了创始人杨小凯教授逝世的重大挫折，但是国内外学者基于其创立的基本思想和超边际分析方法，继续传承并发展了新兴古典贸易理论的框架，并且将其用于研究中国经济更加前沿与热点的问题，应该是十分可喜的。我们认为，在国内外学者的一致努力下，新兴古典经济学和新兴古典贸易理论必将得到全面发展，最终成为华人经济学家创建经济学主流理论的典范，这一点应该毋庸置疑。

从近年来基于新兴古典贸易理论出现的研究成果来看，新兴古典贸易理论的传承与发展呈现以下三个方面的特点：第一，基于分工的自发演进研究经济贸易问题，依然是新兴古典贸易理论发展的核心思路。如前所述，分工的自发演进思想实际上是新兴古典贸易理论的核心思想，而讨论分工自发演进的动力与规律，则是新兴古典经济学不朽的话题。2004 年以来，相关学者的研究，无论探讨哪方面的具体经济问题，基于的思想依然是分工的演进规律。代表性的研究成果除了前面提到的以外，还有庞春（2009）所著《为什么交易服务中间商存在？内生分工的一般均衡分析》、庞春（2010）所著《服务经济的微观分析：基于生产与交易的分工均衡》等。当然，国内外学者也进行了一定程度的发展，例如，基于分工演进思想讨论经济热点问题，以及一般均衡分析中运用更为先进的数学和

---

① 赵亚明（2012）：《地区收入差距：一个超边际的分析视角》，《经济研究》，2012 年增 2 期。

计算机工具，等等，这些工作都很好地发展了新兴古典贸易理论。随着研究的推进，分工内生演进过程的分析在新兴古典经济学模型框架中的重要性越发凸显，在国际贸易动因与相关行为的描述中则更加重要，因为国际贸易形成的前提就是国际分工的存在与发展。基于微观个体或经济结构的演进优化选择而形成的分工，与宏观层面甚至开放经济背景下国际层面的分工究竟如何在理论框架下统一起来，应该将会一直成为新兴古典贸易理论和新兴古典经济学的研究重点。第二，超边际分析的运用越来越熟练和常规，且运用范围逐渐拓宽。超边际的分析方法，是新兴古典贸易理论的核心工具，甚至可以将其视为区分新兴古典贸易思想与其他贸易思想的重要特征。2004 年以来，国内外相关学者的研究展现出对超边际分析方法掌握的熟练度正在不断提高。前面已经提到过超边际分析法之所以优于边际分析法，是因为超边际分析法能够更好地简化处理角点解的最优化问题，更加全面准确地评估最优化的均衡结果。近年来，许多相关的科研成果表现出，国内学者利用超边际分析方法研究经典问题的热情，并且得出许多与经典研究结论不尽相同的结果，这些都很好地发展了新兴古典贸易理论，并且扩大了其学术影响力。此外，超边际分析的方法在某些条件下即使无法得出解析解，是否能够借鉴数值模拟等主流经济学已经较为成熟的研究方法，获得特定参数条件下更为直观的结论，应该是新兴古典贸易学家的追求方向，近年来出现的许多成果已经可以看出这种思路的端倪，今后基于新兴古典贸易思想和超边际分析思路，结合现代数值模拟和计量经济学方法进行的出色研究应该会越来越多。第三，对当前经济热点问题的研究为新兴古典贸易理论的实践注入了新的活力。相关研究者的研究成果证明，对于诸如收入分配差距、城市化与工业化、服务业发展等当前热点问题的研究，新兴古典经济学的思想并不比主流经济学思想更落后，相反其研究结论和思路甚至较之主流经济学更加新颖准确。事实上，一种创新的理论和思想只有被证明能够很好地解释现实热点经济问题，才能够更快地被学术界和普通大众所接受。从这一点上来说，新兴古典贸易学的理论研究开展得比较理想，对当前经济的热点问题，基于新兴古典贸易学理论框架，运用超边际分析方法同样能够得出令人信服的结论，对于新兴古典贸易学的未来发展意义重大。

作为新兴古典经济学的旁观者，我们很难提出关于新兴古典贸易理论传承与发展的准确建议，但是基于我们的感受，发现新兴古典经济学和贸易理论还需要进一步开展深入的工作，或许是构建基于微观个体分工演化的完备体系，这一体系应该足以与主流经济学的个体优化—局部均衡——一般均衡的体系相对照。这有可能是新兴古典经济学和贸易理论的最终发展方向，需要许多学者较长时期的努力。

第七章

贸易地理理论的起源与发展

狭义的贸易地理理论主要指的是，基于克鲁格曼（Krugman，1991）经典论文 *Increasing Returns and Economic Geography* 发展起来的现代贸易地理理论，属于现代经济地理学的重要组成部分。当然，这同时涉及对劳动迁移模型的划分问题，一种较为常见的划分方法是将哈里斯—托达罗模型视为第一代迁移模型，将迪克西特—斯蒂格利茨（Dixit – Stiglitz）模型视为第二代迁移模型，而将克鲁格曼模型视为第三代迁移模型。但是，克鲁格曼模型并非仅仅讨论劳动力迁移，其更为精彩的思想体现在国际贸易背景引入与城市、区域形成的关系。因此，从国际贸易理论的角度来说，克鲁格曼的新贸易地理理论的开端就是其1991年的这篇经典论文。当然，从广义上说，凡是涉及考察贸易的地理特点、分布及状态，包括国际贸易与城市形成、生产要素配置之间关系的相关理论都可以归纳为贸易地理理论，因此广义的贸易地理理论还应该包括区域经济一体化理论、城市、区域与国际贸易的空间经济学，等等。本章所介绍的贸易地理理论，指的是其广义上的含义。

第一节　区域经济一体化理论

区域经济一体化这一专有名词最早出现在20世纪40年代的西欧。从那时候起，经济学界关于区域经济一体化的讨论实际上已经开始了。对于区域经济一体化的概念定义，美国著名国际经济学家巴拉萨在其著作《经济一体化理论》中做了明确阐述："我们将经济一体化定义为既是一个过程，又是一种状态。就过程而言，它包括采取种种措施消除各国经济单位之间的歧视；就状态而言，则表现为各国间各种形式差别的消失"。区域经济一体化理论实际上就是围绕着这种"过程"和"状态"进行相关阐述的理论，具体包括关税同盟理论、自由贸易区理论、共同市场理论、协议性国际分工原理和综合发展战略理论。这些理论从不同侧面解释了区域经济一体化形成的原因和运行规律，但是其起源与发展特点还是拥有诸多相似之处的。

一、区域经济一体化理论的起源

区域经济一体化理论最初的起源是关税同盟理论，该理论也一直是区域经济一体化理论的核心和基础。一般认为，维纳（Viner）是关税同盟理论的开创者，其开创性的成果为维纳 1950 年出版的 *The Customs Union Issue* 一书。由于关税同盟理论较之其他区域经济一体化理论形成时间更早，因而发展也更为完备，成为区域经济一体化理论的重要起源。

维纳创立的关税同盟理论，首次提出了"贸易创造效应"和"贸易转移效应"的概念，认为关税同盟对贸易的积极影响表现在两个方面：一方面，是关税同盟中的成员由于互相之间不再设立关税壁垒，因而创造了原本可能无法进行的贸易；另一方面，是由于关税同盟对成员以外的国家实施统一的关税壁垒，因而一部分原本存在于成员以外国家与成员之间的贸易，将随着关税同盟的建立而转移到同盟内部。最终关税同盟的建立，是否有益于整个世界的贸易发展，取决于两种效应的综合结果。"贸易创造效应"和"贸易转移效应"首次清晰地阐述了关税同盟对成员和非成员贸易规模产生的差异化影响，因而一直为几乎所有的国际贸易学者所接受，其评估关税同盟对整个世界贸易发展的影响的思路，实际上奠定了关税同盟理论的基础，为关税同盟理论的进一步发展乃至区域经济一体化理论的发展提供了重要研究参考，后面很长一段时期中的关税同盟理论研究都基本沿用这样的综合评估方法。

自维纳之后，许多学者采用局部均衡分析的方法讨论了关税同盟的福利效应，例如，米德（Meade, 1955）就指出维纳的研究仅仅关注了关税同盟的生产效应，忽视了其消费效应，因为关税同盟的建立会导致成员内部之间贸易品东道国内市场价格降低，而同盟内外成员贸易品的东道国市场价格提高，因而对消费者的消费产生不同影响，消费者的福利显然也应该考虑在关税同盟的福利效应中。为此，米德、法尼克和科登（Meade, Vanek and Corden）进一步提出了三国三商品（3×3）模型，[①] 并由麦克米伦、麦克兰和劳埃德（Mcmillan, Mclann and Lloyd）进行了重新总结和表述。麦克米伦、麦克兰和劳埃德认为：第一，商品之间普遍存在的替代性和互补性，会直接影响关税同盟的福利效应，因而传统

---

① 梁双陆，程小军：《国际区域经济一体化理论综述》，《经济问题探索》，2007 年第 1 期。

的两种商品的假定无法进行福利效应的分析；第二，三种商品的分析模式优于三种以上商品，除了简化的原因之外，更重要的方面在于更易于识别同盟内外贸易影响的差异性；第三，静态效应的分析可能存在局限性，但是通过综合两种效应来评估关税同盟的效果，应该是可以沿用至动态分析中。里普塞（Lipsey，1960）进一步指出，贸易转移效应并不一定只是降低福利。类似这样的研究，不断完善了关税同盟理论的静态分析框架。

20世纪60年代开始，出现了两篇影响力巨大的论文，库伯和麦塞尔（Cooper，Massell，1965）和约翰逊（Johnson，1965）从动态角度考察关税同盟的经济效应，也是基于维纳理论之后国际贸易学界首次探讨关税同盟的动态效应。当然，由于动态效应涉及更为深刻的思想性描述和数学工具的使用，这一工作一直持续到20世纪80年代才基本完善起来，至今依然有不少学者关注关税同盟的动态效应问题。关税同盟的动态效应理论认为，动态效应对于关税同盟的成员国而言更加重要，具体包括扩大出口效应、规模经济效应、促进竞争效应、刺激投资效应和资源配置效应。扩大出口效应指的是，总体上看，关税同盟将给成员国带来更大的出口机会，从而带来更多的福利，即形成一种扩大出口效应；规模经济效应指的是，关税同盟建立后，在排斥非成员国进口的同时，为成员国之间的产品的相互出口创造了良好的条件。所有成员国的国内市场组成一个统一的区域性市场，这种市场范围的扩大促进了企业生产的发展，使生产者可以进一步增强同盟内的企业对外（特别是对非成员国）同类企业的竞争能力，因此，关税同盟所创造的市场扩大效应引发了企业规模经济的实现；促进竞争效应指的是，建立关税同盟后，各国企业面临其他成员同类企业的竞争，由此促进了商品流通，打破了独占，经济福利得以提高；刺激投资效应指的是，关税同盟的建立将引起专业化生产企业的生产规模扩大、竞争程度增强和对技术进步的迫切追求，这些都成为吸引投资、刺激投资的重要因素。如果成员国因为组建关税同盟而增加国民收入，则投资又会随着收入和储蓄的增长而增长。此外，关税同盟不仅刺激国内投资增长，还存在吸引国外投资的可能性：一方面，成员国资本将会重新配置以提高投资回报率；另一方面，非成员国资本可能由于关税同盟内较高的收益率而被吸引过来，同时，关税同盟的贸易转移效应也可能会促使那些原先以期出口产品供应同盟国市场，而现在受到贸易歧视的非同盟国生产者以到同盟国开办企业的方式来代替贸易；资源配置效应指的是，就一个关税同盟内部来说，其市场趋于统一，在其范围内的资本、劳动力、技术等生产要素可以在成员国自由流动，提高了要素的流动性。在要素价格均等化定律的作用下，技术、劳动力和资本从边际生产力低的地区流向边际生产力高的地区，从而实现人尽其才、物尽其用，并增加就业机会，提高劳动者素质。

但是，如前所述，关税同盟的动态效应由于需要更为深刻全面的思想论述和较复杂的技术方法处理，因而评估起来更加困难，至今为止，许多学者对上述动态效应还存在不少争论。例如，在规模经济效应方面，如果关税同盟的成员企业规模已经达到最优，则建立区域性经济集团后再扩大规模可能反而会使平均成本上升，因而规模经济效应是否存在还值得讨论；在促进经济效应方面，一些学者也持有异议，即认为随着区域经济一体化的发展，贸易壁垒会消除，内部市场将扩大，人们将易于获取生产的规模经济，从而产生垄断，导致经济效率和福利水平的下降；在刺激投资效应方面，一些学者认为关税同盟建立后，由于受贸易创造效应影响的产业会减少投资，而且外部资金投入会使成员国的投资机会减少，降低投资收益率等原因，关税同盟内的投资不一定会增加，因此，刺激投资效应也不一定会存在。

学者们同时注意到了，关税同盟建立产生的负面影响，例如，关税同盟的建立可能会拉大成员国不同地区之间经济发展水平的差距。此外，关税同盟建立以后，资本逐步向投资环境比较好的地区流动，如果没有促进地区平衡发展的政策，一些国家中的落后地区与先进地区的差别也将逐步拉大。对关税同盟消极影响的理论研究，是关税同盟理论的重要补充，也成为近年来新关税同盟理论关注的重点。

区域经济一体化理论的发端，是对关税同盟的相关阐述，但是区域经济一体化理论并未就此停滞。随着区域经济一体化组织形式的不断创新，区域经济一体化理论开始全面发展起来。

二、区域经济一体化理论的传承

区域经济一体化理论的传承，基于的现实背景是经济一体化形式的发展及诸如欧盟、北美自由贸易区、亚太经合组织等区域经济一体化实践的发展历程。事实上，区域经济一体化理论的传承，就是为了不断适应对区域经济一体化形式进程变化发展的解释。

（一）区域经济一体化的形式①

从理论上讲，经济一体化可以划分为六个形式：特惠贸易安排、自由贸易区、关税同盟、共同市场、经济同盟、完全的经济一体化。这六种经济一体化形式，既层层递进又各有特点，构成了一个完备的经济一体化渐进系统。

---

① 赵春明，何璋：《国际经济学》，北京师范大学出版社 2007 年版。

1. 特惠贸易安排

特惠贸易安排指的是，在成员国之间通过签署特惠贸易协定或其他安排形式，对其全部商品或部分商品互相提供特别的关税优惠，对非成员国之间的贸易则设置较高的贸易壁垒的一种区域经济安排。特惠贸易安排，是经济一体化最低级和最松散的一种形式，商品流动的障碍并没有被完全消除。

2. 自由贸易区

自由贸易区是指，两个或两个以上的国家或行政上独立的经济体之间通过达成协议，相互取消进口关税和与关税具有同等效力的其他措施而形成的经济一体化组织。自由贸易区根据取消关税的商品范围不同又可分为两种具体形式：一是工业品的自由贸易区，即只取消成员国之间的工业品贸易关税；二是完全的自由贸易区，即取消成员国之间的全部工业品和农产品的贸易关税。自由贸易区的一个重要特征，是在该一体化组织参加者之间相互取消了商品贸易的障碍，成员经济体内的厂商可以将商品自由地输出和输入，真正实现商品在成员国之间的自由贸易。

3. 关税同盟

关税同盟是指，在自由贸易区的基础上，除了在成员国之间实行自由贸易外，所有成员统一对非成员国实行进口关税或其他贸易政策措施，即建立起共同的关税壁垒。区域经济一体化理论中的很多精彩阐述都是基于这种形式进行的，因为关税同盟这类区域一体化不仅在现实中可以观察到很多实例，在理论上的相关研究往往也具有普适意义。关税作为间接税最能够体现价格加成对国际贸易行为的影响，而关税同盟则是将这种间接税的杠杆调节作用发挥到极致，对它的运行路径和机制的研究十分具有理论意义。

4. 共同市场

共同市场是指，在两个或两个以上的成员国之间，不仅完全消除了关税壁垒和非关税壁垒，建立了共同对外关税，实行了自由贸易，而且实现了服务、资本和劳动力等生产要素的自由流动。共同市场的特点，是成员国之间不仅实现了商品的自由流动，还实现了生产要素和服务的自由流动。

5. 经济同盟

经济同盟是指，成员国之间不但商品、生产要素可以自由流动，建立了对外共同关税，而且协调和统一成员国的某些经济政策，建立起共同体一级的某种决策机构和执行机构，目前的欧盟就处于这个层级。

6. 完全的经济一体化

完全的经济一体化是指，成员国在实现了经济同盟目标的基础上，进一步实现经济制度、政治制度和法律制度等方面的协调乃至统一的经济一体化形式。完全的经济一体化，是经济一体化的最高形式，现在尚未出现真正达到该层次的区域经济一体化组织。

（二）关税同盟理论

关税同盟理论是区域经济一体化理论的核心，由于其发展时间最长，理论成熟度很高，相关模型与实证研究都有很理想的推进，因而备受学术界和政策制定者的关注。

现有研究集中关注关税同盟的效果，认为关税同盟同时具有静态效果和动态效果。关税同盟的静态效果包括以下六个方面：

第一，贸易创造效应。指建立关税同盟后，关税同盟某成员国的一些国内生产品被同盟内其他生产成本更低的产品的进口所替代，从而使资源的使用效率提高，扩大了生产所带来的利益；同时，通过专业化分工，使本国该项产品的消费支出减少，而把资本用于其他产品的消费，扩大了社会需求，结果使贸易量增加。

第二，贸易转移效应。是指缔结关税同盟之前，某个国家不生产某种商品而从世界上生产效率最高、成本最低的国家进口商品；建立关税同盟后，如果世界上生产效率最高的国家被排斥在关税同盟之外，则关税同盟内部的自由贸易和共同的对外关税使得该国该商品在同盟成员国内的税后价格高于同盟某成员国相同商品在关税同盟内的免税价格，这样，同盟成员国原来从非成员国进口的成本较低的商品转从关税同盟内部生产效率最高、生产成本最低的国家进口。

第三，贸易扩大效应。缔结关税同盟后，无论在贸易创造和贸易转移的情况下，进口国的该商品价格都比原来下降了。如果进口国该商品的需求价格弹性大于1，则进口国对该商品需求数量的增加幅度要大于该商品价格的下降幅度，从而使该商品的销售额也就是进口额增加，这就是贸易扩大效应。从理论上说，贸易扩大效应是贸易创造效应和贸易转移效应的合成。

第四，节省开支效应。建立关税同盟以后，关税同盟的成员国必然减少针对其他成员国的贸易行政管制成本，因而可以节省行政开支，最直接和明显的就是减少了针对其他成员国的关税的收取，从而就降低了维持收取关税这部分行政活动的支出。

第五，减少犯罪效应。一些社会学家认为，关税同盟在客观上可以减少走私，因为关税同盟使得成员国之间没有关税壁垒，从而丧失了走私的必要。当然，这种减少犯罪的效果并非由于社会监管力度加大或个人受教育程度提高，而是因为失去了犯罪获利的可能性，因而这种效应能否持续还有待讨论。

第六，增强合作效应。建立关税同盟可以有助于提高集团谈判的议价能力。

关税同盟建立以后，各成员国之间的利益变得休戚与共，自然会形成合力对外进行目标相对一致的谈判，这比每个成员国单独对外进行谈判拥有更大的议价能力，自然有可能获得更大的收益。

除了静态效果外，由于关税同盟的建立会对同盟成员国的经济结构产生较大的影响，这种影响是长期持续且不断变动的，因而关税同盟的建立具有动态效果，主要表现在，资源配置更加优化、获得专业化收益和规模经济效应、长期投资的增长与扩大、技术进步的持续实现。

（三）自由贸易区理论

自由贸易区（free trade area，FTA）的一体化程度要低于关税同盟，但是在现实国际经济一体化实践中，自由贸易区显然比关税同盟应用更加广泛。自由贸易区与关税同盟的主要区别在于，自由贸易区并没有设立共同的对外关税，就在一定程度上缩小了内外成员国的贸易环境差异，这种现象必然带来贸易效应的变化。

比较全面的研究，来自英国学者罗布森（Robson），他将关税同盟理论的思想应用于自由贸易区研究，提出了专门的自由贸易区理论。[①] 与关税同盟的情况一样，自由贸易区也可以有贸易创造效应和贸易转移效应，但与关税同盟的这两种效应在实际运作中存在着差异，在关税同盟的情况下，实施禁止性关税的国家产品价格必然上升，因而会带来消费者剩余的损失和负的生产效应；然而，在自由贸易区条件下该国产品价格可以不变，因此就没有消费者剩余的损失和负的生产效应，而且该国还可以从外部世界的进口中获取关税。此外，从外部世界角度来看，关税同盟条件下外部世界出口减少，因而福利水平降低，而在自由贸易区条件下，外部世界的出口不但不会减少，反而有所增加，因而提升了外部世界的福利。

自由贸易区之所以可以带来综合性福利的增进，根本原因在于其对非成员国没有实施统一的对外关税，当然，这同时带来的不利之处在于，成员国可能受到更加强劲的外部贸易竞争压力，但是对于世界整体而言福利增进是毋庸置疑的。

（四）共同市场理论

关税同盟理论是国际区域经济一体化的基础理论，它的一个主要假设是成员国之间的生产要素是不流动的。共同市场是比关税同盟更高一个层次的国际区域经济一体化，它不仅通过关税同盟而形成的贸易自由化实现了产品市场的一体

---

① 罗布森：《国际一体化经济学》，上海译文出版社2001年版。

化，而且通过消除区域内要素自由流动的障碍，实现了要素市场的一体化。共同市场的这种更加高级紧密的一体化形式客观上要求能够解释生产要素流动的理论出现，这就是共同市场理论诞生的背景。

在共同市场中，由于阻碍生产要素流动的壁垒已被消除，使得生产要素在逐利动机驱使下，向尽可能获得最大收益的地区流动。但由于社会、政治和人类的生活习性等原因，又使得劳动这种生产要素并不一定会因共同市场的建立而出现大规模的流动。资本则不然，只要资本存在收益的不相等，即资本的边际生产率在不同地区存在一定的差异，那么它就会不停流动，直到各地的边际生产率相等为止。从静态的角度上讲，配置收益是共同市场所能产生的高于关税同盟的收益，也就是要素自由流动后经济效率提高所增加的收益。按照传统的理论，在关税同盟的基础上，通过贸易可以实现要素边际生产率的趋同，但是所需条件非常严格。现实中，诸如成员国之间生产函数的不同或生产中规模经济的存在等各种原因都表明，可以预计从关税同盟到共同市场的发展中获得更多的收益。共同市场理论主要是探讨在关税同盟的基础上，消除生产要素自由流动的障碍以后成员国所获得的经济效应。当经济一体化演进到共同市场之后，区内不仅实现了贸易自由化，其要素可以在区内自由流动，从而形成一种超越国界的大市场。一方面，使生产在共同市场的范围内沿着生产可能线重新组合，从而提高了资源的配置效应；另一方面，区内生产量和贸易量的扩大使生产可能线向外扩张，促进了区内生产的增长和发展。

共同市场的目的就是消除贸易保护主义，把被保护主义分割的国内市场统一成为一个大市场，通过大市场内的激烈竞争，实现专业化、大批量生产等方面的利益。通过对共同市场理论的分析发展出了大市场理论，有代表性的说法是："消除障碍最合理运营的各种人为障碍，通过有意识的引入各种有利于调整、统一的最理想因素，创造出最理想的国际经济结构"（丁伯根）。

大市场理论是从动态角度来分析国际区域经济一体化所取得的经济效应，其代表人物是经济学家西托夫斯基（Scitovsky）和德纽（Deniau）。这一理论以共同市场为分析基础，主要论述了国际区域经济一体化的竞争效应。大市场理论的核心思想，扩大市场是获取规模经济的前提条件；市场扩大带来的竞争加剧，将促成规模经济利益的实现。西托夫斯基和德纽分别从小市场和大市场的角度分析了大市场理论的经济效应，西托夫斯基认为小市场的经济会出现恶性循环，因此建立共同市场之后，大市场的经济会出现良性循环，德纽认为大市场建立后，经济就会开始"滚雪球"式的扩张。

到目前为止，共同市场理论已在欧盟付诸实施，而且取得了成功。但是，在"南南型"和"南北型"国际区域经济一体化中还没有得到应用，主要是因为共同市场理论的实施必须建立在关税同盟或自由贸易区的基础上，且各成员国的经济发展水平和经济发展阶段必须大致相等，这些条件对于发展中国家而言难以达到。

（五）协议性国际分工理论

协议性国际分工理论是从异于经济一体化组织结构特征的角度研究区域经济一体化的代表性理论，它并不严格区分经济一体化的不同组织形式，也不考察不同形式之间的贸易效应差异，而是从国际分工的基本原理出发，考察国家之间签订协议带来的利益及其来源，因而能够更为本质地揭示区域经济一体化的利弊。

在协议性国际分工理论提出以前，大多数学者都是依据古典学派提出的比较优势原理来说明国际区域经济一体化的分工原理的。但是，日本著名国际贸易学家小岛清对此提出了疑问，只靠比较优势原理可能实现规模经济的好处吗？如果完全放任国家依据这一原理进行国际贸易，是否会导致以各国为单位的企业集中和垄断，导致各国相互间同质化的严重发展，或产业向某个国家积聚的现象呢？况且，传统的国际分工理论是以长期成本递增和规模报酬递减作为基础的，并没有考虑到长期成本递减和规模报酬递增，但事实证明成本递减是一种普遍现象，国际区域经济一体化的目的就是要通过大市场化来实现规模经济，实际上表明国际贸易中有可能存在长期成本递减的情况。[①] 为此，小岛清提出了协议性国际分工理论。

协议性分工理论的核心观点是，在实行分工之前两国分别生产两种产品，但由于市场狭小导致产量很低，成本很高。两国经过协议性分工后，各自生产一种不同的产品，导致市场规模扩大，产量提高，成本下降。协议各国都享受到了规模经济的好处。尽管协议各国都享受到了规模经济的好处，但是，要使协议性分工取得成功，必须满足三个条件：第一，实行协议性分工的两个（或多个）国家的要素比率没有多大差别，工业化水平等经济发展阶段大致相等，协议性分工对象的商品在各国都能进行生产；第二，作为协议性分工对象的商品，必须是能够获得规模经济效益的商品；第三，对于参与协议性分工的国家来说，生产任何一种协议性对象商品的成本和差别都不大，否则就不容易达成协议。因此，成功的协议性分工必须在同等发展阶段的国家建立，而不能建立在工业国与初级产品生产国之间。与此同时，发达国家之间进行协议性国际分工的商品范围较广，因而利益也较大。此外，生活水平和文化等方面互相接近的国家和地区容易达成协议，并且容易保证相互需求的均等增长。协议性分工理论较好地解释了现实贸易

---

① ［日］小岛清：《对外贸易论》，南开大学出版社1987年版。

活动中，发达国家之间的贸易规模与质量均显著高于发达国家与发展中国家之间贸易的现实，且从协议的角度考察经济一体化的效果，更利于揭示一体化的本质效应。但是，也有学者认为，通过协议性分工获取规模效益也不是绝对的，因为在区域内企业生产规模已经达到最优的情况下，因国际区域经济一体化组织的建立导致生产规模的再扩大反而会因平均成本的上升而出现规模报酬递减。

　　自由贸易区理论、共同市场理论和协议性国际分工理论很好地传承了关税同盟理论的基本思想与研究方法，更加全面细致地探讨了区域经济一体化的经济效应及形成动因。然而20世纪90年代以来，双边贸易协定的产生与数量的突飞猛进，导致上述传统的贸易理论不能完全解释FTA的形成动因及运行规律，就要求区域经济一体化理论继续向关注解释双边协定发展。

三、区域经济一体化理论的最新发展

　　自由贸易区的广泛建立，激发了区域经济一体化理论的更新与发展，然而近年来区域经济一体化实践的最重要特点，就是区域经济一体化的表现形式逐渐变成双边自由贸易区而非多边区域一体化。此类现象促使国际贸易学界发展新的区域经济一体化理论以解释自由贸易区的经济效应，代表性的研究成果是"意大利面碗"（Spaghetti bowl phenomenon）理论。

　　随着区域经济一体化的普遍与深入，许多国家尤其是贸易大国可能同时处于多个自由贸易区和区域贸易协定的协议之下，因而可能需要同时面对多个不同的贸易协定规则。不同的优惠待遇和原产地规则将增加该国进行对外贸易的适应成本，反而给对外贸易造成不利影响，这就是"意大利面碗"现象，1995年由巴格瓦蒂提出。2005年，《WTO的未来》一书对其进行了严格定义。典型的例子有：自由贸易协定（FTA）和区域贸易协定（RTA）提供了具有歧视性的优惠待遇，欧盟现在只将最惠国待遇适用于少数国家，而对于其他国家则适用一般特惠及以自由贸易协定为基础的特惠待遇，最惠国待遇实际上已经不是WTO的原则，而是从所谓"最惠国待遇（most-favored-nation）"转化成了实际意义上的"最差国待遇（least-favored-nation）"，基于最惠国待遇的关税率实际上成为条件最差的关税率；在每个双边协议中，有关"原产地规定"的条款越来越多，也变得更加复杂，例如，北美自由贸易协定的汽车原产地规则。

　　"意大利面碗"理论提出的同时，如何化解"意大利面碗"效应的相关讨论也同时展开了。早期的研究成果大多认为，将最惠国关税削减到零关税可以解决"意大利面碗"问题（至少在进口税方面，如果无法取消非关税措施的话）。优惠是相对于最惠国关税的，如果后者降为零，前者亦然。优惠贸易协定规定了歧视性的优惠待遇，因此，如果旧的优惠贸易协定不能被取消，新协定又不能禁止，就会导致"意大利面碗"效应问题。要解决此问题，一个补救措施就是间接地瓦解那些协定，即在多边贸易谈判中有效地削减最惠国关税和非关税措施。但是，这种解决方式既不存在现实上的可行性（很难要求贸易大国将最惠国关税削减到零关税），而且在理论上很难说明贸易创造效应与"意大利面碗"现象共存的原因。因此，国内外学者都试图从理论和政策层面进一步严格讨论"意大利面碗"理论。

（一）国外学者的贡献

2006 年 7 月 26 日，《金融时报》刊登了该报记者弗兰西斯·威廉姆斯和阿兰·比蒂的文章《穷国身陷"意大利面碗"》，在当时的普通民众之间反响强烈。虽然该文并不是严格的经济学论文，却从直观角度阐述了"意大利面碗"对发展中国家带来的不利影响。该文指出，多哈回合谈判的失败将可能削弱基于规则的多边贸易体系，并可能使数目不断增长的优惠贸易协定进一步泛滥。双边贸易协定个数的增加及所涉及的贸易规模的提高，造成不同规则形成"意大利面碗"，大大增加了贸易的难度与成本，对穷国尤其如此，因为，双边和地区性的贸易安排使贸易强国能够在谈判中恃强凌弱。例如，美国坚持要求其他国家保护美国软件、音乐和电影，实施远高于世贸组织义务的知识产权保护；美国阻止智利在资本流动问题上使用紧急控制措施，而这一措施是智利政府曾长期推行的政策工具之一；在与新加坡的双边自贸区协议中，美国甚至部分地改变了这个城市国家禁止嚼口香糖的法令，迫使新加坡人接受口香糖应该是一种可以购买到的医疗辅助用品，等等。

"意大利面碗"现象产生的直接原因，固然是双边自由贸易区的大量签订，但是其根本原因的探讨则需要进一步考察自由贸易区出现的"传染效应"。鲍德温（Baldwin，1993，1995）最早提出"传染效应"的概念，并指出双边 FTA 的签订可能存在多米诺骨牌效应，即"自发的"传染效应。这一效应被视为是新一轮地区主义兴起的首要原因，因为为了减少或缓冲贸易转移带来的压力，各国不得不寻求加入既有的特惠贸易协定，或另起炉灶建立起与之相抗衡的地区贸易安排。而已有特惠贸易协定的成员国数量越多，非成员国希望加入这一协定的动机也就越强烈。

巴格瓦蒂（1991，2005）以及弗兰克尔和魏（Frankel，Wei，1997）从理论层面深刻揭示了"意大利面碗"效应带来的麻烦，他们认为世界贸易组织面对泛滥的地区主义已变成一个无所作为、"置身事外的旁观者"，而小国和穷国受其侵害尤甚。如果对地区主义不加限制的持续扩散袖手旁观，将可能扼杀曾在第二次世界大战后为世界带来富足的多边贸易体系。

一些学者关注到"意大利面碗"对贸易的消极影响，如索劳纳和温特斯（Soloana，Winters，2001）、克莱瑞特（Clarete，2002）、通巴雷洛（Tumbarello，2007）发现，由于"意大利面碗"的存在，亚太地区签署的多数FTA并没有导致明显的贸易转移效应，尽管少数参加了相互重叠FTA的经济体的具体影响效应可能并不明确。皮尔泽洛（Piazolo，2001）、克豪拉纳（Khorana，2007）则证明了存在严重的"意大利面碗"效应的情况下，经济一体化难以推动成员国的经济增长，甚至严重制约国内生产和地方工业发展。万瓦基迪斯（Vamvakidis，1998，1999）、维尔德（Velde，2008）、弗根（Fergin，2011）指出，南南型RTA的成员国之间的贸易、投资等自由化水平很低，所以制度性的经济一体化安排并没有促进成员的经济增长，非洲地区的面碗效应和非洲优惠贸易安排的水平无很强的关系。哈雅卡瓦（Hayakawa，2013）讨论了企业层面的面碗效应问题，他们认为企业同时使用很多FTA机制时，需要提高他们的本地投入份额以便满足所有FTA机制的原产地原则，使用越多FTA，跨国公司本地投入份额越高。

对于"意大利面碗"效应的实现路径问题，不少学者提出了自己的看法。如克鲁姆和克哈拉斯（Krumm，Kharas，2004）认为，"意大利面碗"之所以阻碍贸易，是因为不同的原产地规则增加了企业成本：贸易成本、管理成本和复杂程度，导致获取原产地证书的程序更困难、改变生产过程而变得更复杂、熟悉与应对无数复杂规定的管理成本加大。另一些学者讨论了改善"意大利面碗"的途径，如鲍德温（Baldwin，2006）认为，垂直分工或生产"碎片化"将会改变因"意大利面碗"造成的效率损失格局，进而改变双边FTA的受益方格局并推动统一原产地规则甚至推动多边贸易自由化。

（二）国内学者的贡献

至今为止，国内学者探讨"意大利面碗"现象的研究成果已经比较丰富了。但是，大多还只是停留在描述现象和政策分析，虽然这些成果的价值依然不可低估，缺乏严格的经济学理论阐述与实证检验是个遗憾。

张向晨（2004）在2004年第12期《WTO经济导刊》的卷首阐述了对"意大利面碗"现象的基本观点，并介绍了"意大利面碗"与自由贸易协定的关系。该文发表不久前，墨西哥政府决定今后不再与其他国家进行自由贸易协定的谈判。这似乎与当时世界上方兴未艾的自由贸易协定谈判浪潮背道而驰，然而作者认为墨西哥的决定却并非心血来潮。除了北美自由贸易区之外，墨西哥和其他很多国家也签署了自由贸易协定，而每签一个自由贸易协定，都要单独制定原产地规则，以区分产品是否来自协定国家，无疑增加了海关监管和认定的负担。这仅仅是问题的一方面，自由贸易协定过多，必然给贸易政策的统一性和协调性带来问题。墨西哥放弃今后进行自由贸易协定谈判，就是"意大利面碗"效应的典型表现。

张向晨指出，在自由贸易协定谈判中，双方产业结构是否相冲突、相竞争，是决定谈判结果自由化程度高低的重要因素。目前，只有少数几个国家有条件实行全面的自由贸易政策，而对大多数国家进行自由贸易协定谈判的国家，都会遇到结构性的冲突。这样一来，谈判的结果要么是零和游戏，利益不平衡，要么是相互妥协，将各自敏感的行业保护起来，不敏感的行业则相互开放，客观上形成对其他成员的不公平竞争。因而，双边自由贸易协定并没有传统观点认为的那样是达到贸易自由化的必由路径，也不是实现全球贸易自由化的次优选择。对某个特定国家而言，签订过多的双边自由贸易协定甚至可能阻碍其贸易自由化进程。

此外，自由贸易协定的增长势头能否减缓，关键还取决于大国的态度。如果美国和欧盟有所收敛，答案就是肯定的。而把多边体制和区域安排当作其对外贸易政策两翼的美国和欧盟恐难根本性地改变其对外贸易的总体思路。对它们而言，多边也好，双边也罢，都是一种打开别国市场的工具，哪个适用就用哪个。在此情况下，为避免被边际化，发展中国家不能放弃自由贸易协定的谈判，但同时必须注意取舍。这不是在理论上做最优和次佳选择，而是对现实世界的理性回应。如果一味追求签署双边自由贸易协定，最后的结果可能是得不偿失。

马建军和付松（2007）阐述了多个贸易协定同时存在产生的麻烦。他们认为，不同时间签订多个自由贸易协定将使贸易转移更加复杂。由于多个自由贸易协定的生效时间不同、过渡期不同、优惠安排的内容不同、伙伴的比较优势不同，可能会使贸易转移多次、反复地发生。[①] 俞顺洪（2008）则发现，"意大利面碗"效应在欧洲并不显著。[②] 他认为，原因在于1997年欧盟发起的"泛欧制度一体化"使已有的优惠原产地规则以统一的方式实施。1997年以来，泛欧模式已融入欧盟新的优惠贸易安排的伙伴成员。在协调优惠原产地规则的同时，欧盟委员会在2005年10月决定，将简化其在与第三国签署的优惠贸易协议中有关原产地规则的规定。这实际上为我们应对"意大利面碗"问题提供了方法上的借鉴。

沈铭辉（2011）关注东亚地区大量签署FTA带来的"意大利面碗"问题。[③] 他认为，以东盟为轮轴的"东盟＋1"FTA网络，由于在商品例外清单、降税步骤、原产地规则等多个方面存在着较大差异，因此很可能会恶化目前东亚地区已

---

① 马建军，付松：《基于美欧经验的自由贸易区发展战略》，《国际经济合作》，2007年第5期。

② 俞顺洪：《国外新区域主义研究综述》，《特区经济》，2008年第2期。

③ 沈铭辉：《应对"意大利面碗"效应——兼论东盟在东亚合作中的作用》，《亚太经济》2011年第2期。

经存在的"意大利面碗"效应，其直接结果就是提高了东亚地区企业利用 FTA 的交易费用，并导致部分 FTA 的利用率相对低下。根治这一问题的方法在于，在东亚地区建立大范围的 FTA，以此统合现存的 FTA；或者在东亚地区推行贸易便利化，特别是针对原产地规则方面的便利化措施，以功能性合作推动东亚合作。目前看来，建立大范围的 FTA 可能比较困难，因为目前中日韩 FTA 仍处于官方可行性阶段，推动它们进展的政治动力有限；更重要的是，从东盟的利益来看，东亚合作的进程必须能够加强东盟，而不是弱化东盟，即无论建立什么样的东亚合作机制，都不能损害东盟的独立和主导角色。从这个角度来说，辐射状的"东盟＋"结构最符合东盟的利益，当然其中以"东盟＋1"这样的"轮轴—辐条"结构最让东盟放心，因此目前寄希望于东盟去推动东亚合作的想法也不太现实。结合目前东亚合作的现状，以功能性合作推动东亚合作可能更现实点。

杨勇和张彬（2011）的研究是一个亮点。他们分析了多边化区域主义的产生动因和表现形式，并就多边化区域主义对亚太区域经济一体化的影响和其发展趋势进行了深入研究，结论是多边化区域主义符合亚太经济合作的发展趋势，但其前景取决于大国利益的博弈。[①] 他们在该文中指出，同时加入多个 RTA 虽然会扩大市场，但是"意大利面碗"效应会因利用规则成本的提高而在事实上遏制成员国的经济增长。

一些学者观察到了"意大利面碗"效应的变化情况。例如，贺平（2012）指出，"意大利面碗"效应不再仅仅指复杂的原产地规则，对于不同地区优惠贸易安排中的知识产权保护、倾销、补贴、贸易法规的现象同样适用；[②] 贾秀东（2013）则关注到政治安全领域的"意大利面碗"现象，他认为政治的亚太复杂得多，时常波诡云谲。虽说和平发展也是亚太时代的潮流，但矛盾和分歧层出不穷，政治安全领域的"意大利面碗"现象已经比较突出。[③] 王维然和赵凤莲（2012）则基于鲍德温（Baldwin，1993，1995）提出的"多米诺"效应，进一步研究了欧亚经济共同体对一国一体化水平的影响。他们认为，欧亚经济共同体并未能促进中亚国家区域经济一体化程度的提升，主要是因为其一体化更多的是由于各国政府担心本国被排除在一体化范围外的政治"多米诺"效应，中亚地区一体化进程中"多米诺"效应大于"意大利面碗"效应。[④]

---

① 杨勇，张彬：《浅析多边化区域主义在亚太区域经济一体化中的影响》，《世界经济研究》2011 年第 11 期。

② 贺平：《地区主义还是多边主义：贸易自由化的路径之争》，《当代亚太》2012 年第 6 期。

③ 贾秀东：《中国与东盟经贸新战略》，《中国经济报告》2013 年第 3 期。

④ 王维然，赵凤莲：《欧亚经济共同体对中亚区域一体化影响的研究》，《国际经贸探索》2012 年第 10 期。

"意大利面碗"理论的提出，对于国际贸易学界重新认识区域经济一体化的经济效应具有重要意义，首先，促使国际贸易学界和政府机构关注区域经济一体化对成员国的不利影响。传统的关税同盟理论及其他相关理论，虽然在贸易转移效应和区域经济一体化的世界福利效应方面存在较大分歧，但是在贸易创造效应方面观点基本是一致的，即区域经济一体化促进了成员之间的贸易自由化，因而能够创造额外的贸易量，从而提升成员的贸易福利。"意大利面碗"理论却对这一传统认识提出了质疑，即认为区域经济一体化对于区域内部成员也可能存在贸易的负向福利效应，因为多个区域经济一体化协议的交织可能增加贸易成本。其次，"意大利面碗"理论客观上提出了研究国家参与区域经济一体化组织的最优个数的意义，对于现有国际贸易理论无疑是很好的补充。将国家作为广义的微观个体，借鉴最优化思想考察国家的最优参与组织个数，将成为未来国际贸易研究的新领域。最后，"意大利面碗"理论及其相关研究为最终讨论并得出化解方法奠定了基础。

我们始终坚信，在全球贸易自由化不可能一蹴而就的现实背景下，双边自由贸易协定的签订及双边贸易自由化的发展，无疑是最终达到全球贸易自由化的最优路径，因为理论上的"最优"路径（即多边贸易协定的全面达成）现在看来是难以快速实现的。因而，不能因为"意大利面碗"效应的存在而否认双边贸易协定达成的重要意义。但是，诸多双边贸易自由化的努力是否会带来贸易成本的提高和贸易效率的降低，应该引起学界和政策制定者的关注。我们相信，通过更为合理恰当的双边商谈，能够尽可能减轻"意大利面碗"效应带来的不利影响，但是真正全面实现贸易自由化，还是应该更多地依赖多边贸易协定的签订，其中，WTO 如何能够发挥更加有效的作用将成为未来讨论的重点。

第二节　城市、区域与国际贸易的空间经济学[①]

严格来说，空间经济学涵盖的范围很广，远远不止城市经济学和区域经济学所能概括。但是，近年来随着新—新贸易理论的发展，城市经济学和区域经济学的相关理论模型与研究方法与国际贸易的研究范式开始越来越多地结合起来，尤其是克鲁格曼（1991）从国际贸易发展的角度描述了城市形成的空间演化过程，从而将国际贸易与城市、区域经济的研究融为一体，形成了空间经济学发展的新思路。

---

① ［日］藤田昌久等：《空间经济学——城市、区域与国际贸易》，中国人民大学出版社 2011 年版。

一、城市、区域与国际贸易的空间经济学起源

如前所述，狭义的贸易地理理论特指本部分将要介绍的城市、区域与国际贸易的空间经济学，而它的起源则是空间经济学。

德国传统古典区位理论的产生，标志着古典空间经济学的创立。而后瓦尔特·克里斯塔勒（Walter Christaller）和奥古斯特·罗西（August Losch）分别在1933年和1939年出版两本重要的著作：《德国南部的中心地区》《区位经济学》，首次提出空间经济学中的一个核心概念"中心—地方理论"，标志着新古典区位理论的诞生。此后，一批著名的经济学家，如阿朗索（Alonso）、伊萨德（Isard）等利用新古典经济学的建模方法与思路，构建了标准的区位问题模型，即厂商可以被看作是在权衡运输成本与生产成本，用中央商业区（CBD）替代城市，建立"单中心城市模型"，现代经济学意义上的空间经济学框架正式构建完成。

现代空间经济学的一个重要发展标志，是区位理论与国际贸易相关理论研究相结合，这一贡献将归功于俄林。其重要著作《地区间贸易与国际贸易》在1966年修订时，专门增加了一章附录用于阐述国际贸易与区位理论的联系，他指出："贸易理论的一大部分可以看作是区位理论的一小部分"。虽然直到克鲁格曼（1991）构建新经济地理模型后，国际贸易对空间经济演化的内生作用才开始得到广泛关注与讨论，但是俄林无疑是最早将国际贸易与空间经济学相联系的经济学家。

（一）空间经济学的基本含义

空间经济学在区位论基础上产生，主要研究空间的经济现象和规律，具体来说，包括生产要素的空间布局和经济活动的空间区位两方面的内容。空间经济学试图回答如下问题：生产要素的流动和集聚是怎样对立统一起来的？既然经济的全球化加速了生产要素在世界范围内的流动，既然一国之中生产要素的流动并无更多的限制，为什么仍有那么多经济活动的集聚？在封闭背景下，为什么绝大多数城市会出现"工业中心，农村外围"的布局特点？在经济开放和贸易自由化的背景下，一国经济活动的区位会发生什么样的变化？在区域经济一体化的进程中，一国或一个地区是赢得"中心"地位，还是沦为"外围"？一个国家或地区如何参与国际分工？

新经济地理学现在成为空间经济学的主要研究内容，其基本思想是从微观层面探讨影响企业区位决策的因素，从宏观层面解释现实中存在的各种经济活动的空间集中或集聚现象。具体来说，核心观点有：第一，经济系统内生的循环累积

因果关系决定了经济活动的空间差异。宏观的经济活动空间模式是微观层次上的市场接近效应和市场拥挤效应共同作用的结果，追逐市场接近性优势的微观经济的主体的行为产生了聚集力，即价格指数效应和本地市场放大效应，这种前后联系具有循环累积因果特征，它们可以使对经济系统的初始冲击进一步放大，从而强化初始的冲击。聚集力的市场拥挤效应所产生的扩散力，决定了最终经济活动的空间模式。第二，即使不存在外生的非对称冲击因素，经济系统的内生力量也可以促使经济活动产生空间差异。向心力和离心力随贸易成本的下降而减弱，但分散力的减弱速度相对快。在空间贸易成本较大的情况下，分散力会相对大一些，这时市场拥挤效应占优势，经济系统内存在负反馈机制产业的均衡分布得以稳定。当空间贸易成本下降到某一临界值时，聚集力超过分散力，市场的接近性优势超过了市场拥挤劣势，均衡分布被打破，现代部门向某一区域集中，随之初始均衡分布结构演变为非均衡分布结构。第三，在某些临界状态下经济系统的空间模式可以发生突变。如果产业为均衡分布且贸易自由度很小，则贸易自由度的提高不会影响产业的区位，但贸易自由度变化到某一临界值后，贸易自由度稍微增加，就发生突发性聚集，因为此时所有产业集中在某一区域是稳定的。第四，区位存在"粘性"或"路径依赖"。最初可能因为偶然的原因，历史上选择了某种产业分布模式或发展路径，那么，在较长的历史过程中，各种经济活动已经适应这种模式或路径，紧紧地"粘上"这种模式或路径，要改变这种模式或路径需要支付很大的成本。第五，人们预期的变化对经济路径产生极其深刻的影响。当区际贸易自由度取某一特定区间值时，经济活动的空间模式存在长期稳定均衡，进而出现不同产业分布模式相互叠加的情况。当出现这种叠加区时，如何选择发展路径主要取决于人们预期的变动，此时人们将根据变化后的预期，任意选择不同的产业分布模式或发展路径。这种选择时的主要依据为有效性原由，即每个个体都认为大多数人选择的某种经济模式是有效的，在此每个个体也选择大多数人选择的经济模式。这样，人们预期的变化将把原有的经济系统推向另一种经济系统。第六，产业聚集带来聚集租金。当出现产业聚集区时，可流动要素将选择这种聚集区，因为在聚集区可以得到集聚租金。这种聚集租金可以由工人所遭受到的损失来度量，也就是当产业完全聚集稳定均衡时，工人从聚集区转移到边缘区时遭受的损失。聚集租金是贸易自由度的凹函数，当贸易自由度处于特定区间时，聚集租金大于零，贸易自由度取某一特定值时，聚集租金最大，而后随自由度的提高，聚集租金下降，显示为驼峰状。聚集租金的政策含义很明确，即当产业聚集在某一区域是稳定均衡时，经济政策的边际变动不会带来经济状况的变化。

(二) 空间经济学的建模思路①

近年来，空间经济学的发展主要围绕新经济地理学展开，即通过构建宏微一体化模型，以个体劳动者和厂商最优化为起点，描述城市区域形成、生产要素集聚和工农业布局优化的形成过程和路径，并在此基础上引入国际贸易和运输成本因素，讨论开放条件下的经济地理过程。新经济地理学在一定程度上被认为是新—新贸易理论的组成部分，原因就在于国际贸易和运输成本因素的引入强化了空间经济学优化路径和解释现实的力度，将新经济地理学的模型推向了开放背景。

一个出色的介绍来源于梁琦（2005），将新经济地理的建模策略归于四个口号：D－S模型、冰山成本、动态演化和计算机。

D－S模型开创了不完全竞争背景下的市场结构讨论，从思想和技术层面都突破了新古典经济学的框架，从而被广泛借鉴于经济学的各项前沿研究中，其中，重要的应用就是新经济地理的模型构建。空间经济学中的区域模型将D－S模型应用于空间分析中，几乎可以被视为D－S模型的空间版本。

"冰山成本"则是萨缪尔森（1952）的天才性创造，传统的识别成本的方法往往采用价格加成，但是，这种方法很难体现运输成本这种特殊类型成本的经济学含义。冰山成本的思想是把运输成本当作货物的自然损耗，就好像在运输冰山一样，货物到达目的地产生的运输成本相当于冰山到达目的地融化掉的那一部分损耗。这种描述是非常聪明的刻画运输成本的方法，因此规模报酬递增和运输成本之间的权衡关系是空间经济理论的重要基础。

空间经济的演化，指的是经济究竟如何从一些（或许多）可能的地理结构中选择其一的。当然，最抽象和大而化之的描述是经济遵循最优化理性人原则，最终选择唯一的地理结构，这种结构一定是针对整体而言最优的，但是这种描述并没有深刻揭示选择的过程，从而不具备经济学的理论意义。空间经济演化就是通过借鉴动态优化的思想，将微观个体的行为抽象成一个个被赋予经济含义的方程，从而在宏观层面上得到描述地理结构演化与选择的方程组。

克鲁格曼等的贡献是，通过建立新经济地理学的模型，借助数值方法来演化地理结构的选择过程，而这种数值模拟必然离不开计算机的运算与解析。通过动态优化技术获得的方程组，即使是最为简单的表述，也很难找到一个解析解，因此往往只能通过计算机预先设定参数值，然后借助数值模拟获得一定条件限制下的解。因此，空间经济学的建模思路似乎可以这样表达，在空间D－S模型和冰

---

① 梁琦：《空间经济学：过去、现在与未来——兼评〈空间经济学——城市、区域与国际贸易〉》，《经济学季刊》，2005年第3期。

山成本思想的背景下，利用动态演化的技术获得均衡方程组，然后使用计算机进行数值模拟，得到均衡方程组的模拟解，从而完成对模型的整体描述。

（三）空间经济学的基本模型

梁琦（2005）指出，空间经济学中有三种模型：区域模型、城市体系模型和国际模型。我们认为，仅就传统空间经济学而言，前两种模型是更加基本的。近年来，国际贸易相关理论和背景的引入，与空间经济学基本框架相得益彰，共同组成了新经济地理学的基础，这一部分内容将主要放在后文介绍传承与未来发展中详细介绍。本节主要介绍区域模型和城市体系模型这两种空间经济学的基本模型。

1. 区域模型：中心—外围框架

空间经济学在考察城市形成与布局的演化过程中，往往会发现大多数城市容易形成工业中心，农业外围模式，中心—外围框架则是空间经济学用于描述和解释该演化过程的基本范式。基本的前提假设是，农业生产和农产品销售是完全竞争的，因而生产的是同质产品，价格由市场供需决定，任何农业生产厂商不能影响价格；工业生产和工业产品销售是垄断竞争的，遵循 D－S 模型描述的特点，供给大量差异化产品，具有收益递增的特征。更为重要的是，工业生产者可以自由流动，但是工业制成品存在"冰山成本"，农民无法流动且农产品无运输成本。在以上假设前提的限制下，城市往往会在微观个体最优化的选择背景下最终演化为"工业中心，农业外围"的格局。

克鲁格曼用 Turing 方法证明了将两个地区的例子推广至多个地区与连续空间，依然能够最终演化成"中心—外围"模式，集聚因素将使得在多个地区和连续空间中产生更大规模的集聚。当然，"中心—外围"模式并不是所有城市演化过程中必然产生的，即使最终能够产生也依赖于许多前提假定的限制，因而现实中很多城市的演化过程与模型描述的存在差别。但是，"中心—外围"模式的意义重大在于以微观个体优化为起点，最终推演出城市形成与布局特点的动态演化路径，在极其抽象的条件下抓住了运输成本和产品市场结构这两个主要因素，描述了城市最终形成"工业中心，农业外围"的深刻原因。

2. 城市模型：层级体系演化

城市模型实际上讨论的是比区域模型更加根本的问题：城市是怎样产生的？为什么有些地方可以成为城市，有些地方却只能成为农村？为什么城市会形成不同的层级？为什么城市依然可以在生产要素不断流动的条件下持续存在？这些问题从理论上说都产生于区域模型需要解释的问题之前，因为只有解释清楚城市产生的原因，继续讨论城市的布局形成特点才有意义。

城市模型以冯·杜能的"孤立国"为起点，定义城市为制造业的集聚地，四周被农业腹地包围。随着经济人口和农业腹地边缘与中心距离的逐渐增加，某些制造业会在一定时期选择向城市外迁移，这就导致了新城市的产生。人口的进一步增长会产生更多城市，然后继续向外发展。一旦城市的数量足够多，城市的规模和城市间的距离将会在某一固定水平上稳定下来，而这一固定水平取决于离心力和向心力的相对作用在何种水平上达到平衡。

虽然城市模型所讨论的问题在理论上比区域模型的更加根本，但是其顺利构建却离不开区域模型的基本论证逻辑。一个重要的问题是，当制造业向城市外迁移形成新城市后，新城市是否也将最终演化为"工业中心，农业外围"？只有通过区域模型论证这一过程可以在时间维度上持续重复，才能讨论多个城市逐渐形成的微观过程。我们不妨做一下理论上的假设，如果区域模型无法在时间维度上持续重复，那么，当第二个城市（新城市）产生以后，必然出现工农业平均分散分布的格局，① 将会导致制造业无法集聚，进而难以产生规模效应，长期而言，制造业萎缩造成城市逐渐被农业包围，就变成了农村，新城市消失从而重新回到"孤立国"原点，就无法解释大量城市出现并形成集聚经济圈。因此，完备的空间经济学模型的构建，必须将区域模型和城市模型的构建思路结合起来。

二、城市、区域与国际贸易的空间经济学传承

国际贸易背景与理论的引入，标志着新经济地理学进入崭新的发展时代，既是对空间经济学理论的传承，也是对新贸易理论的进一步发展。

（一）国际贸易、劳动力流动性与区域发展

将国际贸易引入区域模型，一个代表性的做法是假定将制造业产品运输到遥远的地方，从而产生贸易成本。在这基础上，逐步放松农产品运输无成本的假定，最终达到将贸易成本完全引入区域模型的目的。

1. 多个地区与运输成本②

根据建立空间经济学模型的需要，为方便起见，有时可以把整个经济看作是由有限区域（地域或国家）组成的，有时候也可以把它看作是分布在连续空间中的。假定每种产品只在一个地区生产，而且所有特定地区生产的产品都是对称

---

① 克鲁格曼（1991）指出，城市的布局实际上只有两种理论上的选择，要么是"工业中心，农业外围"，要么是工农业平均分散分布在城市各处。

② 藤田昌久等：《空间经济学——城市、区域与国际贸易》，中国人民大学出版社 2011 年版。

的，有相同的生产技术和价格。假定 n_r 表示地区 r 生产的产品种类数，p_r^M 表示各类产品的 FOB 价格。A 代表农产品（agriculture），M 代表制成品（manufacture）。

运输成本假定为"冰山成本"形式，具体而言，就是如果把 1 单位农产品（或某种制成品）从地区 r 运到地区 s，那么，只有其中的 $1/T_{rs}^A$（或 $1/T_{rs}^M$）能够到达，因此要保证有 1 单位农产品（或某种制成品）能够顺利运送到目的地，在生产地必须装运 T_{rs}^A（或 T_{rs}^M）单位的该产品。

如果某种制成品在生产地 r 的售价是 p_r^M，那么，它在消费地 s 的 CIF 价格 p_{rs}^M 就可以通过式（7-1）得到：

$$p_{rs}^M = p_r^M T_{rs}^M \qquad \text{式（7-1）}$$

不能忽视的是，各个地区制成品的价格指数可能都有所区别，假定地区 s 的价格指数为 G_s，于是，在最优化和 D-S 框架下：

$$G_s = \Big[\sum_{r=1}^R n_r (p_r^M T_{rs}^M)^{1-\sigma} \Big]^{1/(1-\sigma)}, \ s = 1, \cdots, R \qquad \text{式（7-2）}$$

基于克鲁格曼（Krugman，1991）的模型，地区 s 对地区 r 生产的一种产品的消费需求为：$\mu Y_s (p_r^M T_{rs}^M)^{-\sigma} G_s^{(\sigma-1)}$。其中，$Y_s$ 是地区 s 的收入。由于存在冰山成本，要保证地区 s 的消费需求得到满足，在地区 r 装运的产品数量必须是它的 T_{rs}^M 倍。把这种产品在各地区的消费量相加，就可以得到地区 r 这种产品的总销售量：

$$q_r^M = \mu \sum_{s=1}^R Y_s (p_r^M T_{rs}^M)^{-\sigma} G_s^{\sigma-1} T_{rs}^M \qquad \text{式（7-3）}$$

从式（7-3）可以看出，销售量受到如下因素影响：各地区的收入、价格指数、运输成本及出厂价。其中，运输成本的存在，实际上为国际贸易背景的引入奠定了基础。一方面，国际贸易的行为本身推动着微观个体最优化的演进；另一方面，通过运输成本影响不同地区的产品销售量，从而间接影响城市形成的生产要素的集聚。

2. 农业运输与贸易成本

如果逐步放松农业不存在贸易成本的假定，情况会有怎样的不同？将农产品看成可贸易且存在贸易成本，是新—新贸易理论之前很少采用的思路。但是现实中，农产品贸易的规模很大，农产品运输的成本也很高，因而考虑农业运输的贸易成本问题是必要且具有现实意义的，使得新经济地理学更能解释现实问题。

假定农产品依然是同质的，且 1 单位农业劳动力可以生产 1 单位农产品。两个地区各拥有一半农业劳动力，w_r^A 表示地区 r 提供的农业劳动力工资。由于农产品同质，所以农业工资也就等于农产品价格，关键变化是农产品也要按比率 T^A

支付冰山成本，所以两地间农业工资及农产品价格不再相等，差额取决于该地区究竟出口农产品还是进口农产品。假定 w_r^M 表示制造业部门的工资，则两地区收入形式分别为（地区 1 进口农产品，收入份额较大）：

$$Y_1 = \mu\lambda W_1^M + \frac{1-\mu}{2}W_1^A, Y_2 = (1-\lambda)\mu W_2^M + \frac{1-\mu}{2}W_2^A \qquad 式（7-4）$$

制造业部门的情况如本章第一节所述，因此可以分别得出两地区的物价指数方程和工资方程：

$$G_1^M = [\lambda(W_1^M)^{1-\sigma} + (1-\lambda)(W_2^M T^M)^{1-\sigma}]^{1/(1-\sigma)}$$
$$G_2^M = [\lambda(W_1^M T^M)^{1-\sigma} + (1-\lambda)(W_2^M)^{1-\sigma}]^{1/(1-\sigma)} \qquad 式（7-5）$$

$$W_1^M = [Y_1(G_1^M)^{\sigma-1} + Y_2(G_2^M)^{\sigma-1}(T^M)^{1-\sigma}]^{1/\sigma}$$
$$W_2^M = [Y_1(G_1^M)^{\sigma-1}(T^M)^{1-\sigma} + Y_2(G_2^M)^{\sigma-1}]^{1/\sigma} \qquad 式（7-6）$$

进一步，我们允许两地生活费用中的农产品价格略有不同，则工人的实际工资变为：

$$W_1 = W_1^M(G_1^M)^{-\mu}(W_1^A)^{\mu-1}, W_2 = W_2^M(G_2^M)^{-\mu}(W_2^A)^{\mu-1} \qquad 式（7-7）$$

以上展示了新经济地理学最初引入国际贸易的基本思路，即将国际贸易行为看成农业和制造业产品存在运输成本的理由和背景，该思想巧妙地将国际贸易这种基于微观企业个体的优化行为转化为运输成本，从而使得其很好地进入空间经济学和 D-S 垄断竞争框架中。但是，新经济地理学仅仅发展到这一步是不够的，因为国际贸易行为本身的机制也很复杂，它的运行和演化过程与城市、区域的最终形成有着深刻的内生联系，阐述这种联系并将其纳入统一的城市、区域经济学框架则是 2000 年以来的主要研究思路。

（二）国际贸易与经济地理

1. 国际专业化

国际角度的专业化究竟如何演进，是将国际贸易直接引入空间经济学框架必须解决的首要问题。事实上从经济学的角度来说，当我们在地理空间中移动时，跨越国界并没有什么特别之处，诸如关税和非关税壁垒本质上也是对生产成本起到加成作用，这只是造成生产者在另一个层次上进行最大化利润，并不改变演化的根本路径。当然，以上阐述的假设前提是不将政府行为纳入研究框架，因为关税很大程度上是政府的重要福利来源。

国界带来的另一个问题是劳动力的跨国流动，但是跨国流动和跨地区流动在经济学机制上同样并无显著差异，在冰山成本框架下已经很好地讨论了劳动力的跨地区流动问题，发现城市与区域的形成、劳动力和产业的集聚、城市的布局在很大程度上受到劳动力流动的影响。如果劳动力是不可流动的，那么就不能从前面阐述的框架来理解集聚，而应该基于国际专业化的演进过程来阐述国际贸易与经济地理的关系，将主要依靠中间产品的引入和相关模型的构建。

为了说明中间产品的生产、投入和贸易过程如何进行，可以关注每个制造业厂商的生产技术。与冰山成本框架不同的是，不再假定生产只投入劳动力一种要素，而是认为生产要素包括劳动力和一种中间产品。令地区 r 的中间产品价格为 G_r，生产函数为 C－D 形式，中间产品所占份额为 α，因此投入价格既适用于生产的固定成本，也适用于边际成本。于是，厂商将进行如下定价：

$$p_r = w_r^{1-\alpha} G_r^{\alpha} \qquad \text{式（7－8）}$$

中间产品被假设为由不变替代弹性函数进行生产，这样，在地区 r 中间产品的价格指数 G_r 的形式为：

$$G_r = \Big[\sum_s n_s (p_s T_{sr})^{1-\sigma} \Big]^{1/(1-\sigma)} \qquad \text{式（7－9）}$$

其中，n_s 是地区 s 生产的各种产品的种类数，p_s 是离岸价，T_{sr} 是运输成本。这种生产技术意味着厂商把各种制成品作为中间产品投入生产，所以可以因这个地区拥有大量的制成品而获益。这实际上构造了一个完整的前后联系的中间品模型，即某一地区如果越靠近大量的中间产品，则越可以降低价格指数，从而降低使用这些中间产品的厂商的生产成本。此外，从当地获得的产品种类越多，成本就越低，因为节约了中间产品的运输成本。

销售方面假定每个厂商的产出都有一部分作为最终消费品进入消费市场，另一部分作为中间产品供给企业，因此，在每个地区制成品的需求存在两个来源。定义地区 r 的制成品支出 E_r 为：

$$E_r = \mu Y_r + \alpha n_r p_r q^* \qquad \text{式（7－10）}$$

式（7－10）表明，地区 r 的厂商数目越多，对中间产品的需求就越大，在其他条件不变的情况下，制成品的总支出也越大。

现在，将模型推广到两国之间。假定世界上只有两个国家，每个国家劳动力的总供给都为 1，在各个国家内部劳动力可以自由流动（包括部门内和部门间都可以自由流动）。r 国制造业部门中劳动力的份额为 λ_r，制造业总产值为 $n_r p_r q^*$，因此，制造业的工资支出就是总产值的 $(1-\alpha)$，即 $w_r \lambda_r = (1-\alpha) n_r p_r q^*$，恰当单位化使得 $q^* = 1/(1-\alpha)$，因此，$n_r = \dfrac{w_r}{p_r} \lambda_r$。

将 $n_r = \dfrac{w_r}{p_r} \lambda_r$ 和式（7－8）代入式（7－9）可以得到每个国家的价格指数：

$$G_1^{1-\sigma} = \lambda_1 W_1^{1-\sigma(1-\alpha)} G_1^{-\alpha\sigma} + \lambda_2 W_2^{1-\sigma(1-\alpha)} G_2^{-\alpha\sigma} T^{1-\sigma} \qquad \text{式（7－11）}$$

$$G_2^{1-\sigma} = \lambda_1 W_1^{1-\sigma(1-\alpha)} G_1^{-\alpha\sigma} T^{1-\sigma} + \lambda_2 W_2^{1-\sigma(1-\alpha)} G_2^{-\alpha\sigma} \qquad \text{式（7－12）}$$

当厂商的定价使销售量为 $1/(1-\alpha)$ 单位时，利润为零，就以零利润条件决定了制造业工资水平如下：

$$\frac{(W_1^{1-\alpha}G_1^\alpha)^\sigma}{1-\alpha} = E_1 G_1^{\sigma-1} + E_2 G_2^{\sigma-1}T^{1-\sigma}, \quad \frac{(W_2^{1-\alpha}G_2^\alpha)^\sigma}{1-\alpha} = E_1 G_1^{\sigma-1}T^{1-\sigma} + E_2 G_2^{\sigma-1}$$

式（7-13）

把 $w_r\lambda_r = (1-\alpha)n_r p_r q^*$ 代入式（7-10）可得：

$$E_1 = \mu Y_1 + \frac{\alpha W_1 \lambda_1}{1-\alpha}, \quad E_2 = \mu Y_2 + \frac{\alpha W_2 \lambda_2}{1-\alpha}$$

式（7-14）

式（7-14）展示了支出的组成结构，其中一部分来源于消费者，另一部分来源于厂商对中间产品的需求。

中间产品的引入使得模型可以很好地描述国际层面专业化对支出的影响，为进一步讨论国际贸易与经济地理的关系奠定基础。但是，仅仅进行国际专业化的讨论依然不能解释国际贸易如何促进城市与区域的形成，也无法说明二者相互影响的内在实现路径。对开放经济中的城市形成、集中与生产要素集聚问题的解释，是城市区域经济学与国际贸易的集大成理论必须完成的工作。

2. 国际贸易与经济地理

在新经济地理学框架下，独立的区域模型、城市模型和国际模型存在显著的差异：在区域模型中，工业制成品的投入要素是可以流动的，而农产品的投入要素是不能流动的；在城市模型中，除了土地以外的其他投入要素都可以自由流动，因而城市可以在要素自由流动的基础上形成接连不断的城市群，最终实现城市的集中；在国际模型中，投入要素不能流动，但中间产品能够带来前向关联与后向关联，因此能够在国际专业化的基础上形成生产要素的合理配置与地理分布。但是如前所述，分别独立考察这三种模型，还不足以把国际贸易完全纳入新经济地理学的基本框架，只能依靠"冰山成本""中间产品"等与贸易行为相关的间接转化因素，实现机制层面的融合，显然不能完全满足描述开放经济条件下城市区域形成和分布内在机制的要求。因此，相关的研究试图把三种模型的假设条件统一起来考虑，以期更准确地描述国际贸易与经济地理的关系。

考察一个包括三个特定地区的世界经济：地区1、地区2和地区0，其中，地区0代表外国。这三个地区之间互相能够进行贸易，当然地区1和地区2之间进行国内贸易，地区0和其他两个地区进行国际贸易，因此劳动力只能在地区1和地区2之间流动。假定劳动是唯一的生产要素，以国外地区0的劳动力作为计价单位，即在地区0中劳动力的价格被标准化为1。假定地区0中的劳动力数为 L_0，因此，可以选择恰当的单位使得国内劳动力总数为1，其中，地区1占份额 λ，地区2占份额（$1-\lambda$），即三个地区的收入为：$Y_0 = L_0$；$Y_1 = \lambda W_1$；$Y_2 = (1-\lambda)W_2$。运输成本上我们需要进一步假定：如果产品在国内两个地区之间运输，每一单位的产

品只有 $1/T$ 能达到目的地；如果要将产品运输到国外，则每一单位的产品只有 $1/T_0$ 能到达目的地。这包含了如下含义，即国内两个地区向国外运输货物的成本相同，国内任何一个地区都不比另外的地区更加接近国外市场。于是，一般形式的价格和工资方程可以表述为：

$$G_0 = [L_0 + \lambda(W_1T_0)^{1-\sigma} + (1-\lambda)(W_2T_0)^{1-\sigma}]^{1/(1-\sigma)} \qquad 式（7-15）$$

$$G_1 = [L_0T_0^{1-\sigma} + \lambda W_1^{1-\sigma} + (1-\lambda)(W_2T)^{1-\sigma}]^{1/(1-\sigma)} \qquad 式（7-16）$$

$$G_2 = [L_0T_0^{1-\sigma} + \lambda(W_1T)^{1-\sigma} + (1-\lambda)W_2^{1-\sigma}]^{1/(1-\sigma)} \qquad 式（7-17）$$

$$W_1 = [Y_0G_0^{\sigma-1}T_0^{1-\sigma} + Y_1G_1^{\sigma-1} + Y_2G_2^{\sigma-1}T^{1-\sigma}]^{1/\sigma} \qquad 式（7-18）$$

$$W_2 = [Y_0G_0^{\sigma-1}T_0^{1-\sigma} + Y_1G_1^{\sigma-1}T^{1-\sigma} + Y_2G_2^{\sigma-1}]^{1/\sigma} \qquad 式（7-19）$$

到此为止的模型还不能说明劳动集聚的情况，因此必须引入一种与生产要素集聚相反的力量，以保证模型能够得到合理的 trade off。在城市和区域的形成过程中，土地这类生产要素是不能流动的，就在微观层面提供了一种可能促使劳动力不愿意集聚的相反力量，转化成城市结构就可以认为城市的拥堵存在成本，越多劳动力集聚就越容易导致城市的拥堵，于是每个地区的实际工资为：

$$w_1 = W_1(1-\lambda)^{\delta}/G_1, \quad w_2 = W_2\lambda^{\delta}/G_2 \qquad 式（7-20）$$

其中，$(1-\lambda)^{\delta}$ 和 λ^{δ} 代表地区的拥挤成本，相当于在冰山成本基础上又增加了一部分成本影响实际工资的金额。当然，必须假定 $0 < \delta < 1$，以保证某个地区人口的增加会导致该地区实际工资水平的下降，即拥挤对于实际工资而言是存在负向效应的。此外更进一步的信息是，拥挤成本越高，实际工资下降的速度也越快，即拥挤的边际实际工资递增，如果全国所有的人口都集中到某个地区，那么，该地区的实际工资必然为 0，因而 λ 根据各个地区的实际工资水平与整体平均水平的相对变动关系加以确定并达到均衡。

基于以上阐述，可以讨论国内经济与国际经济一体化是如何影响劳动力在国内两个地区之间的最优配置。这实际上是将国际贸易引入新经济地理模型，并揭示二者直接影响机制的关键所在。核心的改变，是考虑当劳动力在两个不同产业①之间流动时，实际工资会有怎样的变化。

根据最优化原理，劳动力必然追求高工资，因而将根据各产业的工资水平与该地区平均工资水平的差异，来决定在同一个地区内部不同产业之间进行流动；同时，劳动力也会根据不同地区的平均工资水平与整个经济体的平均工资水平的差异，来决定在地区之间进行流动。这个"地区"的概念，可以是一国的不同地区，也可以是不同国家。定义 θ_i 为产业 1 在地区 i 所雇用的劳动力份额，λ 表示地区 1 中的人口在总人口中所占的份额，于是我们得到：

---

① 可以是国家或地区内部的不同产业之间，也可以是不同国家或地区的不同产业之间。

$L_1^1 = \lambda\theta_1$, $L_1^2 = \lambda(1-\theta_1)$, $L_2^1 = (1-\lambda)\theta_2$, $L_2^2 = (1-\lambda)(1-\theta_2)$ 式（7-21）

劳动力在各地区的两个产业之间进行流动的动态变化，可以由下列微分方程组表示：

$$\dot{\theta}_1 = \gamma_\theta(\omega_1^1 - \bar{\omega}_1)\theta_1, \quad \dot{\theta}_2 = \gamma_\theta(\omega_2^1 - \bar{\omega}_2)\theta_2$$

其中，γ_θ 是调节速度，$\bar{\omega}_i$ 是地区 i 的平均工资水平，且有 $\bar{\omega}_i = \theta_i\omega_i^1 - (1-\theta_i)\omega_i^2$ 式（7-22）

劳动力在两个地区之间进行流动的动态变化，由如下微分方程决定：

$$\dot{\lambda} = \gamma_\lambda(w_1 - \bar{w})\lambda$$ 式（7-23）

其中，同样 γ_λ 是调节速度，w_1 和 w_2 分别代表每个地区的平均实际工资，而 $\bar{\omega}$ 代表整个经济体的平均实际工资：

$w_1 \equiv \bar{\omega}_1(G_1^1 G_1^2)^{-1/2}(1-\lambda)^\delta$, $w_2 \equiv \bar{\omega}_2(G_2^1 G_2^2)^{-1/2}\lambda^\delta$, $\bar{w} \equiv \lambda w_1 + (1-\lambda)w_2$

式（7-24）

以上方程完整描述了国际经济一体化下的产业结构分布与城市集中路径，基于这样的背景可以直接分析国际贸易相关行为与经济地理的关系。例如，我们考虑贸易壁垒减少的效应，易知贸易壁垒减少后规模较大地区的人口会流向规模较小的地区（$L_1 = L_1^1 + L_1^2$ 减少），如前所述，当经济变得更加外向后，来自消费者支出的后向关联效应就会变弱，因此由拥塞成本引起的离心力会使人口变得更加分散。此外，规模较大的地区（地区1）中的产业2会逐渐转移到地区2（L_1^2 减少，L_2^2 增加），使得规模较大的地区变得更加专业化，这是因为此时对外贸易起到了平衡各地区、部门的产品供需关系的作用，就促进了由产业内关联引致的产业专业化。需要注意的是，对外贸易起到的平衡各地区、部门的产品供需关系的作用是新古典贸易理论的基本观点，而将这一基本观点融入新经济地理学的框架，实际上进一步推进了贸易与新经济地理学关系的阐释。因此，贸易自由化会导致人口分散，但是促使产业更加集中。

前面对新经济地理学当前的基本框架与发展情况做了一个完整的描述，其中国际贸易因素的引入应当是近年来新经济地理学的核心特点。从本质上说，国际贸易通过影响运输成本和专业化程度来影响各种生产要素的流动与配置，从而进一步影响城市的形成、布局和发展，这在空间上促进了产业在地区层面相对集中，但是在微观个体上又带来了人口的分散流动。更为重要的是，新经济地理学的发展给出了国际贸易影响福利水平的更深层次的实现机制。新古典贸易理论认为，进行国际贸易所获得的收益主要来自消费者和生产者的福利增进，其中生产者主要通过发挥比较优势进行专业化生产实现福利提升。当一个产业为了适应贸易方式的变化而重新组织其生产时，贸易和产业组织理论的相关文献就会另外考虑贸易加剧竞争所产生的福利变化。新经济地理学的研究则发现，国际贸易或许还会通过一些更深层次的作用机制，来改变国内经济的福利水平：国际贸易可以导致经济地理的重新组织与布局，既在总体上促使制造业活动变得更加分散，又促使某些产业形成有效的集聚，而且基于这种思想的许多数值模拟文献表明，贸易能提高这种重新布局结构下的福利水平，尤其是直接提升了实际工资水平。

（三）国内学者的相关研究

国内学者对新经济地理学的传承做了大量工作，基本思路是基于新空间经济学的框架，考察中国城市集聚、生产要素配置和经济发展之间的关系。但是，将国际贸易背景纳入新经济地理框架，尤其是关税措施与非关税措施的动态效应研究尚不多见于重要期刊。然而不可忽视的是，在国内学者的相关研究中，我们发现包含一些将外商直接投资和 FTA 等因素纳入空间经济学框架的创新性尝试，这些尝试都得出了许多有意义的结论，是非常珍贵的。

梁琦和黄卓（2012）对空间经济学在中国的发展做了重要的介绍，[①] 其中，重点介绍了 6 篇空间经济学国际研讨会（2011）入选的中国学者文章，使得我们有可能"窥一斑而见全豹"地了解国内学者对新经济地理学所做的传承工作。由于本书主旨限制，我们将重点关注阐释国际贸易背景的新经济地理学研究成果，虽然这些成果目前并不多见。

2011 年 7 月，由中山大学、浙江大学、复旦大学、北京大学共同发起的"空间经济学国际研讨会"在中山大学管理学院召开。这次大会由中山大学、中国世界经济学会、中国区域科学协会联合主办、《经济学》（季刊）协办，吸引了包括国际区域科学协会副主席在内的、来自美国、英国、法国、日本、瑞典、意大利、伊朗和中国及中国香港地区的 180 多名专家学者。大会共举行了 11 个主题报告，并分 12 个分会场讨论 150 多篇论文，达到了交流空间经济学最新研究成果的目的。梁琦和黄卓（2012）对该会议的评价是："这次大会对于中国空间经济学的发展意义深远，它表明中国空间经济学的研究已受到世界的瞩目"。

中国学者讨论中国问题的六篇论文中，有三篇与国际贸易相关。熊灵、魏伟和杨勇的《贸易开放对中国区域增长的空间效应研究：1987~2009 年》一文在新增长理论和空间经济学框架下，构建了贸易开放与区域增长的空间面板数据模型，运用空间计量方法考察了 1987~2009 年中国省际贸易开放对经济增长的空

[①]　梁琦，黄卓：《空间经济学在中国》，《经济学季刊》，2012 年第 2 期。

间效应；金祥荣、刘振兴和于蔚的《企业出口之动态效应研究——来自中国制造业企业的经验：2001～2007年》一文对中国企业的出口选择及学习效应进行了研究；许德友和梁琦的《贸易成本与国内产业地理》一文则以贸易成本为核心变量，在空间经济学的理论框架下探讨了经济一体化对国内产业地理的影响。这三篇论文基本反映了当前国内学者研究贸易与空间经济的主流思路，即在新空间经济学研究框架下，利用中国现实的宏观数据或微观数据，空间计量中国对外开放与区域增长的关系。

类似的国内相关文献从2006年开始就大量发表在国内优秀的期刊上：金煜、陈钊和陆铭（2006）使用新经济地理学的分析框架讨论了经济地理和经济政策等因素对工业集聚的影响，并利用1987～2001年省级面板数据研究了导致中国地区工业集聚的因素。[①] 虽然该文并不直接讨论国际贸易在空间经济学框架下的效应与作用，但是阐述了经济开放对工业集聚的影响机制。他们的主要观点是：第一，经济开放促进了工业集聚，而经济开放又与地理和历史的因素有关；第二，市场容量、城市化、基础设施的改善和政府作用的弱化，也有利于工业集聚。第三，沿海地区具有工业集聚的地理优势。该文的重要贡献之一，在于阐述了经济开放与工业集聚之间的关系，而国际贸易发展则恰是经济开放的重要指标之一，因此，事实上该文已经初步展示了国际贸易在空间经济学中形成的背景。宋玉华和吴聃（2006）更加直接地将国际贸易行为引入空间经济学框架，[②] 利用中国与主要汽车生产国的产业相关数据，在一个关税升级体系下的垄断竞争产业发展模型基础上，运用校准法讨论了汽车产业的集聚现象。该文与以往汽车产业贸易政策基于寡占市场结构的经验研究不同，试图在垄断竞争市场结构下考察关税升级对中国汽车产业发展趋势的影响。该文研究表明，汽车产业具有集聚发展的倾向，而中国目前较高程度的关税升级体系在其他条件不变的情况下，能够降低汽车产业实现大发展的临界条件。该文是国内学者较早讨论贸易壁垒对产业集聚的空间经济学相关论文，当然主要讨论的是关税壁垒。胡洁和陈彦煌（2010）将克鲁格曼（1991）的新经济地理学框架与哈里斯—托达罗模型整合起来，构建了一个新经济地理的失业模型，探讨外资、产业集聚和就业之间的关系。[③] 他们发现，在两国架构中，当引进外资时若要素替代弹性较低，资本引进国随着制造业扩张其劳动雇佣量固然上升，但城市失业量亦随之上扬，出现托达罗矛盾现象。反

---

① 金煜，陈钊和陆铭：《中国的地区工业集聚：经济地理、新经济地理与经济政策》，《经济研究》，2006年第4期。

② 宋玉华，吴聃：《关税升级与中国汽车产业发展——基于空间经济学的经验研究》，《数量经济技术经济研究》，2006年第7期。

③ 胡洁，陈彦煌：《外资、产业集聚与失业：新经济地理观》，《世界经济研究》，2010年第9期。

之，在高要素替代情况下，引进外资的国家可能出现制造业就业和城市失业量同时下降的现象。该文在新经济地理学的框架下引入了外资因素，无疑是一个有意义的尝试。宣昌勇和晏维龙（2012）基于空间经济学模型，对市场规模、产品差异化程度与关税保护的效果之间进行模拟分析。[①] 通过分析得出，虽然关税能够防止本方产业的流出，但是对市场规模小的缔约方来说效果有限；市场规模小的缔约方无须对产品差异化程度小的产品采取高关税保护措施，而只需对产品差异化程度大的产品采取高关税保护措施。该文的一个重要贡献是，从空间经济学的研究角度讨论了针对不同产品制定差异化的关税保护措施的理论原因，结合模拟效果更加准确地评估关税壁垒的效应，为研究关税的经济效应提供了崭新的思路。

三、城市、区域与国际贸易的空间经济学未来发展

梁琦（2005）发表在《经济学（季刊）》的论文对空间经济学研究的未来方向做出了很好的分析，她认为空间经济学至少有三个可供未来研究的重要方向，扩展理论菜单、寻求实证研究以及探讨空间经济的福利与政策含义。就国际贸易背景下的空间经济学框架而言，在克鲁格曼（1991）建立新经济地理学模型后，从贸易背景描述到贸易行为优化、从贸易理论演进到贸易政策分析、从商品贸易到服务贸易再到外资与对外开放，国内外许多学者都进行了广泛而全面地研究，在一定程度上完善和推进了新经济地理模型。未来的发展，可能将会沿着如下思路进行：

（一）国际贸易因素引入方法的创新

国际贸易作为独立因素如何引入空间经济学基本框架，一直是新经济地理学面临的首要问题。非常出色的尝试是将国际贸易因素转化为运输成本，进而用"冰山成本"加以描述，前面我们已经详细介绍过此类研究思路。一个不可忽视的问题是，国际贸易并不仅仅等同于贸易的运输成本，在国际贸易行为当中，贸易壁垒、贸易谈判、中间产品交换等都是可能影响微观个体行为的重要因素，这些因素对模型框架的影响并不一定能够仅仅被转化为运输成本的影响。可喜的是，近年来的相关研究开始将中间产品的流动特征纳入新空间经济学的框架，开辟了将国际贸易因素引入新空间经济学框架的另一条崭新道路，但是依然没有完

---

① 宣昌勇，晏维龙：《FTA 背景下市场规模、产品差异与关税保护——基于空间经济学模型的解析》，《国际贸易问题》，2012 年第 8 期。

全涵盖国际贸易的全部特征，因而我们认为，城市、区域与国际贸易的空间经济学的未来发展，将在国际贸易因素引入方法上进一步创新。

梁琦（2005）指出，空间经济学研究的未来方向之一，是进一步扩展理论菜单。空间经济学研究的核心是集聚的向心力和离心力，两者的 trade off 将决定集聚最终的形成方式与时点。现有理论菜单包括向心力和离心力的各自三个来源，而国际贸易因素的创新式引入将很好地扩展这一理论菜单，充实向心力和离心力的来源，重新修正 trade off 形成的具体路径。具体来说可能的创新途径是：第一，进一步分解和细化国际贸易的程序与运行过程，将国际贸易中的谈判博弈、壁垒设立与突破、区域经济贸易合作等因素进行经济学模型化的描述，从而转化为可以纳入空间经济学模型框架的表达方式；第二，将国际贸易的动态因素引入模型，考察国际贸易规模、方式、企业数量变动对集聚产生的冲击效应，将静态分析逐步扩展到比较静态分析和动态分析；第三，引入多国贸易互动因素。新空间经济学至今为止的研究基于的框架依然是（1＋1）＋1 模式（两个国家，其中一个国家有两个地区），并没有引入三个或三个以上国家来描述国际贸易行为。虽然从技术层面，引入多个国家很有可能导致解析解无法获得，但是近年来日趋成熟的数值模拟方法可以轻松地克服技术上的障碍，从而更加完备地描述引入国际贸易因素后的空间城市、区域和生产要素配置的演化过程，因此引入多个国家或许将成为未来的创新途径之一。

（二）实证研究的扩展与全面化

相对于新空间经济学模型推演研究，国际贸易背景的新经济地理学在实证研究方面略显单薄。这可能基于以下几方面的原因：首先，新经济地理学早期的开创性研究都立足于模型的构建和推演，因为只能通过这种方式深刻揭示集聚形成的路径。随着研究的推进和深入，主流学者大多沿用早期相关文献的研究思路，增加其他相关因素进行模型修正和扩展，这些工作就自然而然更多地关注数理层面，忽视实证研究。其次，空间经济学的数理模型和实证方程存在较大差别，直接转化为可计量模型的难度较大。新经济地理学基本模型极度抽象了城市、区域发展过程中的诸多因素，而现实中这些被抽象掉的许多因素对最终的集聚结果往往有很强的解释能力，造成了实证方程中需要控制的变量与数理框架下的内生变量差异迥然，从而增加了实证方程获得的难度，也在一定程度上阻碍了实证研究的进行。最后，如前所述将国际贸易因素引入模型本身就存在很多不同的方式，无论是"冰山成本""中间产品"还是其他的引入因素，在实证方面都需要细致地考虑控制变量的方式，因而往往对数据的微观性、全面性要求很高，也阻碍了实证研究的全面展开。

虽然如此，国内外学者基于新经济地理学基本思想依然进行了许多实证研究，未来可能将进一步扩展实证研究的内容与方法。从内容上说，除了直接计量国际贸易规模与形式对集聚产生的影响外，还应该充分评估国际贸易中相关行为与特征对集聚的影响程度，包括贸易壁垒、国际直接投资、技术国际传播、关税、区域经济一体化等都将被逐渐引入实证框架。从方法上说，除了使用传统的时间序列和面板数据的分析方法外，离散和受限因变量模型、卡尔曼滤波、DID与 PSM 等方法可以逐步开展，从不同的研究思路和角度扩展实证研究，进一步推进实证与理论的结合与发展。

（三）一般均衡研究的强化与福利评估

在局部均衡分析的基础上逐渐推广到一般均衡模型，是新经济地理学未来发展仍然必须坚持的思路，而一般均衡研究则直接与福利评估相联系。我们所关注的不仅是国际贸易会如何影响或在何种程度上影响城市、区域形成和生产要素配置，还关注甚至更加关注国际贸易因素引入后，会对消费者、生产者和政府的福利产生怎样的影响，社会整体的收益是否会因为城市的形成与集聚而有所变化，这些工作就需要进行进一步的一般均衡研究和福利评估。目前，相关研究对这方面的关注还很欠缺，相信这将是未来研究推进的方向。当然，获得一般均衡的解析解是非常困难的，有时候甚至是不可能的，但是基于数值模拟或 CGE 模型的讨论依然对福利评估具有重要意义，我们相信一般均衡研究的强化和数值模拟技术的成熟都将在很大程度上解决新空间经济学的福利评估问题，只有当我们能够很好地解决新空间经济学的福利评估问题，基于国际贸易背景的新经济地理学框架才算完备地建立起来了。

四、城市、区域与国际贸易的空间经济学传承与发展述评

一个不可否认的事实是，空间经济学的相关研究已经引起了主流经济学界的广泛关注，而许多世界一流经济学家对该领域做出的贡献也推动了空间经济学相关原创性理论的重要发展。空间经济学考察城市区域形成的内生过程，讨论生产要素的流动与配置方式，这种思路和研究角度是崭新而实用的，也是为什么近年来众多一流文献大量基于空间经济学的研究方法讨论经济学理论各个领域的相关问题。我们相信，空间经济学的未来研究视野将越来越广泛，研究的理论价值和现实价值将越来越重要。

相比于空间经济学的发展历史而言，引入国际贸易因素的新经济地理学显然还比较"年轻"。虽然克鲁格曼（Krugman，1991）创立了新经济地理学，将国

际贸易因素以"冰山成本"的形式纳入空间经济学的框架,但是对国际贸易行为内生推动城市、区域形成和生产要素配置的理论研究还不充分,相关的实证研究和福利评估则更显不足,这些内容将成为未来新经济地理学关注的焦点,我们拭目以待。

  另一个值得关注的问题是,空间经济学的实证方法已经日趋成熟。虽然空间计量并不专属于空间经济学的研究,但是其模型设定的思路和方法非常符合空间经济学的研究框架,因而已经逐渐成为热门计量方法而被广泛应用。随着空间计量技术的成熟,研究国际贸易行为与生产要素配置的相关关系将更加容易,更有希望获得直观的数据结论,将与相关理论的研究发展相得益彰。

第八章

国际贸易理论的新进展

随着经济全球化的加速推进，新的世界经济、贸易现象不断涌现。对此，以比较成本理论为核心的主流贸易理论显现出了自身的局限性，而新贸易理论的出现被学术界认为解决了传统主流贸易理论所面临的困境，把贸易理论的发展推进到了一个新的发展阶段。20 世纪 70 年代以来，经济学家开始用新概念、新工具，从不同视角来研究贸易的动因与影响，尝试为国际经济的新现象提供合理化解释，以探索新的、更科学的贸易结构与贸易政策，构成了当代国际贸易理论研究创新的主要内容。

第一节　现代贸易理论发展的基本特征

一、产生基础：新的经济现象

理论的作用首先在于为客观经济现象提供合理化解释。新贸易理论的诞生，主要是为了解释和说明现实国际贸易活动中的新动向、新现象，发现客观现象产生的原因和内在作用机制，得出规律性的认识和结论，从而在科学预测的基础上指导人的实践，发挥人的能动性以达到服务人类需要的结果。第二次世界大战后，产业内同类产品间贸易量的增加、发达国家间贸易比重的不断上升、生产要素国际间流动的增强等新经济现象的出现都为新贸易理论的产生和发展提供了现实的土壤，新贸易理论也从不同的方面显示了与传统贸易的不同之处。尤其是最近几年，国际贸易的实践发生了深刻的变化，为理论的发展提供了现实的基础。国际贸易理论的发展是一个不断进行的连续过程，任何新理论的产生都是在旧有理论上的突破和发展，现代贸易理论的发展与创新也不例外。

新现代贸易理论产生于第二次世界大战以后，是在 H－O 理论基础上的一种新突破，其中技术差距论、产品生命周期理论、重叠需求理论和产业内贸易理论均产生于 20 世纪 60 年代，而克鲁格曼等的新贸易理论则诞生于 20 世纪 70～80 年代，异质性企业贸易理论则产生于 21 世纪初。从其产生的时间长度来看，所经历的时间相对还比较短，都应当算得上是比较年轻的理论，并且很多理论还处于进一步发展和完善中。从 20 世纪 70 年代开始，不同国家间的产业内贸易指数不断提高，在产业内贸易加快发展的同时，与产品生产相关的中间产品和零部件贸易规模也迅猛上升，与之相伴的跨国公司对外直接投资的规模也呈现快速扩张趋势。20 世纪 90 年代以来，大量的经验研究发现，企业层面贸易行为的异质性特征：对于大多数国家的大多数行业来说，参与出口的企业数量占行业中企业总数的比重非常低，出口企业既出现在一国比较优势部门，也出现在一国比较劣势部门，出口企业的规模一般更大，效益更高。面对这些新的国际经济现象，旧的已有贸易理论无法提供合理化解释，要求贸易理论必须做出突破，从而新的贸易理论陆续应运而生。

二、理论假设前提：不断逼近现实

新古典贸易理论遭到众多质疑的关键之一，是存在过多的过于苛刻的假设条件，使它的解释力打了很大的折扣，也被认为离经济实际太远。新贸易理论之所以能超越新古典贸易理论的解释，很大程度上在于它放松了传统理论的一系列假定条件，朝经济实际迈出了坚实的一步。这一系列假定条件构成了传统理论成立的基础，其中最主要的假定是对于完全竞争市场、需求偏好相同、技术水平相同、规模收益不变和要素国际间非自由流动等。新贸易理论正是通过对这些假定条件的放松和扬弃，推出了一系列解释新国际经济现象的新理论。

多米尼克（Dominick）认为，放松赫克歇尔—俄林理论的大部分假设都只需要对该理论进行修正，而不会使该理论完全失效，但如果去掉上面提出的几条基本假设条件，那么必须用新的理论来解释一部分国际贸易产生的原因。放松技术水平相同的假设，可以用波斯纳（Posner，1961）的技术差距论来解释要素禀赋和需求偏好相同国家间国际贸易产生的原因。没有生产要素国际流动的限制，弗农（Vernon，1966）的产品生命周期理论不仅可以诠释比较优势的动态特征，而且能够部分说明国际间 FDI 流动的原因。不考虑完全市场和规模报酬不变的假定，克鲁格曼等的新贸易理论用规模经济、垄断竞争、外部经济、产品差异等因素很好地解释了当今国际上大量存在的产业内贸易以及发达国家间贸易大量增加的现象。麦勒兹（Melitz，2003）等的异质性企业贸易模型，放弃了企业同质或企业对称的假设，从企业间生产率异质性出发建立的系列理论模型，很好地解释了大量企业层面贸易问题的典型化事实。还有一些理论从其他假设条件出发，一些新的观点也对这些新经济现象做出了合理解释。可见，放宽了理论假设是新贸易理论不同于传统理论的基础。

三、国际贸易原因分析：突破技术和要素差异的解释

传统的贸易理论都只是单纯从技术差异或者要素禀赋的差异分析国际贸易产生的原因，而当代贸易理论的分析则是从多角度进行的。技术差距论和产品周期理论不仅考虑了不同国家间技术的差异，更是从动态的角度考虑了技术的变动对不同国家国际贸易的影响，而且在不同的阶段还考察了技术特性、产品要素特性、产品成本特性、进出口特性、生产特性和产品价格特性对于不同国家国际贸易的影响。产业内贸易理论则是以产品的差异性和需求偏好的不同来考察产业内贸易产生的动因，并且产业内贸易理论还从产品的分类着手，在不同产品分类的基础上，所得出的产业内贸易的程度也会存在不同。克鲁格曼等的新贸易理论的着眼点则是基于规模经济和不完全竞争市场的分析，市场结构的不同、外部规模经济和内部规模经济的存在都会导致相同国家或相似国家的贸易的产生，导致同类产品间贸易的发生。贸易的政治经济学分析则把决定贸易的因素推进到各种政治因素的考察，特别关注了政治因素和经济活动的互动影响。由此看出，新贸易理论分析的基础明显地出现了多元化分析的特征，不同的理论从不同角度解释了部分国际贸易发生的原因，也是新贸易理论分析超越传统贸易理论的一个显著特征。

四、国际贸易理论贡献：补充和发展了传统贸易理论

传统的李嘉图比较优势理论和赫克歇尔—俄林的要素禀赋理论在贸易理论中始终处于主导地位，新贸易理论的产生并没有否定其存在的价值和意义，它们仍是分析国际贸易产生原因的基础性理论。传统的贸易理论是在其当时所处的经济背景中产生的，有其存在的坚实的经济基础，而新贸易理论则是随着经济实践的变化应运而生的，它们都有其存在的现实基础。新贸易理论的产生只是在新的经济环境下，对于原有理论的一种补充。它补充和发展了传统的贸易理论，更加切合国际贸易的实践。例如，传统的贸易理论认为，按照比较优势进行国际分工会给各国带来利益，而新贸易理论则指出一国在国际贸易中受损的可能性，当贸易使得一国以递增规模生产的行业和高度垄断的行业出现收缩，而贸易带来的利益

不足以抵消贸易所导致的规模经济和垄断利润损失时，贸易使该国受损，对传统贸易理论贸易有利的结论做出了很大的补充。当然，任何以新贸易理论来批判和否定传统贸易理论的观点都是片面的、不可取的，连新贸易理论的集大成者——克鲁格曼都没有以其自身的理论来否定传统贸易理论，只是认为两种理论所解释的贸易现象不同而已，传统的贸易理论在解释发达国家和发展中国家间的贸易仍然是正确的、可取的，而新贸易理论则在解释发达国家间贸易、产业内贸易等方面更具有说服性。

当代新贸易理论从某种程度上来看，都只是相对意义上的新而已。正如新古典贸易理论的新一样，它也只是在理论发展的一定阶段、一定时期内与传统贸易理论相对而言具有新颖性。虽然新贸易理论的出现把贸易理论发展推进到了一个新阶段，但是，贸易理论的发展并不会因此而停止，随着经济实践的发展，贸易理论的发展也会从各个方面不断推陈出新。

第二节　异质性企业贸易理论

21世纪以来，国际贸易理论研究进入了一个快速发展的繁荣时期。作为对新贸易理论发展的突破，异质性企业成为国际贸易理论研究的新焦点，被许多贸易理论家纳入最新的研究日程当中。短短的十年中，异质性企业贸易理论研究已经涌现出一大批极具影响的成果，并在理论和实证研究方面继续保持着强劲的发展势头，成为当前国际贸易理论发展中最活跃的研究前沿和热点之一。

异质性企业贸易理论以麦勒兹（Melitz，2003）、伯纳德（Bernard，2003）模型为研究起点，从企业间生产率的异质性研究，迅速扩展到企业间产品质量异质性和多产品企业异质性的探析，在侧重于企业层面研究的同时，异质性企业贸易理论从不同的角度与传统贸易理论和新贸易理论实现了对接，使宏观层面的贸易研究和微观层面企业行为研究很好地融合在一起，贸易政策宏观效应的分析有了坚实的微观基础。国际贸易理论领域企业异质性研究如同打开了"潘多拉"魔瓶，在生产率异质性研究的基础上，迅速朝着多个研究方向扩展，代表了国际贸易理论的最新进展。

但是，异质性企业贸易理论的发展经历的时期还比较短，其在国际贸易理论发展过程中的地位，以及其对国际贸易理论发展阶段划分的影响，尚需根据未来理论发展加以全面判定。因此，系统地评价生产率异质性企业贸易理论（HPFT）的最新研究成果，准确地把握相关理论研究的进展和内在联系，是进一步促进该理论发展，深化对国际贸易理论发展阶段和理论前沿认识的重要基础。

一、企业异质性的界定

1937 年，科斯的论文《企业的性质》的发表，开创了对现代企业理论的研究，而此后对于企业性质的研究也相继展开。新古典经济学的企业理论先从同质性企业的视角，探讨了在完全竞争市场条件下，企业间无模仿成本、快速扩张、行业的自由进入和退出，进而使企业达到长期均衡状态。而以梅森、贝恩和席勒为代表的哈佛学派在继承了马歇尔、张伯伦和克拉克等的思想之后，基于产业组织理论创造性地提出了市场结构、市场行为和市场绩效（Structure，Conduct and Performance，SCP）的分析范式来探讨企业的长期利润。在吸收了哈佛学派 SCP 范式的基础上，波特（Porter）提出了竞争战略和竞争优势理论，继续修正了新古典经济学完全竞争和产品同质性的假定，在企业规模和产品差异的前提下分析了企业的竞争行为。但是，上述研究都无一例外地以企业利润和市场结构的外在性为前提假设，难以解释同行业内不同企业间广泛存在的利润差距。缪勒（Mueller，1977）和鲁梅尔特（Rumelt，1982）的实证研究均支持了利润差距的论断，认为企业内部资源禀赋的差异是企业超额利润的来源。此后的研究从企业内部禀赋的差异出发，逐渐进入异质性企业理论的研究范畴。朗格卢瓦（Langlois，1995）将企业异质性界定为拥有关键性生产要素和非竞争性资源的企业。

对于企业异质性的界定，新—新贸易理论的主流文献在上述研究的基础上，多将生产率、产品质量和工人技能的差异视为异质性的源泉（Yeaple，2005），而引入新经济地理学模型的新—新贸易理论文献则扩大了企业异质性的范围。这些研究主要涉及企业生产率的异质性、企业规模的异质性以及贸易政策与企业分布的异质性等。为此，这些成果延续国际主流文献的基本思路，并结合现实研究的需要将异质性企业界定为以边际生产成本衡量的生产率异质的企业，并在实证过程中以全要素生产率（total factor productivity，TFP）作以度量。

二、贸易理论发展中企业地位的演变

国际贸易理论的发展是随着经济实践在不断向前推进的，解释国际经济现实的需要是贸易理论发展的不竭动力。企业作为一国参与国际贸易的微观基础，其在国际贸易理论研究中的地位是随着经济实践的发展和国际经济现实的需要而不断演化的。

传统的贸易理论（包括李嘉图比较成本理论和 H–O 要素禀赋理论）立足于解释国家间贸易产生的动因和国际贸易的流向，国家参与贸易或者更准确地说一国特定产业进行出口是由于技术、要素禀赋和生产结构方面的差异造成的，产业间的净贸易成为理论研究关注的重点，因此不存在对企业行为的分析。传统贸易理论完全竞争和规模收益不变假设，意味着企业是同质的，且企业规模是不确定的，一国企业的行为与产业的特征具有完全的一致性，因而也没有对企业行为进行分析的必要。传统贸易理论以国家或者产业作为研究对象，把焦点集中在产业水平上的差异，忽略企业行为在国际经济活动中的影响，掩盖了同一产业内企业异质性与国际贸易之间的相互作用，造成许多贸易政策效应的分析与经济现实存在显著的偏差。

20世纪80年代，新贸易理论产生以后，国际贸易理论研究的重心体现为由传统的国家和产业层面的研究向产业内部企业水平研究的转移。新贸易理论引入了以产品差异和规模经济为基础的垄断竞争企业作为解释相似国家间贸易和产业内贸易大量存在的原因，同一产业内企业在生产率和规模上的异质性被认为是不重要的，企业的技术水平和外贸参与度被假定为是相同的（Helpman，2006）。该理论虽然注意到相同产业内企业产品的水平异质性在满足消费者偏好中的福利效应，但是却没有涉及企业间生产率和规模等方面的异质性，因而无法把企业多维度异质性与国际贸易很好地结合起来，以考察国际经济活动中贸易与企业行为之间的相互关系，无法具体分析企业参与国际贸易的行为特质。

20世纪90年代开始，随着微观企业层面经济活动详细数据可获得性的提高，许多实证方面的研究对已有国际贸易理论提出了挑战（Bernard，Jensen，1995，1999；Roberts，Tybout，1997；Aw，Chung and Roberts，1998；Tybout，2003；Eaton，Kortum and Kramarz，2004）。大量的实证事实无法在传统贸易理论和新贸易理论模型中找到合理的解释，这些实证研究揭示了已有贸易理论所忽略的生产者行为方面的异质性特征，出口企业同时出现在比较优势产业和比较劣势产业；相同产业内同时存在出口企业和非出口产业，并且出口企业只占很小的比例；产业内企业间生产率、产品质量、产品范围和企业规模等方面差异显著，出口商生产率更高、规模更大，产品质量更高、范围更广；出口商资本和技术更加密集，支付的工资高于非出口商；资源的重新配置不仅发生在产业间，也在同一产业内大量存在；等等。企业在国际贸易中的多维度异质性表现需要新的国际贸易理论进行相应的解答，对此HPFT理论立足于解释同一产业内企业贸易行为方面的典型事实，从企业层面揭示了国际贸易的动因以及贸易和贸易自由化的效应，从微观角度发现了国际贸易利益的新来源，对一些宏观国际经济现象做出了新的阐释。企业和企业的异质性逐渐成为国际贸易理论研究的焦点，异质性企业贸易研究成为当前贸易理论发展中的热点和前沿问题。

三、HPFT 理论基本模型

生产率上的绝对差异或者相对差异是国际贸易理论研究的起点，也是一国比较优势的重要来源和参与国际贸易的基础。企业作为一国整体经济的主要构成和参与国际贸易的基本单元，其行为和业绩受到自身生产率水平的根本制约。企业生产率水平是决定其生存的关键，体现着一国整体技术水平和经济发展水平，生产率异质性是产生企业其他维度异质性的基础，很大程度上决定了企业产品在国际市场上的价格、质量和竞争力。因此，异质性企业贸易理论对已有贸易理论无法解释的企业特质差异的理论探析，是从企业生产率异质性的研究切入的。以麦勒兹（2003）、伯纳德（2003）、麦勒兹和奥塔维奥（Melitz, Ottaviao, 2008）等为代表的 HPFT 模型揭开了异质性企业贸易研究的序曲，成为贸易理论家们研究企业异质性行为的基本框架。

（一）Melitz 模型

麦勒兹（2003）把豪潘哈因（Hopenhayn, 1992）带有企业生产率异质性的动态产业均衡模型与克鲁格曼（Krugman, 1980）规模收益递增的种类偏好模型相结合，建立了一个企业生产率异质性动态产业模型，分析了国际贸易作为产业内资源在企业间重新配置催化剂对产业整体生产率的影响，有力地揭示了企业参与国际贸易的多方面异质性特征，从理论上回应了大量实证研究对国际贸易理论提出的挑战。麦勒兹模型对于企业异质性行为的分析为企业异质性贸易研究提供了一个基准框架，大量的理论和实证研究在利用麦勒兹分析框架或者遵循其研究逻辑的基础上迅速发展起来。

在给定假设的基础上，麦勒兹利用消费者和生产者的最优化选择确定了企业的价格、产出量、收入和利润等变量与企业生产率 φ 之间的关系，从而用生产率异质性解释了同一产业内企业间价格、规模和利润等维度的异质性表现，生产率（φ）更高的企业以收入和产出表示的规模更大，订立的价格更低，并能获得一个更高的利润。为了分析国际贸易与企业异质性之间的相互影响关系，麦勒兹引入了一个被其他研究者广泛接受的零利润边界条件（the zero cutoff profit）的概念，从而可以确定产业中企业进入国内市场（国外市场）的零利润边界生产率水平——φ^*（φ_x^*），由于利润是关于生产率的一个单调递增函数，因此当企业生产率 $\varphi > \varphi^*$（φ_x^*）时，企业将获得大于零的利润，因此选择进入国内（国外）市场，否则将退出国内（国外）市场。企业在进行一项不可逆固定投资 f 之后，获悉本企业的生产率水平 φ，当 $\varphi > \varphi^*$ 时，企业选择进入该产业，否则将退出。

企业获悉自身生产率水平 φ 之后，将会决定是否进入国外市场，进入国外市场企业要承担一项固定进入成本 f_{ex} 和 τ 表示的"冰川运输成本"（$\tau > 1$），两项成本相结合将确定进入国外市场的零利润生产率边界水平——φ_x^*，由于进入国外市场的固定成本与冰川成本要高于国内产业进入成本 f，因此，企业进入国外市场的零利润生产率边界水平 $\varphi_x^* > \varphi^*$。这样的开放条件下，企业生产率异质性、产业进入成本和国外市场进入成本产生了企业的自选择行为：$\varphi < \varphi^*$，企业将退出产业；$\varphi^* < \varphi < \varphi_x^*$，企业只供应国内市场；$\varphi_x^* < \varphi$，企业将同时供应国内市场并出口。生产率异质性企业的自选择行为从理论上解释了同一产业内出口企业和非出口企业并存的现象，解释了出口企业利润和价格更高、企业规模更大的根本原因。

贸易对产业整体生产率影响的分析是麦勒兹模型的核心所在，其基本机制为，贸易会影响企业的收入和利润结构，进而加剧企业对唯一的投入要素的需求竞争，导致低效率企业萎缩或退出，企业萎缩或退出所释放的生产资源向高效率的留存企业和新加入的高效率企业转移，导致产业总体生产率增长。同时，贸易还导致出口企业利润的增加，非出口企业利润的下降。高效率留存企业规模的扩张，会扩大对于投入要素——劳动的需求，而贸易所提供的潜在获利机会也将诱使更多生产率较高企业进入该产业，会进一步扩张对劳动的需求，提高劳动要素的实际价格，导致生产率最低的企业退出市场。因此，贸易导致生产率更高的企业获益，生产率较低的企业受损，而生产率最低的企业将会退出市场。这样，贸易导致的经济资源的重新配置，解释了贸易在不改变个体企业生产效率的情况下，却促进了产业生产率提高的原因。

（二）M-O 模型

麦勒兹模型的提出，为企业异质性贸易研究确立了一个基本统一的研究框架，奠定了异质性企业贸易理论发展的基础，但是由于该模型是建立在一系列较强假定的基础之上，因此也存在一些局限。这主要表现在两个方面：第一，消费者不变替代弹性假定造成企业成本加价比例是外生固定的，与企业的现实定价行为不符；第二，只分析了贸易通过增强要素市场竞争对企业间资源重新配置的影响，而没有考虑贸易通过影响产品市场竞争对企业间资源重新配置的影响。在麦勒兹（2003）的基础上，麦勒兹和奥塔维奥（Melitz, Ottaviao, 2008）建立了一个市场间竞争激烈度内生差异的企业异质性垄断竞争贸易模型（简称"MO 模型"），它在企业生产率异质性文献中与麦勒兹模型形成了互补。

在 MO 模型中，企业异质性表现为生产率的差异，市场间竞争激烈度的内生差异由相互竞争企业的数量和平均生产率决定。他们利用一个线性效用函数把成本加价（mark-up）和消费者对水平差异的产品种类需求结合起来，成本加价会对市场竞争度做出反应，市场竞争越激烈，企业的成本加价越低，并且成本加价还受到企业生产率的影响，生产率高的企业成本加价的绝对量和相对量都更高，这样，企业的成本加价在 M－O 模型内实现了内生化。

MO 模型与麦勒兹模型的一个核心区别，是强调市场规模对企业生产率、规模、价格和成本加价等业绩指标的影响。均衡时，更大的市场拥有更多的产品种类和生产率更高的企业，并且这些企业的规模更大，获得的利润更高，平均价格和成本加价更低。国际贸易与市场规模一样也会影响到产品市场的竞争激烈程度，市场竞争激烈程度反馈给市场上异质性生产者和出口者的选择行为，通过贸易实现的一体化程度越高，一国的总生产率水平将越高，产品种类也将增加，而平均成本加价越低。

与麦勒兹模型不同，MO 模型中低生产率企业退出市场和资源向高生产率企业的转移，是通过贸易强化产品市场的竞争实现的。实行贸易自由化的国家总会从进口增加促进竞争的效应中获益，贸易导致的福利增长是通过生产率增长、更低的成本加价和可获得消费品种类增加的结合来实现的。MO 模型把贸易通过促进竞争影响一国福利效应的各种机制融入统一的框架内进行分析，同时，把异质性企业的自选择效应和资源重新配置效应结合起来进行了综合分析是其贡献所在。

（三）BEJK 模型

在对企业参与国际贸易行为实证研究的基础上（Bernard，Jensen，1995，1999a，1999b），伯纳德、伊顿、延森和图姆（Bernard，Eaton，Jensen and Kortum，2003，简称 BEJK 模型）把李嘉图模型扩展到包括多个国家、地理障碍和不完全竞争的情形，引入了生产者和国家间技术效率的差异，把企业生产率、规模和出口参与度的差异与技术效率的异质性相联系，构建了一个静态的 HPFT 模型，它与麦勒兹模型带有外生成本加价比例的动态产业模型具有很强的互补性，它们构成了 HPFT 理论的基础。

在 BEJK 模型中，生产率的差异体现为企业成本加价的差异上，效率更高的企业会订立一个更高的成本加价，因此成本加价是内生的。BEJK 模型认为，出口成本的存在对市场造成了分割，高生产率企业的国内市场价格更低，规模更大，参与出口的可能性也更高，国外市场占企业收入份额虽然很小，但是效率差异产生了企业市场影响力的异质性和在克服地理障碍能力方面的差异，因此会对企业的自选择行为产生影响，挤出低效率的企业，把资源转移到更高生产率的企业，促进整个产业生产率的增长。

（四）企业内生边界模型

企业内生边界模型主要分析了是什么因素和原因决定了企业的外包和一体化选择，什么样的企业会选择企业内贸易和外包以及相关的资源配置问题。该模型最早是由安特拉斯（Antràs，2003）、安特拉斯和赫尔普曼（Antràs，Helpman，2004）开创的，他们共同探讨了企业的异质性是如何影响企业边界、内包和外包战略的实施，同时也讨论了企业组织形式影响贸易模式的问题。安塔拉斯将 G－H－M 的企业产权模型与赫尔普曼和克鲁格曼的贸易理论相结合，构建了一个关于企业边界的不完全合约产权模型。

该模型假定在某个生产差异性产品的行业中，有两个生产部门 Y 和 Z，产品的生产需要两种要素投入，即资本和劳动力，二者的供给无弹性，且可以在不同部门间自由流动。$y(i)$ 和 $z(i)$ 表示消费者对部门 Y 和 Z 中 i 产品的消费，则代表性消费者的效用函数为：

$$U = \left(\int_0^{nY} y(i)^\alpha di \right)^{\mu/\alpha} \left(\int_0^{nZ} z(i)^\alpha di \right)^{(1-\mu)/\alpha} \qquad 式（8-1）$$

其中，$nY(nZ)$ 表示被内生决定的企业 $Y(Z)$ 的产品种类，同时消费者对 Y 部门产品的消费份额为 $\mu(0 < \mu < 1)$，对 Z 部门产品的消费份额为 $1-\mu$。

进一步地，安特拉斯假定产品是异质的，且每种产品的生产都需要截然不同的中间产品的投入，并将其定义为 $x_y(i)$ 和 $x_z(i)$。同时，假定投入的中间产品必须是高质量的，否则最终产品的产出就将是零。而高质量的中间产品投入需要资本和劳动力，因此他利用技术假定的科布—道格拉斯生产函数来表示生产中间产品 $x_k(i)$，其关系式为：

$$x_k(i) = \left(\frac{K_{x,k(i)}}{\beta_k} \right)^{\beta_k} \left(\frac{L_{x,k(i)}}{1-\beta_k} \right)^{1-\beta_k}, \quad k \in \{Y, Z\} \qquad 式（8-2）$$

其中，$K_{x,k(i)}$ 和 Lx，$k(i)$ 分别表示在 k 部门生产 i 产品所需投入的资本和劳动力的数量，$k \in \{Y, Z\}$。同时，假定 Y 部门的资本密集程度比 Z 部门高，即 $1 > \beta_y > \beta_z > 0$。

在该模型基础上，安特拉斯通过对美国进出口行业的面板数据进行实证分析发现，公司内进口占美国进口总额的比例较高，且出口企业往往具有较高的资本和技术密集度（β 值越大），容易在国际贸易中赢得比较优势；公司内出口占美国出口总额的比例也很高，且出口企业的资本—劳动比例更高。这也表明，企业的资本、技术以及合约制度的异质性对企业选择国际化的重要影响。在此基础上，赫尔普曼（2004）将麦勒兹（2003）的异质性企业贸易模型和安塔拉斯的企业内生边界模型结合构建了一个新的理论模型。在该模型中，他们将企业进行国际一体化战略视为企业对内生组织边界的自我选择，认为企业是否进行外包或一体化，是否选择国内或国外等决策都是企业的内生组织选择。研究发现，资本和技术密集程度高的企业往往一体化现象更为明显，相应地会更多地采用母公司和子公司以及子公司之间的内部贸易，而很少依赖外部市场。同时，该模型还有助于解释南北工资差距不断加大和中间贸易成本不断减少的影响，探讨了南方国家的贸易一体化远落后于北方国家的原因，从而有力地解释了现有的贸易模式和投资现象。

在此之后，安特拉斯（2005）在弗农（1966）的基础上，构建了一个动态一般均衡的李嘉图南北贸易模型，解释了不完全国际合约导致产品周期的出现。在这个新的内生产品周期模型中，认为产品周期是由于南方国家合约的不完全性和高技术投入品重要性随着产品的市场寿命和成熟度下降（产出弹性减小）而产生的。合约的不完全性就减少了低技术投入品的研发，那么，它就会转移到南方国家生产以便利用南方国家的低工资优势。而当企业选择在低工资的南方国家生产时，首先会通过对外直接投资（FDI）选择在企业边界内发生，随后则会选择外包等形式。安特拉斯和赫尔普曼（2007）也拓展了其2004年的模型，并进一步放松假定，允许存在不同程度的契约摩擦（contractual frictions），认为拥有异质性生产率的企业决定是否实行一体化或将中间投入品的生产进行外包，并决定区域选择。安塔拉斯和科斯梯诺特（Antràs，Costinot，2009）则构建了一个简单的中间品贸易模型，分析了中介机构作为一个经济主体在贸易过程中的作用，并分析了在此过程中中介贸易公司与各经济主体间的利益分配和跨国公司贸易模式的选择。

四、生产率异质性企业贸易理论的扩展

生产率异质性企业贸易基本模型的提出，为企业国际贸易行为的分析提供了基准框架，使大量实证研究的基本事实得到了很好的解释，推动了HPFT理论和实证研究的进一步发展，许多新的研究通过放松或改变基本模型的假定条件，从不同的侧面对基本模型的理论预测做出了补充或者修正。

（一）企业生产率异质性与比较优势的结合

企业层面的异质性研究与李嘉图基于生产率差异的比较优势理论分析，有着天然的内在联系。一方面，微观层面的异质性企业贸易理论与宏观国家和产业层面的李嘉图（Ricardo）比较优势理论分析的基础都是基于生产率差异进行的，生产率差异是解释贸易产生的重要根源；另一方面，异质性企业贸易理论的代表

性模型——伯纳德等（2003）模型，本身就是基于李嘉图模型对于企业层面的典型事实进行的解释。因此，在贸易理论发展进程中，两个理论的发展呈现出明显的融合之势，为现实的经济贸易活动提供了更加有力的解释。

异质性企业贸易理论（Melitz，2003；Bernard et al.，2003）对于企业层面行为差异和产业层面动态生产率利益的分析，是在没有考虑一国产业间比较优势的情况下分析得出的基本结论，如果考虑到一国不同行业比较优势的差异，那么，异质性企业理论的预测结论则需做出相应的修正。对此，许多学者从不同侧面进行了扩展研究。

杰米多瓦（Demidova，2008）建立了一个两产业随机一般均衡南北国际贸易模型，在一个企业异质性、技术非对称的垄断竞争模型中，考察了技术潜能的影响，关注了全球化进程中生产率进步和贸易成本下降的福利效应，其中，一个国家在生产率分布上拥有别国不具备的比较优势。一国生产率的提高，会增进当地的福利，但造成贸易伙伴受损。因为当企业从更好的生产率分布中获取技术时，技术的潜能会提高，技术潜能的提高导致了本国更多的进入者，而国外则是更少的进入者；国家间贸易成本的下降，将更有利于先进国家的企业从更好的生产率分布获取生产率，进一步强化技术潜能，导致先进国家更多的产品种类、更高的生产率和更低的价格，增加先进国家的福利。

大久保（Okubo，2009）在国家和部门不对称的情况下，把麦勒兹（2003）的异质性企业贸易模型，与 D－F－S（1977）的连续部门李嘉图比较优势模型相结合，建立了带有企业异质性的李嘉图（Ricardo）比较优势模型，分析了均衡时技术差异、人口规模和工资率之间的关系，发现贸易模式可以遵循李嘉图比较优势，但是由于本国市场效应，工资率会与本国的市场规模成比例，贸易自由化通过减少双向贸易中的部门数量，增加单向贸易中部门的数量有损于大国，但有利于小国。贸易自由化强化了李嘉图比较优势，减少了双向贸易部门的数量，最终使得所有部门遵循比较优势进行单向贸易。

与异质性企业的选择效应不同，菲尼切利、帕格诺和斯布拉恰（Finicelli，Pagano and Sbracia，2009）利用李嘉图选择效应分析了国际贸易与技术进步之间的关系，以 E－K（2002）模型为基础，以市场完全竞争为条件，分析认为由于比较优势驱动的选择效应，贸易开放一般会提高 TFP，贸易障碍的消除会对一国整体生产率分布产生影响，一个产业来自贸易方面的 TFP 增长，会随着该产业生产率分布与比较优势相关的程度而递增。

李嘉图比较优势理论中，一国较高的生产率意味着相应的产业具有较大的比较优势，但是考虑到产业内企业间生产率差异和企业间的相互作用，较高的生产率是否代表较强的竞争优势却是一个有待验证的命题。对此，邦巴尔迪尼、库尔兹和毛洛（Bombardini，Kurz and Morrow，2011）建立并实证检验了一个小国开放经济产业内和产业间相对生产率差异模型，分析了产业水平较高的生产率对于企业的影响，这种效应体现在正负两个方面，行业层面较高的生产率水平有利于促进企业的出口，但行业内其他高生产率企业的激烈竞争又会对个体企业出口产生负向影响，但正的直接效应将会超越负的间接效应，产业水平的李嘉图预测在产业出口层面和企业出口比例上都是成立的。

（二）企业生产率异质性与贸易边际调整

切尼（Chaney，2008）修正了克鲁格曼（1980）和麦勒兹（2003）模型的基本假定，考察了存在非对称贸易障碍对贸易国间贸易流的影响，得出了与新贸易理论不同的结论。切尼在企业生产率异质性和出口固定成本的基础上，引入了国际贸易外延边际调整（the extensive margin of adjustment）的概念，他认为贸易障碍会通过国际贸易集约边际（intensive margin）和外延边际影响贸易流的变动，商品间的替代弹性会对两种边际产生相反作用的影响，会增强集约边际对贸易障碍的敏感度，弱化外延边际对贸易障碍的敏感度，且对外延边际的弱化效应超过了对集约边际的强化效应，在产品替代弹性更低的部门，贸易流对贸易障碍的弹性更高，而不是像克鲁格曼（1980）所认为的产品替代弹性更高的部门贸易流对贸易障碍的弹性更高。因此，在企业生产率异质性条件下，同样的贸易障碍对贸易流的影响要比克鲁格曼同质企业模型所预测的更大。

（三）生产率异质性与企业出口和 FDI 选择

基于麦勒兹模型的分析逻辑，赫尔普曼、麦勒兹和耶普尔（Helpman，Melitz and Yeaple，2004，HMY）把企业生产率（φ）异质性引入一个简单的多国多部门模型，分析了生产率异质性在决定企业进入国外市场方式选择中的作用——出口或对外直接投资，进入国外市场方式的不同，进入的成本也有差异，会造成产业内企业根据异质性生产率的自选择行为。用 φ_d^*、φ_x^*、φ_I^* 分别表示企业国内生产、出口和对外直接投资的零利润生产率边界水平，且 $\varphi_d^* < \varphi_x^* < \varphi_I^*$，企业将根据自身的生产率水平选择将进入的市场和进入市场的方式：$\varphi < \varphi_d^*$，企业将退出产业；$\varphi_d^* < \varphi < \varphi_x^*$，企业将只在国内生产；$\varphi_x^* < \varphi < \varphi_I^*$，企业将通过出口供应国外市场，但并不进行对外直接投资；$\varphi > \varphi_I^*$ 的企业将通过对外直接投资供应国外市场。HMY 模型还证实了临近—集中度替代（proximity-concentration trade-off）的预测，即运输成本很高而企业水平规模经济收益很小时，企业倾向于用对外投资的销售替代出口。对美国企业出口和对外直接投资的实证分析支持了模型的基本预测，产业内企业生产率异质性在解释对外贸易和投资中发挥着重要作用。

（四）产业生产率增长效应

鲍德温和罗伯特—尼科德（Baldwin，Robert - Nicoud，2004）在对麦勒兹模型的假设条件进行简单修正的基础上，系统地考察了麦勒兹模型的主要结论，在两个方面做出了修正。第一，贸易自由化会对产业生产率增长产生静态效率促进效应和动态效率抑制效应，如麦勒兹所分析，贸易自由化通过生产率异质性企业的自选择效应和生产的再配置效应促进产业生产率水平意义（level sense）上的增长，但是，在增长意义上却会抑制产业生产率增长，静态效率增长和动态效率增长之间存在抵消效应。第二，开放度和生产率之间的正向联系只在同一产业内成立，在产业之间并不一定成立。之后，鲍德温和罗伯特—尼科德（2008）把异质性企业贸易模型与多个产品创新内生增长模型相结合，分析了贸易的增长效应，也没有得出贸易自由化促进增长的确切证据，因为贸易自由化在促进产业生产率水平意义上增长的同时，却抑制了长期增长效应。吉布森（Gibson，2006）利用一个异质性企业贸易模型证明，总生产率增长来自企业水平生产率的增长，但是，紧随贸易自由化出现的资源重新配置的过程对每个工人的实际附加值并没有长期效应，产业水平生产率的长期增长似乎和企业技术的选择之间存在直接联系，企业选择更具效率的技术以及技术在企业间的溢出和资源的再配置机制相结合才能对产业生产率的长期增长作出较好的解释。

（五）贸易自由化的产品种类效应

贸易自由化的产品种类效应，是影响一国贸易利益的重要途径，HPFT 模型（Melitz，2003；Bernard et al.，2003）对于产品种类效应的分析引发了对此问题的深入研究，进一步拉近了贸易理论模型与经济现实间的距离。雅基（Agur，2006）认为，贸易自由化主要通过降低产品价格、增加可消费产品种类数量使一国获益，因而他通过对麦勒兹模型的扩展，把影响贸易利益的两个渠道联系起来，证明了企业生产率异质性是一国获得贸易利益的来源。雅基允许企业生产多种水平差异产品，企业必须做出两个决策：第一，是否进行生产和出口；第二，如果生产和出口，必须选择一个最优产品组合。贸易自由化通过企业的选择效应和生产的再配置效应产生产品种类效应和产业生产率增长效应，由于企业可以选择生产多种产品，产品种类效应从两个角度增加国内消费者可获得的产品种类，一是国外进入的产品种类替代了被挤出企业的产品种类；二是进行生产和出口的企业生产率更高可以提供更多的产品种类，两者相结合产品种类总量增加，消费者获得更大的福利。由于企业产品生产范围和生产率上的异质性，贸易自由化通过产品种类效应和生产率增长效应将会使贸易福利得到更大的增长。

对于贸易自由化对一国总产品种类变动的影响也有一些研究提出了不同的看法，阿科莱克斯等（Arkolakis et al.，2008）、鲍德温和福斯里德（Baldwin，Forslid，2010）都以各自异质性企业贸易模型证实，贸易自由化后一国产品种类总量可能出现增加、不变或者减少，并且贸易种类变动对于福利的影响具有不确定性，它可能会对贸易福利产生正向影响，也可能产生负向影响。

（六）贸易理论与国际宏观经济学的桥梁

麦勒兹模型的一个突出应用与扩展，为架起国际宏观经济学与贸易理论联系的桥梁奠定了重要基础。长期以来，国际宏观经济学和贸易理论一直循着平行的路径向前发展，大部分宏观经济模型都把国际贸易模式和产品、生产要素市场结构视作给定的，忽略了分析宏观现象对微观基础的影响，没有解决国际贸易模式的决定因素和演化问题，而大部分贸易理论没有意识到微观水平调整的总反馈效应，现代国际宏观经济学模型与贸易理论的这种分离是不正常的（Ghironi，Melitz，2005）。因此，在麦勒兹模型的基础上，吉赫洛尼和麦勒兹（Ghironi，Melitz，2005）建立了一个两国动态随机一般均衡贸易和宏观经济动态模型（DSGE），从而在国际宏观经济学和贸易理论研究之间搭建起一架桥梁。DSGE模型中的企业特征完全与麦勒兹模型中的假定相同，并且遵循麦勒兹模型中的自选择规则，以生产率异质性企业为基础的微观经济结构内生地决定了各国可贸易部门的结构和消费篮子的构成。对总生产率、进入和贸易成本的外生冲击导致企业进入或者退出国内市场和出口市场，将改变国家间消费篮子的构成，从而提供了一个传递宏观冲击的重要机制。

DSGE模型的微观经济特征对宏观经济变量有着重要影响，它假设所有的商品都是可贸易的，但是由于贸易障碍的存在，只有企业根据异质性生产率的自选择内生决定的商品集可以参与贸易，企业的进入或退出与内生的非贸易性会影响宏观经济变量的变动。宏观经济动态反过来又会反馈到企业水平的决策，进一步改变贸易模式。在完全弹性价格情况下，DSGE模型产生了与PPP内生的持续偏离，提供了一个对哈罗德—巴拉萨—萨缪尔森（Harrod - Balassa - Samuelson）效应基于微观基础的内生解释，生产率更高或者管制更少的经济与他们的贸易伙伴相比，表现出更高的平均价格。同时，作为对暂时的总量冲击的反应，与购买力平价的偏离表现出巨大的内生持续性。在把国际债券交易引入模型之后，吉赫洛尼和麦勒兹（2005）发现，更高生产率的经济或者管制更少的经济为了向加快进入相对更为有利商业环境中的企业提供资金支持，将长期地处于对外负债的地位。模型的随机测试显示出与美国的一些重要时期和国际商业周期间的一致性。

五、简评

HPFT 理论是国际贸易理论研究的最新成果，代表了国际贸易理论发展的基本方向。HPFT 理论的基本模型和相关的扩展模型，对企业参与国际经济活动的典型事实做出了许多与现实相符的预测和解释，它们对贸易动因和贸易利益的考察得出了一系列不同于"旧"理论的新发现，构成了对"旧"理论的重大补充和发展。

虽然 HPFT 贸易理论的研究已经取得了丰硕的研究成果，但是未来的发展仍存在巨大的空间。一方面，生产率异质性是企业其他维度异质性的重要基础，HPFT 模型是解释企业多维度异质性的重要理论基础，但是企业的行为不仅受自身特质的影响，还受到许多外生因素的制约，因此，异质性企业贸易理论研究应当考虑生产率以外其他因素对企业异质性行为的影响。另一方面，多数 HPFT 模型的分析都在强调企业生产率异质性的影响，而对于产生企业生产率异质性的根源却未做出解释，例如，作为企业生产率增长重要来源的创新、技术进步和技术溢出等因素很少被内生到模型当中进行分析。

进入 21 世纪，贸易理论的发展进一步向前推进，企业异质性贸易理论不仅使行业的生产率在贸易模型中实现了内生，而且为从企业角度研究创新、增长和贸易模式的决定与变动提供了一个具有很强包容性的微观理论基础，成为研究众多现实国际经济现象的重要框架，使贸易理论的发展更加贴近现实经济问题的分析。

第三节　贸易与制度质量关系的研究

国际经济学家对贸易模式和贸易利益的传统分析，焦点主要集中在要素禀赋和技术差异的影响上，把制度视作一个外生的隐含因素，忽略了制度质量差异可能产生的影响。标准贸易理论预测与实证结论的持续偏离表明，贸易模式与贸易利益研究中制度分析的缺失，不仅导致贸易量的估测上出现偏误，而且导致对自由贸易利益产生不切实际的预期。制度的历史分析表明（North，Thomas，1973；Acemoglu et al.，2005），开放经济的增长绩效与一国制度质量存在复杂的内生联系，理解现实的而不是潜在贸易的决定因素需要进行制度分析。制度与要素禀赋、技术等国家特征相结合的综合效应决定着一国现实贸易的开展，制度质量作为塑造交易和生产关系的重要因素，很大程度上影响了贸易的流向和强度，决定着一国贸易利益的实现程度。近年来，关于制度质量与贸易发展间内生关系研究，成为国际经济学关注的重要前沿热点。

一、制度质量对贸易流量的影响

传统贸易理论研究都是以理想化的模型世界为前提，分析考察国家间由于技术或要素禀赋差异，发生潜在贸易的可能性及贸易的影响，虽然自由贸易导向的结论得到了一致性的认可，但实证上的表现却不尽人意（Maskus，1985；Maskus，Nishioka，2009）。制度因素的引入很大程度上弥补了传统理论的不足，极大地扩展了国际贸易理论的应用空间。一国制度质量决定的交易成本，是制约传统比较优势释放的重要因素，会对现实贸易流量产生直接的影响，因而受到了学者的重视。

一国制度质量作为决定交易成本的重要因素，会通过交易成本影响该国的本地比较优势，完善的制度降低了从事商业的一般性成本，提高了资源配置的效率（Beck，Levine，2005），降低了进入的成本（Djankov et al.，2002），将提高一个经济的绩效（Acemoglu，Johnson and Robinson，2005）。

制度质量对国际贸易的影响至少不会低于对国内贸易的影响，因为跨越国境的交易面临更高的机会主义风险，低质量制度将会增加交易成本，抑制贸易的开展，只有当潜在的贸易利益足以弥补不完善制度产生的更高交易成本时，理性的贸易商才可能进行互利的交易（Anderson，2005）。格鲁特等（Groot et al.，2004）利用引力模型检验了制度对于贸易流的影响，发现制度同质性和制度质量会对双边贸易流产生直接影响，相似的制度框架平均来看能够促进双边贸易增加13%，更好的制度伴随着更多的贸易，为了降低制度约束产生的交易成本，一国可能更愿意选择与本国制度相似的国家开展贸易，因为他们可能对这些国家的制度有着更深的了解。在对制度质量参数赋值的基础上，列夫琴科（Levchenko，2007）利用美国四位码标准工业分类数据检验了制度对贸易的影响，结果表明制度差异确实是贸易流的重要决定因素。

巴特尔和莫奇（Butter，Mosch，2003）把贸易成本视作贸易双方追求贸易利益所遭遇的摩擦成本，考察了非正式制度中的诚信问题对贸易的影响。在引力模型的基础上，巴特尔和莫奇引入了正式诚信变量和非正式诚信变量，实证检验发现，两者都与贸易流之间存在显著的正相关性，较高的诚信可以降低交易成本，促进国际贸易量的扩张。贸易关系中的信用形成具有正的外部性，国家间的诚信部分地具有公共产品的性质，现实国际贸易流远小于传统贸易理论预测，重要的原因在于贸易双方之间的诚信问题。在信息通信技术日益发展的全球化条件下，一国应注重信誉建设、学习了解贸易伙伴的文化，加强对贸易伙伴语言的掌握，放松对留学生和外国工人的签证，以促进本国贸易的发展。

不完善的制度像税收一样，会限制贸易的发展，腐败和契约执行的不完全性会极大地减少国际贸易。安德森和马库勒（Anderson，Marcouiller，2002）利用一个进口需求结构模型，检验了不安全性（insecurity）作为一种隐性税收对贸易的影响，发现当存在很强的制度支持时，贸易扩张极为迅猛，不考虑制度质量变量，将导致代表性引力模型估计有偏，混淆人均收入与贸易品和贸易品支出份额之间的负相向关系。制度效率的不同和由此导致的贸易品价格差异，为高收入、资本丰裕国家间更大比例的相互贸易提供了一个简单解释，因为这些国家享有支持贸易发展的较强制度基础，而糟糕的制度质量则制约了拉丁美洲国家贸易的发展。梅翁和塞卡特（Méon，Sekkat，2008）认为，贸易并不是同质的，不同出口产品对发展和经济增长的作用是不同的，对于制度质量的依赖也不一样，他们利用多国1920~2000年的长期面板数据实证分析发现，较好制度对于制造业出口比率具有正的影响，不完善的制度会对制造业产品的出口产生伤害，因此，制度质量改善将促进制造业产品的出口。梅翁和塞卡特对制度影响制造业出口的多维度考察还发现，腐败因素似乎比其他维度的影响更显著。

不同性质贸易品对于制度的依赖度是不同的，与对低附加值简单商品的影响相比，制度质量对高附加值复杂产品的影响更大。对此，莫尼尔斯和伯克维兹（Moenius，Berkowitz，2004）考察了制度改进对于不同性质产品贸易的影响。制度改进会对一国贸易量和贸易结构变动产生影响，一方面，通过降低交易成本增加各种类型产品的出口；另一方面，通过对不同性质产品生产成本的影响会使一国出口结构和生产结构向复杂产品转移。莫尼尔斯和伯克维兹的检验结果发现，制度质量对贸易的规模效应和结构效应同时存在，但是对低质量制度国家来说，制度对复杂产品的规模效应要小于简单产品，制度改革在低质量制度国家有效的原因在于它降低了国际交易成本，而对于发达国家来说，制度改革有效是因为它影响了比较优势。

二、作为比较优势新来源的制度质量

与要素禀赋和技术相对差异的分析相似，越来越多的新近研究表明，制度质量差异作为一国比较优势新来源的重要性。一国的专业化和贸易不是外生的要素禀赋和技术差异的结果，而是内生于国家间制度差异的，制度环境的差异构成了比较优势的独立来源（Belloc，Bowles，2011）。因为不同产品生产对制度质量的依赖程度是不同的，如果一国的制度环境支持特定技术的选择，从而降低了相应的交易和生产成本的话，则会产生基于制度质量差异的比较优势（Belloc，

2006），即制度比较优势。制度质量通过影响经济主体投资水平的选择，决定了生产专业化模式的差异。较好的制度环境有利于弱化特定关系投资中的套牢问题和道德风险，从而成为一国对外贸易比较优势的一个独立来源。

阿西莫格鲁、安特拉斯和赫尔普曼（Acemoglu，Antràs and Helpman，2007）分析了契约不完全性、技术互补性和技术选择之间的关系，证明不同的契约制度能够产生巨大的生产率差异，导致内生比较优势的不同。在他们的模型中，企业选择自己的技术，并确定契约活动中由中间产品提供商实现的投资水平，提供商可选择在非契约活动上的投资，并根据对未来讨价还价博弈中获得的预期报酬选择非契约性活动的投资水平。因为中间产品提供商不是产出利益剩余的索取者，因此倾向于减少投资，而更高的契约不完全性会减少提供者的投资，导致更先进的技术无利可图。此外，更高程度的技术互补性也会降低企业选择更先进技术的动力，虽然更高的技术互补性能够增加每一个提供商事后的均衡报酬，但是它使提供商的报酬对他们的非契约性投资更加不敏感，从而会减少投资，抑制更先进技术的获利性。这样，模型可产生源自契约制度质量差异的巨大生产率差异，契约制度的改进并未增加所有部门和企业的技术选择，相反，更先进的技术将在对契约依赖性更高的部门被采纳。开放条件下，这一特征将导致内生的比较优势结构，在技术机会等同的国家之间，具有更优契约制度的国家将会专业化于中间投入互补性更高的部门。

沃格尔（Vogel，2007）在一个工人异质性环境中，考察了国际贸易与国家制度质量之间的相互作用，个体工人选择他们的教育水平以最大化自身效用，制度通过使管理者更好地观察、证实工人的生产性努力来弱化道德风险的影响，这样自由贸易使得制度成为决定一国比较优势的独立因素。因为当国家规避道德风险的能力即制度质量上存在差异时，国家间出现专业化的自选择行为。制度质量高的国家，团队生产中工人工作中出现道德风险的概率较低，因而具有相应的比较优势，将专业化于团队生产（team-production）行业；相反，低质量制度国家，工人生产中出现道德风险的概率较高，因而将会专业化于个体生产行业（individual production industry）。

列夫琴科（Levchenko，2007）在一个不完全合同框架中模型化了制度比较优势，北方国家更好的制度代表了制度形式的比较优势，有利于克服制度依赖部门特定关系（relation-ship specific）投资产生的套牢（holdup）问题。制度的作用体现在两个方面：第一，契约的不完全性导致了要素市场的扭曲，制度依赖部门中的要素将会获得更高的补偿；第二，制度差异是比较优势的来源：贸易存在的条件下，北方生产制度依赖型产品。列夫琴科（2011）对不同国家部门间数据的检验发现，外生的地理特征驱动下，有倾向出口制度密集部门的国家确实享有明显更高的制度质量。

纳恩（Nunn，2007）构建了一个测度商品中间投入比例的变量，这些中间投入品需要特定关系的投资，他考察了合约执行更好的国家，在特定关系投资相对重要的产业出口中是否相对更多，以检验合约执行能力作为决定比较优势来源的重要性。实证检验发现，合约执行更好的国家，专业化于特定关系投资更重要商品的生产，并将更多地出口这些商品。因为合约执行更好的国家，存在较少特定关系投资的不足，因此在需要特定关系投资商品的生产上具有成本优势，合约执行力比物质资本和熟练劳动更多地解释了贸易模式。

科斯梯诺特（Costinot，2009）在一个单要素贸易模型中，分析了制度质量和人力资本的相互作用对于生产率差异和专业化模式的影响。模型中，产品生产的复杂性不同，复杂性越高意味着需进行的生产任务环节越多，生产任务的专业化分工具有报酬递增的特征，产品生产通过合同组织工人来完成，合同的执行具有不完全性，并受制度质量影响。这样，合同执行的不确定性产生的交易成本与专业化分工利益间的消长关系决定了一国分工模式，确定了一国部门之间生产组织的规模，生产中最优组织的内生差异决定了贸易模式。自由贸易条件下，生产组织规模较大的国家专业化于更复杂商品的生产，这些国家的制度质量和人均人力资本更高，更好的制度和更多的教育对于更复杂的产业来说，构成了比较优势的互补来源。奎师那和列夫琴科（Krishna，Levchenko，2009）考察了合约执行质量与人力资本对不同性质产品比较优势的影响。因为不发达国家具有较低水平的人力资本和较低质量的合约执行能力，因此会专业化于复杂性更低、产出波动性更高的产品。产品复杂性通过两个机制影响产出波动：一是合约的执行质量，生产过程越复杂，生产的参与方越多，所需要的合约数量就越多，制度较差的国家在复杂性较高的部门，由于合约的不完全执行所造成的损失就更大，从而产生比较劣势；二是依赖于国家间人力资本禀赋和生产中的最优劳动分工，生产中劳动分工的范围由产品复杂性内生地决定，人力资本更高国家的工人，在复杂性高的产品上具有比较优势。这样，贸易开放引致发展中国家的生产，转向复杂性更低、波动性更高的商品。奎师那和列夫琴科的实证结果也为理论预测提供了有力支持。

库纳特和麦勒兹（Cunat，Melitz，2007）把产业波动性、劳动市场灵活性与国际贸易相联系，分析了制度因素作为一国比较优势来源的重要性。收入水平相似国家之间，根据劳动市场制度差异，可区分为灵活经济和刚性经济，劳动市场调节的国际差异会影响企业对特定冲击的调整。产业间劳动再配置上的差异，反映了企业层面对特定需求和生产率冲击进行调整的差异，冲击在产业内更高的传播速度，必然要求产业内就业再配置在企业间做出更大的反应。劳动市场制度差异与产业层面企业冲击扩散差异相互作用，产生了产业间相对生产率的差异，即"李嘉图式"比较优势的来源。企业层面冲击存在的情况下，劳动力市场灵活的国家，更容易在企业间再配置劳动力，从而产生相对于劳动力市场刚性国家更高的生产率，产业波动与劳动力市场制度差异相互作用导致产业间比较优势模式的产生。实证分析的结果对此给予了较强的支持，劳动力市场更灵活国家的出口偏向于高波动性的部门，如果国家间劳动市场制度存在差异的话，比较优势可以在生产能力相同的国家之间出现。

三、贸易发展是否改善了制度质量

开放经济条件下，制度质量是影响一国贸易模式和贸易流量的重要因素，而国际贸易的发展在深化内外经济联系的同时，也会对一国制度演变，进而是动态贸易利益产生一定的影响。因此，贸易发展的制度效应成为学者们关注的重要前沿焦点。根据不同研究成果对具体效应分析结论的差异，贸易对制度演变的影响可从以下三个角度进行考察。

（一）改进说

对于一些国家来说，贸易的发展不仅通过专业化分工实现了比较优势利益和规模经济的好处，还提供了改进和完善本国制度安排的可能，国际贸易被视作改善经济和政治制度的重要途径（IMF，2005；Johnson et al.，2009）。

阿迪斯和雷拉（Ades，Rella，1997）、罗德里克等（Rodrick et al.，2004）的实证研究发现，总体贸易开放对于一国内部产业间的制度改进具有积极的影响，更高的开放度能够通过多种途径改善一国制度质量，包括减少寻租，增加对于改革的支持，专业化于制度依赖性部门。阿西莫格鲁、约翰逊和罗滨逊（Acemoglu，Johnson and Robinson，2005）对西欧国家的历史比较分析发现，贸易引起的制度改善是导致西欧国家在 16～19 世纪中期出现经济持续增长的重要因素。与贸易相关的技能偏向型的技术转移，会增加中产阶级的收入份额，增强他们在社会中的政治影响，促进现有制度更好地保护产权，并保证合约的执行（Acemoglu，Robinson，2006）。列夫琴科（2004）证明，贸易开放将会强化经济主体对更好制度的偏好，低劣的制度环境使一些主体能够攫取租金，贸易开放将会减少这些租金，这样贸易通过减少低劣制度中游说的动机导致了制度的改善。

也有学者通过考察贸易自由化的制度效应，支持了贸易改进制度的结论。因为贸易自由化会产生新的规则，使经济主体对政策选择的制定和执行产生新的预期，从而对经济政策产生新的约束和机会（Bates，Krueger，1993）。阿迪斯和迪特拉（Ades，Ditella，1999）、特瑞斯曼（Treisman，2000）发现，贸易开放很大程度上与腐败之间存在负相关性。罗德里克（Rodrik，2000）认为，贸易自由化导致的增长利益主要源于自由化后的制度改革。但格（Dang，2010）对越南的实证考察发现，贸易自由化导致开放度更高的省区市产生了更好的制度。

（二）恶化说

与改善说形成鲜明对比，大量的研究发现贸易发展可能恶化一国制度质量。政治寻租是制度发展的一个主要障碍（Morck，Stangeland and Yeung 2000；Rajan，Zingales，2003），贸易发展通过对内部寻租活动的影响可能导致一国制度质量出现恶化的趋势。

当一国的贸易开放与特定形式的进口数量限制相结合时，内部经济主体为获得进口许可将会在租金的获取上产生竞争，这样为了寻租将会更多地进行贿赂，进而导致腐败（Kruger，1974）。马丁和萨伯拉曼尼恩（Martin，Subramanian，2003）指出，自然资源贸易甚至通过恶化制度环境，对增长产生负面影响。经济政治制度在制度基础较差的国家，更可能会因为贸易开放而恶化（Segura – Cayuela，2006；Stefanadis，2010；Dal Bó et al.，2011）。塞古拉—卡尤埃拉（Segura – Cayuela，2006）在一个内生制度效率模型中，解释了贸易可能导致低质量制度国家制度恶化和经济发展表现不佳的原因。他认为，在低质量制度国家，封闭条件下的税收、征用等低效政策不仅会损害一般民众，也会对社会精英阶层造成伤害，因此会遭到精英阶层的抵制，产生了实施低效政策的天然屏障，但贸易开放可能将会消除这一天然屏障，使具有政治影响力的集团以更加低效的方式，利用自身的政治影响力去寻租，从而导致制度恶化，使贸易开放的经济目标难以实现。赫斯曼等（Hochman et al.，2011）证明，当一些企业与政府具有更强的政治联系时，政府有偏袒与之存在政治联系企业的倾向，从而加重对于其他企业的税收负担，在一国制度质量低劣的情况下，贸易开放将导致更严重的裙带关系，恶化制度质量。

（三）条件说

制度演变是一个缓慢的长期过程，并且具有很强的路径依赖性（Morck，Yeung and Yu 2000；Rajan，Zingales，2003；Guiso，Sapienza and Zingales，2009；Nunn，Wantchekon，2011），因此，贸易发展对制度演变的影响与一国原有制度水平存在直接联系，通过贸易自由化和贸易发展改进制度，似乎面临着制度门槛水平的约束。大量的理论和实证研究表明，贸易改善制度是存在一定条件的。

阿西莫格鲁、约翰逊和罗滨逊（2005）认为，贸易发展对西欧不同国家早期制度发展影响的不同，源于这些国家起始制度水平的差异，对于制度基础较好的英国和荷兰来说，对外贸易发展进一步改善了制度质量，保证了经济的持续快速发展，但是对于专制制度较为严厉且相对缺少产权保护的西班牙来说，对外贸易的发展并不足以改善其制度，以支持经济的持续发展。贝洛克和鲍尔斯（Belloc，Bowles，2011）认为，经济一体化可能带来的贸易利益或许将提高偏离现行传统的成本，从而强化而不是弱化制度和文化的多样性，通过增加实验新的偏好的成本，贸易利益会提高文化制度转换的障碍。因此，即使存在帕累托更优的习俗，且现有的习俗与其他国家相比，产生了在所有产品上的绝对劣势，但一国的文化制度习俗可能仍会持续很长时间。斯特芬纳蒂斯（Stefanadis，2010）根据一国产权保护的强弱，将国家区分为生产者友好型经济和掠夺者友好型经济，经过分析认为，国际贸易将会改善生产者友好型国家的制度，导致人才向生产上的转移，从而避免因寻租造成的社会性浪费，而在制度较弱的掠夺者友好型国家，经济被寻租者控制，国际贸易将会导致制度的恶化，从而造成人才配置上的浪费。

列夫琴科（2009）把企业异质性贸易模型与企业制度质量偏好相结合，考察了贸易开放对一国制度演变的影响，贸易开放通过国外竞争效应和政治力量效应影响一国制度变迁，国外竞争效应意味着企业偏好更优于封闭条件时的制度，而政治力量效应则会导致成为出口商的大企业扩张，而小企业萎缩，政治力量向有利于较大的出口企业转移。前一种效应会改善制度质量，后一种效应会恶化制度质量。当贸易开放增加了一小部分较大精英出口商的政治力量时，贸易开放可能会恶化一国的制度质量，因为这些出口商更愿意维持低质量制度，以获得更多的租金。有证据表明，更大的企业倾向于更多地参与游说活动（Bombardini，2004）。但 Zhao 等（2010）认为，不同特征企业对于制度的依赖存在异质性，组织良好的大企业与刚起步的小企业相比，对于制度的依赖更少，导致对贸易自由化制度反应上的显著差异。企业或潜在的进入者对完善制度依赖性越高的经济，在进入全球经济之后，出现制度改进的可能越高，而具有更少的企业或潜在进入者对完善制度存在强依赖性的经济，在融入全球经济之后，可能只表现出较少的制度改进，甚至出现制度恶化。

贸易发展对一国制度演变方向和强度影响的条件性，还表现在对本国专业化模式和贸易伙伴特质的依赖上。列夫琴科（2011）证实，当国家间技术相同时，制度质量会存在向上的竞争，两国为获得在产生租金部门上的比较优势，将彼此进行竞争，贸易开放后，双方都会努力改善本国制度，以达到可实现的最优水平；另外，当一国在产生租金商品上的技术比较优势足够强时，贸易开放后，两国的制度都不会改善；同样，当制度因素外，其他比较优势来源的影响足够强时，制度的变化将不会影响贸易模式，而贸易发展也不会产生改善制度的动力。

四、制度影响下贸易发展的福利效应

与传统理论贸易互利性的结论不同，制度影响下贸易发展的福利效应分析显得更为复杂，在结论上具有更大的不确定性。

对于制度发达国家来说，制度比较优势不仅可以产生静态的比较优势利益，还将伴随巨大的动态增长利益和制度改进利益，从而达到更高的福利水平。大量的实证研究表明，贸易自由化使发达国家获益更大（Dowrick，Golley，2004；DeJong，Ripoll，2005）。英国、荷兰与西班牙、葡萄牙通过大西洋贸易，在长期经济增长绩效上表现出的显著差异，部分地归于这些国家间起始制度的差异（Acemoglu，Johnson and Robinson，2005），对于起始制度优良的英国和荷兰来说，较好的产权制度和对君主制的有效限制，确保了这些国家通过贸易实现了长期增长和进一步制度改良的目的，但制度质量低劣的西班牙和葡萄牙却没有获得这些相对贸易利益和制度改善的红利。列夫琴科（2007）的模型分析表明，北方国家根据制度比较优势进行分工所实现的贸易利益增加，将超过传统要素禀赋差异产生的利益，北方国家的福利水平将获得更大提高。

与高质量制度国家所获得的巨大贸易利益相比，低质量制度国家根据制度比较优势进行分工贸易，所实现的贸易利益则相对较小，甚至可能出现受损的情形，因为制度的路径依赖可能导致对社会不利的稳定政治经济均衡（Acemoglu，Johnson and Robinson 2005；Morck，Wolfenzon and Yeung，2005）。格鲁特等（Groot et al.，2004）认为，动态地看，尽管存在潜在的比较优势、知识外溢和巨大的销售市场，但低质量制度国家未必能获得制度改进的利益，反而可能被锁定在低经济绩效情形当中。列夫琴科（2007）的模型分析发现，当制度成为影响一国比较优势的独立来源时，国家间贸易福利的分析可能会得出不同于传统贸易理论的结果，不发达国家未必能够获得贸易利益，要素报酬差距可能因为南北贸易，出现与发达国家差距的扩大，从而存在福利受损的可能。沃格尔（2007）指出，足够低的制度质量将导致一国在贸易自由化后，专业化于简单商品生产，这样该国将无法获得制度改善的利益。豪奇曼等（Hochman et al.，2011）对于贸易福利的估计则相对乐观，他认为，虽然国际贸易可能导致低质量制度国家更多的裙带联系，但是，它仍然能产生整体上的效率增进。

标准贸易理论中贸易利益的分析只是一种潜在的可能，而这些利益实现的程度是由每一个经济的制度性质决定的，因此贸易增进福利的效应会受到一国制度门槛水平的制约。巴塔切雅等（Bhattacharyya et al.，2009）经验考察了贸易开放与经济发展之间的关系，发现贸易与制度之间具有互补性，一国为了从贸易中获益，该国的制度质量必须迈过一定的门槛水平，较高的制度质量意味着更低的交易成本，将促进贸易，并且保证贸易利益更好的分配，从而为进一步的贸易扩张和增长铺平道路。贝洛克（Belloc，2009）利用博弈论的方法，考察了两个只存在制度结构差异的国家一体化的影响，一个国家的制度会对一体化做出内生反应，一体化会改变一国的外部游戏规则，进而改变一个社会的激励机制，使一国已存在的制度安排做出妥协或被终止，如果一体化使一国原有的制度均衡瓦解，而最初均衡制度中内部合作的利益足够大的话，该国内部制度均衡的解体可能会对一国的整体福利造成损失。

五、对发展中国家的启示

通过以上分析可以发现，国际贸易研究开始越来越多地关注制度质量的影响，制度因素的引入是理解现实的贸易模式和贸易利益的重要基础，很大程度上弥合了传统理论预测与经验发现之间的距离，为不断发展更新的国际经济现象提供了更加全面的解释。一国制度质量水平不仅会影响现实中的贸易流量，并且构成了新比较优势的重要来源。随着对外贸易的发展，一国的制度状况可能发生相应的转变，但贸易改进制度以及贸易增进福利的实现似乎存在一个制度门槛，过于糟糕的制度质量可能无法保证一国获得贸易开放的福利增进。这方面理论和实证研究的政策启示非常明显，对于低质量制度的发展中国家来说，改革并完善本国的制度框架，提高本国制度质量，消除制度劣势是获得持续开放经济利益的重要保障。

第四节　中间产品贸易理论研究新进展

近几十年涌动着又一波全球化浪潮，呈现出两个新的特征，即中间产品贸易的大幅度增长（当然也是国际贸易的大幅度增长）和 FDI 流动的快速增加。20 世纪 60 年代以来，全球贸易以 GDP 增速两倍的速度增长，呈现出非线性增长的态势，贸易品结构与贸易方式也发生了显著变化，中间产品贸易占据国际贸易的主导地位以及加工贸易成为主要的贸易方式是这种新贸易现象的两个主要特征。以发达国家为例，过去 20 年，美国出口占 GDP 的比例大约翻了一番；在 OECD 国家，即使略去集团内贸易不计，出口占 GDP 的比例也大致增长了一倍（Feenstra，1998）。与 GDP 的增长速度相比，国际贸易出现了更快速度的增长——非线性增长。

在现代贸易中，中间产品贸易举足轻重。经验研究证实，垂直专业化引起的中间产品贸易已经增长了30%，可以解释过去20～30年1/3的贸易增长（Yi，2003）。胡梅尔斯、石井和易（Hummels，Ishii and Yi，2001）也确认，从1970～1990年，出口的增长是与占世界出口增长1/3的中间产品贸易增长密切相关的。在纺织、服装、制鞋、工业机械、电子器材和运输设备等许多行业中，国际范围的专业化生产确实有了快速的增长。所以，格罗斯曼和赫尔普曼（Grossman，Helpman，2002）认为，对中间产品和服务的外购是零部件贸易增长最快的一部分。

在传统贸易理论和新贸易理论中，每个国家都生产完整的产品及出口国与进口国之间开展直接贸易已经约定俗成。出口国生产商利用当地资源生产产品，直接出口给进口商，由进口商在本国销售，已成为主要贸易模型分析贸易模式的基本套路。因此，生产并出口比较优势产品，进口比较劣势产品，是一般贸易中的分工与贸易模式。但是，目前的国际贸易分工模式并非如此简单。产品内部的多阶段生产和由此导致的中间产品和服务的贸易成为日益重要的贸易活动，各国间分工协作的程度达到了空前的地步，国际贸易总体上已"不再是葡萄酒换衣服"的活动（Grossman，Rossi－Hansberg，2006a），贸易对象已经从产品层面深入到工序任务的层面，因此从工序贸易（Trading Tasks）的角度探寻中间产品贸易的动因、模式及其利益分配问题已经成为当今国际贸易理论的前沿。

一、工序分工思想的演进

基于古典经济学的分工理论，斯密巧妙地将分工与国际贸易联系起来，提出了第一个支持贸易互利和自由贸易的系统理论，有力地论证了国家间分工、贸易的必要和影响，从理论上支持了自由贸易的政策。一定意义上讲，斯密的这种理念至今仍是各国扩大对外开放，积极参与国际分工，推进全球范围贸易自由化的理论基础，并成为自由贸易者反对以邻为壑的贸易保护主义的有力武器。

与此同时，斯密的贸易分工思想也为后继学者对贸易分工问题的研究提供了强大的理论借鉴。尤其是以杨小凯为代表的新兴古典贸易学者，承袭了斯密关于不同劳动力间生产率差别是分工的结果而不是分工的原因的思想，将贸易的原因归结为分工和专业化所引发和强化的内生比较优势。在其构造的内生贸易模型中，杨小凯认为，随着交易效率的不断改进，劳动分工演进会发生，而经济发展、贸易和市场结构变化现象都是这个演进过程的不同侧面，因此国际贸易先应该是国内分工和国内贸易发展的结果。基于新兴古典贸易理论系统的分析框架和大量经济贸易现象的强大解释力，使其成为现今研究贸易分工问题的重要流派，并再次唤起了学者们对斯密贸易分工思想的关注。

　　自斯密时代开始，随着科技的进步以及运输和通讯成本的降低，生产流程的专业化分工逐渐摆脱了局限于单个企业内部的约束，朝着企业间分工合作的方向发展。从18世纪60年代到如今的200多年时间里，国际分工经历了由产业间国际分工到产业内国际分工，再到产品内国际分工的历程，国际贸易的主要内容也由完全制成品转向中间产品、零部件甚至是生产工序之间的交换。特别在20世纪末的最后10年，伴随着国际贸易的发展和科技进步，国际分工的深化，国际经济领域出现了一个引人瞩目的新现象，即产品制造过程中包含的不同任务和环节被分散到不同国家进行，从而形成了以任务、生产环节为对象的新型国际分工形态，即工序分工。

　　回顾工序分工思想的演进历程，大致可以将工序分工问题的研究做如下归纳：

　　第一，将工序分工和贸易纳入传统的理论分析框架。琼斯和科尔兹考维斯基（Jones，Kierzkowiski，1990）较早地探讨了比较优势和规模经济对产品内工序分工成本的影响，他们认为产品内工序分工导致的边际生产成本降低与服务环节增加所导致的离岸外包成本增加的冲突将会影响生产者对分工模式的选择，科技进步和生产规模的扩大则能降低生产和外包成本，鼓励产品内工序分工的发展。琼斯（2000）在H-O模型的分析框架内研究了服务成本与产品内分工的关系，得出了相似的结论。斯文森（Swenson，2004）进行了更加细致的分析，利用外部采购模型对美国海外加工装配计划的检验发现，无论是发展中国家还是发达国家，当它自身劳动力成本上升时，美国在该国的离岸外包活动将会增加；相反，当竞争对手劳动成本上升时，它在美国离岸外包的份额将下降。安德特（Arndt，1999）在H-O模型的基础上，沿用了传统贸易理论的相关假定，研究了存在工序分工时离岸外包和产品内贸易活动对双方福利的影响，该研究将产品的生产工序继续细分为资本密集阶段和劳动密集阶段，两国根据各自的资源禀赋优势进行的分阶段生产，即发达国家集中优势资源生产产品的资本密集阶段，而劳动密集的生产阶段外包给发展中国家，这样，当外包促进了要素稀缺国家与要素丰裕国家的产品内部专业化分工时，双方的产量和贸易量都将得到增加，贸易双方福利都将大大改善。罗德里格斯—克莱尔（Rodríguez-Clare，2010）在李嘉图贸易模型框架内，研究了国际"零散化"生产活动的兴起及其对全球贸易福利的影响。

　　第二，在研究工序分工和贸易过程中引入交易费用和合约理论。面对传统贸易分析框架对分割生产（fragmentation）和加工贸易等新的贸易分工现象的解释力不足的局限，合约理论逐渐兴起，交易费用和合约理论分析的引入显得必要而有力。格罗斯曼和赫尔普曼（Grossman，Helpman，2002）、安特拉斯

（Antràs，2003）和赫尔普曼（2003）把和罗斯曼—哈特—摩尔（Grossman - Hart - Moore）不完全契约模型引入贸易问题研究，分析了跨国公司获取中间投入品的分工模式选择和所有权安排问题。一般来说，相对依赖性较大的企业，更倾向于维持合作关系，更容易接受合作伙伴所提出的要求与改变。而所有权相对独立的企业，会利用其优势地位迫使合作伙伴做出改变和调整。芬斯特拉和汉森（Feenstra，Hanson，2002，2003）以加工企业的所有权和中间投入采购的归属作为标准，将在中国的跨国公司加工贸易模式分为四种：外方同时拥有所有权和采购权；中方拥有所有权，外方拥有采购权；外方拥有所有权，中方拥有采购权；中方同时拥有所有权和采购权。第一种生产模式为外商独资企业，第二种、第三种为中外合资企业，第四种为非外资企业。芬斯特拉和汉森通过建立的博弈模型，解释了跨国公司对这些贸易模式的选择。在完全合约下，跨国公司倾向于选择第一种模式，或者第四种模式。在不完全合约的条件下，跨国公司与加工企业将分治两项权力，但最为常见的是，跨国公司拥有所有权，而东道国企业得到中间投入品的购买权。这种分析方法对中国的合资企业生产贸易模式有较强的解释力。

第三，基于微观企业生产组织选择和离岸外包决策进行的新探讨。在将工序分工问题的研究视角细化至微观企业层面时，可将跨国企业的生产组织方式分为企业内部生产、FDI、国内外包和离岸外包四种模式（Helpman，2006），而相关研究也在此框架内展开。格罗斯曼和赫尔普曼（2002）先在企业同质性假定下，引入不完全合约的分析框架，构建了封闭经济条件下的一般均衡模型，研究了垄断竞争条件下企业对外包和一体化生产组织模式的选择。但遗憾的是，该研究并未涉及开放经济条件下多重均衡出现时的情形。格罗斯曼和赫尔普曼（2003）则结合麦勒兹（2003）和安特拉斯（2003）的研究，引入了企业异质性假定，探讨了存在总部服务的条件下，产业均衡时企业对外包和一体化模式的选择问题。研究表明，最终产品在北方国家生产，中间品既可在北方国家生产也可在南方国家生产，主要取决于南北双方企业的生产率、相对工资、契约完备程度及议价能力等。因此，企业的生产组织模式又可继续细分为国内外包、国内一体化、国际外包和国际一体化。而全球生产链条的分割和工序分工的盛行，也使中间品和服务的生产更加依赖于离岸外包的生产组织形式（Grossman，Rossi - Hansberg，2006b）。

随着工序分工的深化和相应研究的不断跟进，对这种全球生产价值链点片式地分布于若干个国家和地区的现象，经济学家先后用不同的概念术语来加以概括和表述。对此，迪克西特和格罗斯曼（Dixit，Grossman，1982）早期使用了多阶段生产（Multi-stage Production）的概念来形式化地描述产品内生产分割的基本状况，类似的表述还有琼斯和科尔兹考维斯基（Jones，Kierzkowiski，1990）零散化生产（Fragmented Production）的用法，巴格瓦蒂和德赫嘉（Bhagwati，Dehejia，1994）则运用"万花筒式比较优势"（kaleidoscope comparative advantage）来描述各国基于比较优势的生产工序分工现象。随后的研究则采用更为贴切且易于接受的描述，如产品内分工（intra-product specialization by arndt，1997，1998）、垂直专业化（vertical specialization by hummels，Tshii，Yi，2001）、中间品贸易（intra-mediate trade by Antweiler & Trefler，2002）。

格罗斯曼和罗西—汉斯伯格（Grossman，Rossi－Hansberg，2008）总结前人的经验提出了工序贸易（trading tasks）的概念，就是把生产过程看作一系列连续的工序（tasks），发达国家可以把一部分工序外包给发展中国家。它通常表现为跨国公司将价值链中的低端流程分给国外的第三方公司，然后再通过贸易完成生产链工序的全过程，应该说它是处于内部化交易与市场化交易之间的一种商业关系。因此，工序贸易概念的提出，更加精准地刻画了新的生产分工形态和贸易内容，为之后的研究提供了理论前提。

二、工序贸易理论模型

传统的对国际贸易的一般均衡分析法是一个有力而优美的智力构造，因此想使其他方法与这一方法一起作为主要因素，分享它的地位，并非是轻而易举的（Helpman，Krugman，2009）。而工序贸易理论的提出则恰好弥补了传统贸易理论和新贸易理论在解释新型国际分工和贸易实践的缺憾，为我们认识和分析企业生产工序分割和离岸外包等经济贸易现象提供了有力的工具。

近年来，生产分割的加剧、交易和运输成本的降低，弱化了专业分工对地理空间的要求，使得企业的全球生产和离岸外包变得有利可图，显然也推动了工序贸易的盛行。对此，学者们从不同的视角进行了阐释，其中，较具代表性的是格罗斯曼和罗西—汉斯伯格（2008）的研究，他们所构建的一个存在离岸外包的工序贸易模型，将交易成本变量和技术因素加入传统国际分工理论框架，建立了加入交易成本因素的"拓展李嘉图模型"和"拓展赫克歇尔—俄林模型"，从而将传统的产业和产品间分工理论拓展到产品内国际分工问题的分析上。

在工序贸易理论模型中，首先有两个假设，一是假设现有技术水平下各潜在任务之间具有不可替代性。二是假设部分加工贸易的运输仍需要费用。他们将需要较低技术水平的任务定义为"L－tasks"，较高技术水平的任务定义为"H－tasks"。发包国的跨国公司可以生产 X 和 Y 两种产品，其中 X 代表技术密集型产品，Y 代表劳动密集型产品，对于不同任务所需的要素数量关系可以表示为：$\alpha_{Hx}/\alpha_{Lx} > \alpha_{Hy}/$

α_{Ly}，并且规模报酬不变。

国内企业将生产过程中部分低技术工序外包给劳动力工资较低的国家是有利可图的，但是，这种获利并不是任意的，国内企业在此过程中要承担管理费用、交易成本和运输费用等离岸外包成本（offshoring costs）。因此，对于国内企业而言，当外包的工资节约与离岸外包成本相等时，就有可能放弃外包而转向国内生产。

在完全竞争市场，任何一种商品的价格都应该不大于一单位这种商品的生产成本。一单位某种产品的成本是四方面的总和，包括生产一单位产品所需国内（发包国）非熟练劳动力的工资、任务外包给他国工人的工资、国内高技术任务中熟练工人的工资、其他生产要素的成本。厂商选择将生产任务外包给国内低水平劳动工人时，可能会支付较低的工资水平，但也可能面临着较高运输费用的问题。这样，格罗斯曼和罗西—汉斯伯格搭建了一个包含两部门、两产品及产品内工序分工的完全竞争模型，将工序在时间和空间的分解内生化，从不同于传统国际贸易理论的角度，对当今快速发展的新贸易实践做出了合理化解释。该模型第一次较为系统地解释了跨国公司进行离岸外包的现象，为学者们的后续研究提供有益的启示。

工序贸易模型的提出引起了贸易理论界的广泛关注，许多学者对此做了大量深入而细致的拓展工作（Grossman, Rossi – Hansberg, 2011；Baldwin, Robert – Nicoud, 2010；Andrés Rodriguez – Clare, 2010；Acemoglu, Autor, 2010；Antràs, Chor, 2011；Antràs, 2012），试图揭示全球化离岸商务活动背后工序生产分割和离岸外包区域选择的内在机理。

为深入剖析市场规模和离岸外包成本对工序贸易的影响，挖掘工序贸易的运行机制，格罗斯曼和罗西—汉斯伯格（2011）在其2008年研究的基础上，继续考虑市场规模效应（market-size effects）和异质性的贸易成本（heterogeneous trade costs），构建了一个分析具有相似要素禀赋但规模不同的国家间的工序贸易模型。在模型中，工序可以在国内生产也可以外包给国外的生产商加工，但这需要支付一定的离岸外包成本。所以，当离岸外包成本不太高时，企业会将部分工序安排在特定区域集中生产，以实现规模经济。与他们此前的研究相比，格罗斯曼和罗西—汉斯伯格（2011）的模型更为深入地探讨了均衡工资、均衡产出和国家的相对规模之间的相互关联及其对离岸外包和工序贸易的影响。研究发现，在均衡时，具有最高离岸外包成本的生产工序将不会参与工序贸易，且其中具有相对较高离岸外包成本的工序往往会出现在较高工资和总产出的国家。同时认为，对于相对要素禀赋相似但规模不同的国家，是最终产品的生产规模而不是最终需求的位置决定了专业化分工的格局，生产最终产品多的国家并不一定需要具有较为丰富的要素禀赋，显然强调了国家规模在生产工序的离岸外包中的重要作用。

伴随着离岸外包和工序贸易等新型贸易分工现象的日渐兴起和传统贸易理论模型的解释乏力，鲍德温和罗伯特—尼科德（Baldwin，Robert–Nicoud，2010）吸收了格罗斯曼和罗西—汉斯伯格（2006b，2008）关于中间品和服务的工序贸易及离岸外包的相关研究成果，完善了主流贸易理论对工序贸易问题的研究，构建了一个分析产品贸易（trade-in-goods）和工序贸易（trade-in-tasks）的综合研究框架。两位学者在该文献中做了如下重要而富有启发性的工作：（1）提出了一个简单而又灵活的分析框架，研究产品贸易和工序贸易的内生出现是为了应对产品和创意转移成本的外生变化；（2）该研究将工序贸易的基础理论框架融入四大主流贸易理论的分析，涵盖了H–O理论、要素价格均等化理论、斯托尔伯—萨缪尔森定理和罗伯津斯基定理，并发现标准产品贸易理论的贸易利得分析未细化到工序层面，而二者的研究正试图弥补这一缺憾。（3）该分析框架整合了多种独特情形下离岸外包和工序贸易的分析，尤其是将已有完全竞争的分析放松到垄断竞争市场条件下，并考虑了双向离岸外包（two-way offshoring）的贸易现实。

在模型构建方面，鲍德温和罗伯特—尼科德调整了先前的部分研究框架（Trefler，1993；Baldwin，Robert–Nicoud，2007），先构建了一个两国（本国和外国）、F种生产要素、I个完全竞争行业的产品贸易模型，论证了传统四大贸易理论对贸易利得（gains-from-trade）的分析并未触及工序贸易的层面。为此，二者接下来继续将工序定义为产品或服务生产过程中的部分片段，构建了一个工序贸易模型，通过对比产品贸易模型和工序贸易模型，鲍德温和罗伯特—尼科德研究发现二者处理的基本问题有较大差异。前者通常研究国家或区域间要素禀赋、生产力等方面差异所驱动的产品层面比较优势，分析从自给自足经济到自由贸易两种状态的静态比较贸易利得；而后者则着眼于研究均衡状态下，产品工序层面不同生产部门、不同要素投入单位对工资、产品价格、要素禀赋和市场分割等的动态把握，尤其是对生产工序的分割和离岸外包地点选择的权衡。因此，与已有研究相比，两位学者更侧重于从理论上完善传统的主流贸易理论对工序贸易的研究。

安特拉斯、加里卡诺和罗西—汉斯伯格（Antràs，Garicano and Rossi–Hansberg，2008）发展包含南北双方的一般均衡分析框架，并在工人能力不同和国家技术禀赋存在差异的假定下，分析了中层管理者的管理技能和沟通成本对企业生产工序离岸外包组织形式的重要影响，认为中层管理者的存在，提高了与工序有关的知识技能的传播效率，推动了东道国与承包国间离岸外包的实现。因此，跨国公司改变生产组织形式的能力和中层管理者的管理技能将是部分生产工序能否进行离岸外包的关键。

同样出于对技能和工序离岸外包的关注，阿西莫格鲁和奥托（Acemoglu，Autor，2010）则将研究视线聚集在工人技能、生产工序和技术对劳动者就业和收入的影响上，与格罗斯曼和罗西—汉斯伯格模型将工序类型分为高技能工序和低技能工序假定不同的是，该研究继续将技能分为高、中、低三种，且生产不同类型工序的工人拥有的比较优势是异质的，他们通过构建的规范模型研究发现，生产工序分工和技术的差异会降低低技能工人的工资水平。

接下来的研究则转向工序与价值链的分析，安特拉斯和曹尔（Antràs，Chor，2011）从全球价值链（global value chain）视角，研究发现生产活动的复杂化和分散性似乎也已达到前所未有的程度，且生产工序的细化加剧了价值链的分割，使处于价值链不同位置的生产工序采用更为合理的生产组织形式。安特拉斯等（2012）则在此基础上，分别在封闭经济和开放经济条件下，分析了生产片段化、离岸外包和价值链集聚问题，测度了价值链中间环节距最终产品的距离，并基于美欧等国的投入产出数据进行了验证。文献研究认为，随着全球生产过程片段化和离岸化趋势的加剧，一些国家开始在生产价值链的上游或下游从事专业化生产，而将其余环节外包，从而出现了工序生产的分散化和价值链集聚的有趣现象。

三、工序贸易的福利效应分析

国内外学者对工序贸易分配机制和福利效应的探讨，主要基于离岸外包的工资效应和工序贸易的贸易利得（gains-from-trade）效应，深入系统地分析了不同贸易主体（通常为发达国家和发展中国家）间的贸易条件变化和利益博弈。

（一）离岸外包的工资效应

格罗斯曼和罗西—汉斯伯格（2008）的工序贸易模型将工序离岸外包的工资效应分解为：（1）生产效率效应（the productivity effect），相当于劳动所增加的效率提高，提高了低技能工人的工资；（2）相对价格效应（the relative-price effect），外包使得劳动密集型产业的相对价格下降，从 SS 定理可知，低技能工人的工资也会下降；（3）劳动力供给效应（the labor-supple effect），外包相当于提高了低技能工人的劳动供给，他们被吸引到产业生产中去，尽管有可能减少他们的工资。这个模型第一次较为系统地解释了跨国公司进行离岸外包的现象。在同一文献中，格罗斯曼和罗西—汉斯伯格所做的实证分析，也证明了上述效应的存在。

发达国家的学者站在发包国的立场，更关注由工序贸易所改变的全球劳动力供求关系对发达国家工人失业率和工资水平的影响。格罗斯曼和罗西—汉斯伯格的研究发现，在关于外包的讨论中，不仅应该考虑新增海外工人对全球劳动力供应和发达国家总体福利的影响，还应考虑外包发展过程中产生的另外两种经济效应。首先，劳动力市场一体化程度提高，结果造成劳动密集型商品价格下降，受全球新劳动力市场影响最大的发达国家低技能工人工资面临下行压力。其次，任务在全球范围内的转移会降低企业成本，尤其是在更依赖于低技能工人的行业。那么，这些行业就会产生扩张的动机，低技能员工也会找到生产率和薪资更高的新工作。这两位经济学家估计，生产率效应主导着劳动力供给效应。也就是说，某些产业的转出不仅没有降低美国的薪资水平，实际上还抵消了中国和印度等大型新兴经济体融入全球经济带来的一些薪资降低效应。即便更高技能的工作任务成为贸易候选品，这些正面效应仍可能会存在。对于各级技能水平的美国员工而言，外包的性质类似于提高生产率和薪资水平的科技进步。

对于发展中国家来说，普通劳动者的工资水平可以通过两种方式在工序贸易中得到提高。一是就业扩大所引起的收入提高效应。发展中国家参与国际分工，目前的基础是劳动力丰富这个比较优势。因此，当中国处在为全世界生产劳动密集型的工序时，全世界的就业机会就或多或少转移到中国来，即使工资没有上涨，由于扩大了全社会的就业面，本身就会带来整体劳动者群体收入的提高。二是生产率提高所引起的工资增长效应。发达国家转移到发展中国家的生产任务，比发展中国家原有的产业需要更多的高技能劳动力，发展中国家所从事的生产任务中高技能劳动力密集度也比以前高了，也相对增加了对高技能劳动力的需求，提高了高技能劳动力的相对工资。另外，中国在参与国际分工时，本身也会带动劳动力在地区间和部门间的转移，产生一种资源重新配置效应，实际上也促进了全要素生产率（TFP）的提高。一旦生产率得到了提高，一方面，通过产品价格下降，增加了低收入者的消费，扩大国内需求，从而通过乘数效应增加就业；另一方面，也使企业具有了增加工资的物质条件，如果其他条件具备的话，工资水平也就自然得到了提高。

安特拉斯等（2010）基于富国企业分割生产工序并外包给价值链低端的低工资国家的国际分工现实，将格罗斯曼和罗西—汉斯伯格的研究方法引入伊顿和图姆（Eaton，Kortum，2002）的分析，构建了包含 N 个国家（包含富国和穷国）和单一要素（劳动力）的李嘉图贸易模型，分别从短期和长期分析了工序分工深化和离岸外包增多的现象，并就此探讨了贸易利得的生产率效应和工资的距离效应发现在短期，生产的片段化程度越高，即工序分割程度越高，将会恶化富国工人的真实工资水平，同时会提高穷国工人的工资水平；而在长期这些效应可能会逆转，通过增加工序贸易和离岸外包富国也可以获利。该研究尽管沿用了科勒

（Kohler，2004）和格罗斯曼和罗西—汉斯伯格（2006b）对于离岸外包成本内生存在的假定，但分别从时间维度（短期和长期）和空间维度（富国和穷国）对工序分割程度、离岸外包成本及相应工资福利的探讨，还是深化和拓展了已有研究。

（二）工序贸易的贸易利得效应

长期以来，贸易理论家就工人劳动生产率和贸易条件对贸易利得的影响问题，基本达成一致；而对发达国家与发展中国家在国际贸易中的利益分配，则颇有争议。显然，关于这一问题的争论也同样延续到现今的工序贸易层面，一方面，萨缪尔森（Samuelson，2004）的研究曾警告美欧等发达国家将产品生产工序离岸外包给中国、印度等具有工资优势的发展中国家会极大恶化其国内的失业状况，损害了发达国家的利益，且这种损害可能会长期存在；另一方面，巴格瓦蒂、潘纳格利亚和斯里尼瓦桑（Bhagwati，Panagariya and Srinivasan，2004）则否定了这种发达国家福利恶化的论断，认为发达国家将生产过程中的低技术工序外包给发展中国家，可以利用其劳动力价格低廉的便利，节约生产成本。尽管短期内可能会存在低技能工人失业的状况，但长期来看，发达国家处于全球市场价值链的高端，会不断创造更多的高技术就业机会，并显著提升劳动者技术水平，因此不会损害发达国家的贸易利得。

奥塔维亚诺、派里和莱特（Ottaviano，Peri and Wright，2010）发展了一个多部门的格罗斯曼和罗西—汉斯伯格模型，将移民因素引入对异质性生产率工序的分析，研究了离岸外包成本和移民成本的降低对美国国内就业市场的影响。模型分析认为，尽管价格低廉的离岸外包活动确实能够降低美国低技术工人的就业机会，但较低的移民成本却不会，且对产品的工序生产，二者均具有成本节约效应（cost-savings effect）。进一步的研究还发现，离岸外包将会推动美国国内的就业向通信技术等高技能工种集中，而远离低技术的生产工作。所以，长期而言，工序贸易和离岸外包对美国国内工人就业的改善和整体贸易福利均有积极作用，而三位学者基于美国2000~2007年制造业产业的数据也验证了上述论断。

国内学者对此问题同样充满争议，高越（2006）认为中国当前在全球工序贸易中的分工地位，实际上恶化了中国对外贸易的实际价格条件，不利于贸易福利的改善。那么，若要改善这种不利的分工地位，则需要权衡技术和成本，选择恰当的生产分割方式和程度，合理配置工序的离岸外包活动，实现价值链升级，从而改善贸易利得；苹果、波音和因特尔等企业便是很好的案例（刘戒娇，2011）。与此不同的是，刘庆林等（2010）的研究则认为，中国参与国际生产分割有利于行业生产率的提高，尤其是非加工贸易形式的生产分割将会更大地提升生产率，增加贸易利得，推动对外贸易的长足发展。曾铮和熊晓琳（2008）在研究了美国、中国、印度三国在生产"零散化"和离岸外包过程中竞合关系的基础上，提出要素成本和交易成本的权衡是发达国家离岸外包活动的重要影响因素，而作为发展中大国的中国、印度两国显然也有各自的优势，因此，若处理得当将会对三方均有利。

四、未来研究展望

作为近些年来国际垂直化生产和贸易发展的一个系统总结，工序贸易理论把握了当前贸易分工的本质特征，而与企业异质性和新新贸易理论的融合也使其愈发具有活力，成为贸易理论研究的一块前沿阵地。关于未来的研究方向，大致可做如下思考：

第一，在对贸易的微观主体跨国公司进行分析时，引入产业组织理论的分析框架在理论与实证上都有进一步研究的必要。在理论上，可以考虑外包契约、交易成本的种类等问题，在实证上可以继续研究中间产品种类与组织模式选择的关系等问题。

第二，在工序贸易的理论框架中引入贸易中介（intermediated trade）的分析思路，或许是未来研究的一个方向（Antras，Costinot，2010），尤其是在工序分工日渐细化的现实背景下，基于企业异质性和贸易中介的视角，解释中介技术、不完全合约和工序组织形式等对企业出口、外包决策及福利分配的重要影响，便显得十分必要。

第三，在工序贸易的实证研究中，尽可能地选取工序层面的贸易数据，科学计算生产链中工序分割的程度，尤其是对于发展中国家工序和离岸外包数据的核算，对理清各国或地区在国际分工中的真实处境至关重要。

第四，已有文献主要基于发达国家的视角，而对发展中国家的问题重视不够，使得对问题的全局把握受很大局限。由于发达国家在工序分割和全球生产价值链中都占据有利地位，并拥有离岸外包的主动权，因此，未来的研究应更加关注各个贸易主体的分工角色和贸易利得。

参 考 文 献

[1] 戴维・皮尔斯主编：《现代经济学词典》，上海译文出版社 1988 年版。

[2] 方勇：《分工演进与贸易投资一体化》，社会科学文献出版社 2011 年版。

[3] 高华云：《重商主义到亚当・斯密——西方经济学说史上的第一次革命》，《云南财经大学学报》，2007 年 12 月。

[4] 郭界秀：《比较优势理论研究新进展》，《国际贸易问题》，2013 年第 3 期。

[5] 郭界秀：《贸易与制度发展关系研究综述》，《国际经贸探索》，2013 年第 4 期。

[6] 哈罗德：《动态经济学》，商务印书馆 2013 年版。

[7] 胡国恒：《不完全契约条件下的贸易、投资与国际生产组织》，《财经研究》，2004 年第 7 期。

[8] 李新宽：《本是同根生——亚当・斯密与重商主义的关系研究》，《学习与探索》，2007 第 6 期。

[9] 梁琦，黄卓：《空间经济学在中国》，《经济学季刊》，2012 年第 2 期。

[10] 梁琦：《空间经济学：过去、现在与未来——兼评〈空间经济学——城市、区域与国际贸易〉》，《经济学季刊》，2005 年第 3 期。

[11] 刘庆林、高越、韩军伟：《国际生产分割的生产率效应》，《经济研究》，2010 年第 2 期。

[12] 卢锋：《产品内分工》，《经济学季刊》，2004 年第 4 期。

[13] ［日］藤田昌久等：《空间经济学——城市、区域与国际贸易》，中国人民大学出版社 2011 年版。

[14] 汪洋：《新国际分工理论演进与工序分工理论的兴起——一个线性文献述评》，《产业经济研究》，2011 年第 6 期。

[15] 吴易风：《英国古典经济理论》，商务印书馆 1988 年版。

[16] 杨小凯：《新贸易理论及内生与外生比较利益理论的新发展》，《经济学季刊》，2001 年第 7 期。

［17］朱廷珺等：《国际贸易前沿》，北京大学出版社 2012 年版。

［18］Alan V. Deardorff. "Local Comparative Advantage: Trade Costs and the Pattern of Trade", University of Michigan Discussion Paper, 2004, No. 500.

［19］Alejandro Cunat, Marc J. Melitz. "Volatility, Labor Market Flexibility, and the Pattern of Comparative Advantage", NBER Working Paper, 2007, No. 13062 (4).

［20］Anderson James E., Leslie Young. "Trade and Contract Enfoecement", Boston College Mimeograph, 1999.

［21］Andrei A. Levchenko. "Institutional Quality and International Trade", Review of Economic Studies, 2007, 74 (3): 791 –819.

［22］Andrei A. Levchenko, Jing Zhang. "The Evolution of Comparative Advantage: Measurement and Welfare Implications", NBER Working Paper, 2011, No. 16806 (2).

［23］Arnaud Costinot, Dave Donaldson, Ivana Komunjer. "What Goods Do Countries Trade? A Quantitative Exploration of Ricardo's Ideas", NBER Working Paper, 2010, No. 16262.

［24］Arnaud Costinot, Ivana Komunjer. "What Goods Do Countries Trade? New Ricardian Predictions", NBER Working Paper, 2007, No. 13691 (12).

［25］Avinash Dixit, Victor Norman. "Theory of International Trade", Shanghai University of Finance & Economics Press, 2005.

［26］Avner Greif. "Institutions and International Trade: Lessons from the Commercial Revolution", American Economic Review, 1992, 82 (2): 128 –133.

［27］Baldwin R. "Exporting the Capital Markets: Comparative Advantage and Capital Market Imperfections", in the Convergence of International and Domestic Markets, edited by Audretsch, D., L. Sleuwaegen, and H. Yamawaki, North – Holland, Amsterdam, 1989.

［28］Bardhan, Pranab K. "Economic Growth, Development, and Foreign Trade", New York: Wiley – Interscience, 1970.

［29］Bardhan, Pranab K. "On Factor Accumulation and the Pattern of International Specialisation", Review of Economics Studies, 1966, 33: 39 –44.

［30］Bensusan – Butt D. M. "A Model of Trade and Accumulation", American Economic Review, 1954, 44 (4): 511 –529.

［31］Bernard A., B. Jensen, P. Schott. "Trade Costs, Firms and Productivity", Journal of Monetary Economics, 2006, 53: 917 –937.

[32] Bernard A., B. Jensen. "Why some firms export", Review of Economics and Statistics, 2004, 86 (2): 561 - 569.

[33] Bernard. A., Redding S., P. Schott. "Comparative Advantage and Heterogeneous Firms", Review of Economic Studies, 2007, 74: 31 - 66.

[34] Bhagwati J. "Growth, Terms of Trade, and Comparative Advantage", Economia internazionale, 1959, 8: 393 - 414.

[35] Bhagwati J. "The Pure Theory of International Trade: A Survey", The Economic Journal, 1964, 74 (293): 1 - 84.

[36] Black J. "Economic Expansion and International Trade: A Marshallian Approach", Review of Economic Studies, 1955 - 1956, Vol. 23.

[37] Bustos P. "Trade Liberalization, Exports and Technology Upgrading: Evidence on the Impact of Mercosur on Argentinean Firms", UPF Working Paper, 2008.

[38] Caves R. E. "Trade and Economic Structure", Cambridge, Mass.: Harvard University Press, 1960.

[39] Chaney T. "Liquidity Constrained Exporters", Mimeo. University of Chicago, 2005.

[40] Chenery H. "Comparative Advantage and Development Policy", American Economic Review, 1961, Vol. 51.

[41] Corden, W. M. "Economic Expansion and International Trade: A Geometric Approach", Oxford Economic Papers, September 1956, 223 - 228.

[42] Costas Arkolakis, Arnaud Costinot, Andrés Rodríiguez - Clare. "New Trade Models, Same Old Gains?", NBER Working Paper, 2009, No. 15628.

[43] Daniel M. Bernhofen. "Gottfried Haberler's 1930 Reformulation of Comparative Advantage in Retrospect", Review of International Economics, 2005, 13 (5): 997 - 1000.

[44] Daniel Trefler. "The Case of the Missing Trade and Other Mysteries", American Economic Review, 1995, 85 (5): 1029 - 1046.

[45] Daron Acemoglu, Pol Antràs, Elhanan Helpman. "Contracts and Technology Adoption", American Economic Review, 2007, 97 (3): 916 - 943.

[46] Daron Acemoglu, Pol Antràs, Elhanan Helpman. "Contracts and the Division of Labor", NBER Working Paper, 2005, No. 11356.

[47] Davin Chor. "Unpacking Sources of Comparative Advantage: A Quantitative Approach", Working Paper, 2010.

[48] Demidova S. "Productivity Improvements and Falling Trade Costs: Boon or

Bane?", International Economic Review, 2008, 49 (4): 1437 – 1462.

[49] Donald R. Davis, David E Weinstein. "An Account of Global Factor Trade", American Economic Review, 2001a, 91 (5): 1423 – 1453.

[50] Donald R. Davis, David E Weinstein. "The Factor Content of Trade", NBER Working Paper, 2001b, No. 8637.

[51] Donald R. Davis. "Intra-industry Trade: A Heckscher – Ohlin – Ricardo Approach", Journal of InternationalEconomics, 1995, 39: 201 – 226.

[52] Do Q – T, A. Levchenko. "Comparative Advantage, Demand for External Finance, and Financial Development", Journal of Financial Economics, 2007, 86 (3): 796 – 834.

[53] Eaton, Jonathan. "A Dynamic Specific – Factors Model of International Trade", Review of Economic Studies, 1987, 54: 325 – 338.

[54] Eaton J. , S. Kortum, F. Kramarz. "Dissecting Trade: Firms, Industries and Export Destinations", American Economic Review, 2004, 94 (2): 150 – 154.

[55] Edward E. Leamer. "Factor – Supply Differences as a Source of Comparative Advantage", American Economic Review, 1933, 83 (2): 436 – 439.

[56] Edwin R. A. Seligman and Jacob H. Hollander. "Ricardo and Torrens", The Economic Journal, 1911, 21 (83): 448 – 468.

[57] Elisa Gamberoni, Rainer Lanz, Roberta Piermartini. "Timeliness and Contract Enforceability in Intermediate Goods Trade", World Bank Policy Research Working Paper, 2010. No. 5482.

[58] Fernando Alvarez, Robert E. Lucas, Jr. "General Equilibrium Analysis of the Eaton – Kortum Model of International Trade", Journal of Monetary Economics, 2007, 54 (6): 1726 – 1768.

[59] Filippo Cartiglia. "Credit Constraints and Human Capital Accumulation in the Open Economy", Journal of International Economics, 1997, 43: 221 – 236.

[60] Findlay, R. , and Grubert, H. "Factor Intensities, Technological Progress, and the Terms of Trade", Oxford Economic Papers, February 1959, 111 – 121.

[61] Findlay, R. "Growth and Development in Trade Models", in Handbook International Economics Vol. 1, Amsterdam: North Holland, 1984.

[62] Findlay, Ronald. "Factor Proportions and Comparative Advantage in the Long Run", Journal of Political Economy, 1970, 78: 27 – 34.

[63] Frank A. G. Den Butter, Robert H. J. Mosch. "Trade, Trust and Transaction Costs", Tinbergen Institute Working Paper, 2003, No. 2003 – 082/3.

[64] Gottfried Haberler, The Theory of Comparative Cost Once More, The Quarterly Journal of Economics, Vol. 43, No. 2 (Feb. , 1929), pp. 376 – 381.

[65] Graham F. D. "Some Aspects of Protection Further Considered", Quarterly Journalo f Economics, 1923, Vol. 37.

[66] Greenaway D. , Guariglia A. and R. Kneller. "Financial Factors and Exporting Decisions", Journal of International Economics, 2007, 73 (2): 377 – 395.

[67] Gruber, W. , Mehta, D. , and Vernon, R. "The R&D Factor in International Trade and International Investment of United States Industries", Journal of Political Economy, February 1967, 20 – 37.

[68] Helpman E. , M. Melitz, Y. Rubinstein. "Estimating Trade Flows: Trading Partners and Trading Volumes", Quarterly Journal of Economics, 2008, 123 (2): 441 – 487.

[69] Hollis B. Chenery. "Comparative Advantage and Development Policy", American Economic Review, 1961, 51 (1): 18 – 51.

[70] Huiwen Lai, Susan Chun Zhu. "Technology, Endowments, and the Factor Content of Bilateral Trade", Journal of International Economics, 2008, 71: 389 – 409.

[71] Hur J. , Raj M. Y. Riyanto. "Finance and trade: A cross-country empirical analysis on the impact of financial development and asset tangibility on International trade", World Development, 2006, 34 (10): 1728 – 1741.

[72] Ines Buono. "Firm Heterogeneity and Comparative Advantage: Evidence on French Firm's Response to the Entry of Turkey in the European Customs Union", Bank of Italy, 2009, No. 715.

[73] Isao Kamata. "Comparative Advantage, Firm Heterogeneity, and Selection of Exporters", La Follette School of Public Affairs Working Paper, 2010, No. 2010 – 005.

[74] James E. Anderson, Douglas Marcouiller. "Insecurity and the Pattern of Trade: An Empirical Investigation", Review of Economics and Statistics, 2002, 84 (2): 342 – 352.

[75] James Harrigan. "Technology, Factor Supplies, and International Specialization: Estimating the Neoclassical Model", American Economic Review, 1997, 87 (4): 475 – 494.

[76] James M. Cypher, James L. Dietz. "Static and Dynamic Comparative Advantage: A Multi – Period Analysis with Declining Terms of Trade", Journal of Economic Issues, 1998, 32 (2): 305 – 314.

［77］John Romalis. "Factor Proportions and the Structure of Commodity Trade", American Economic Review, 2004, 94（1）: 67 –97.

［78］Johnson A. "Protection and the Formation of Capital", Political Science Quarterly, 1908, Vol. 23.

［79］Johnson H. G. "International Trade and Economic Growth", London, George Allen and Unwin Ltd. 1958.

［80］Johnson H. G. "Money, Trade and Growth", London: George Allen and Unwin Ltd. , 1962.

［81］Jonathan Eaton, Samuel Kortum. "Technology, Geography, and Trade", Econometrica, 2002, 70（5）: 1741 –1779.

［82］Jonathan Vogel. "Institutions and Moral Hazard in Open Economies ", Journal of International Economics, 2007, 71: 495 – 514.

［83］Josh Ederington, Phillip Mc Calman. "Endogenous Firm Heterogeneity and the Dynamics of Trade Liberalization", Journal of International Economics, 2008, 74: 422 –440.

［84］Joshua Aizenman and Ilan Noy. "Endogenous Financial and Trade Openness", NBER Working Paper, 2004, No. 10496.

［85］Ju Jiandong, Shang – Jin Wei. "Endowment Versus Finance: A Wooden Barrel Theory of International Trade", IMF Working Paper, 2005, No. 05/123.

［86］Katayama H. , S. Lu, Tybout J. R. "Firm – level productivity studies: Illusions and a solution", International Journal of Industrial Organization, 2009, 27: 403 –413.

［87］Kei – Mu Yi, Jing Zhang. "Structural Change in an Open Economy", Research Seminar in International Economics, University of Michigan, Working Papers, 2010, No. 595.

［88］Kemp M. C. and R. Jones. "Variable Labour Supply and the Theory of International Trade", Journal of Political Economy, 1962, Vol. 70.

［89］Kemp M. C. Technological Change. "The Terms of Trade and Welfare", Ecnomic Journal, 1955, Vol. 65.

［90］Kerr William R. "Heterogeneous Technology Diffusion and Ricardian Trade Patterns", Working Paper, Harvard Business School, 2009.

［91］Kletzer Kenneth, Bardhan Pranab. "Credit Markets and Patterns of International Trade", Journal of Development Economics, 1987, 27（1 –2）: 57 –70.

［92］Leontief W. "Domestic Production and Foreign Trade: The American Capital Position Re-examined", Economia Internazionale, 1954, Vol. 7.

[93] Leontief W. "Factor Proportions and the Structure of American Trade: Further Theoretical and Empirical Analysis", Review of Economics and Statistics, 1956, Vol. 38.

[94] Levchenko A. A. "International Trade and Institutional Change", University of Michigan, 2010.

[95] Levinsohn J. , Petrin A. "Measuring Aggregate Productivity Growth Using Plant – Level Data", Mimeo University of Minnesota, 2011.

[96] Linder S. "An Essay on Trade and Transformation", New York: John Wiley and Sons, 1961.

[97] Marianna Belloc. "Institutions and International Trade: A Reconsideration of Comparative Advantage", Journal of Economic Surveys, 2006, 20 (1): 3 – 26.

[98] Marianna Belloc, Samuel Bowles. "International Trade, Factor Mobility and the Persistence of Cultural – Institutional Diversity", CESifo Working Paper Series, 2011, No. 2762.

[99] Maskus K. E. , Shuichiro Nishioka. "Development – Related Biases in Factor Productivities and the H – O – V Model of Trade", Canadian Journal of Economics, 2009, 42 (2): 519 – 553.

[100] Matilde Bombardini, Christopher J. Kurz, Peter M. Morrow. "Ricardian Trade and The Impact of Domestic Competition on Export Performance", Canadian Journal of Economics, 2011.

[101] Matsuyama K. "Credit Market Imperfections and Patterns of International Trade and Capital Flows", Journal of the European Economic Association, 2005, 3: 714 – 723.

[102] Matsuyama, Kiminori. "Life – Cycle Saving and Comparative Advantage in the Long Run", Economics Letters, 1988, 28: 375 – 379.

[103] Mayer T. , GIP Ottaviano. "The Happy Few: The Internationalisation of European Firms", Bruegel Blueprint Series, 2007.

[104] Miklos Koren. "Financial Globalization, Portfolio Diversification, and the Pattern of International Trade", IMF Working Paper, 2003, No. 03/233.

[105] Morrow P. "Ricardian – Heckscher – Ohlin Comparative Advantage: Theory and Evidence", Journal of International Economics, 2010, 82: 137 – 151.

[106] Muuls M. "Exporters and Credit Constraints: A Firm Level Approach", Mimeo London School of Economics, 2008.

[107] Myint H. "Adam Smith's Theory of International Trade in the Perspective of Economic Development", Economica, New Series, 1977, 44 (175): 231 – 248.

[108] Myint H. "The Classical Theory of International Trade and the Under-developed countries", Ecnomic Journal, 1958, Vol. 68.

[109] Nathan Nunn. "Relationship – specificity, Incomplete Contracts, and The Pattern of Trade", The Quarterly Journal of Economics, 2007, 5: 569 – 600.

[110] Neary J. P. "Two and a Half Theories of Trade", The World Economy, 2010, 33 (1): 1 – 19.

[111] Okubo T. "Firm Heterogeneity and Ricardian Comparative Advantage Within and Across industries", Economic Theory, 2009, 38 (3): 533 – 559.

[112] Pavcnik N. "Trade Liberalization, Exit and Productivity Improvements: Evidence from Chilean Plants", Review of Economics Studies, 2002, 69 (1): 245 – 276.

[113] Peter Debaere. "Relative Factor Abundance and Trade", Journal of Political Economy, 2003, 111 (3): 589 – 610.

[114] Peter Debaere, Ufuk Demiroglu. "On the similarity of country endowments", Journal of International Economics, 2003, 59: 101 – 136.

[115] Peter K. Schott. "One Size Fits All? Heckscher – Ohlin Specialization in Global Production", NBER Working Paper, 2001, No. 8244.

[116] Peter M. Morrow. "Ricardian – Heckscher – Ohlin Comparative Advantage: Theory and Evidence", Journal of International Economics, 2010, 82 (2): 137 – 151.

[117] Pol Antràs. "Firms, Contracts, and Trade Structure", The Quarterly Journal of Economics, 2003, 118 (4): 1375 – 1418.

[118] Pol Antràs, Ricardo J. Caballero. "Trade and Capital Flows: A Financial Frictions Perspective", NBER Working Paper, 2007, No. 13241.

[119] Pravin Krishna, Andrei A. Levchenko. "Comparative Advantage, Complexity and Volatility", NBER Working Paper, 2009, No. 14965.

[120] Quy – Toan Do, Andrei A Levchenko. "Trade, Inequality, and the Political Economy of Institutions", Journal of Economic Theory, 2009, 144 (4): 1489 – 1520.

[121] Rajan Raghuram G. , Zingales Luigi. "Financial dependence and growth", American Economic Review", 1998, 88 (3): 559 – 586.

[122] Ramaswami V. K. "The Effects of Accumulation on the Terms of Trade",

Ecnomic Journal, 1960, Vol. 70.

[123] Ramesh Chandra. "Adam Smith, Allyn Young, and the Division of Labor", Journal of Economic Issues, 2004, 38 (3): 787 – 805.

[124] Randall S. Kroszner, Luc Laeven, Daniela Klingebiel. "Banking Crises, Financial Dependence, and Growth", Journal of Financial Economics, 2007, 84: 187 – 228.

[125] Raymond Vernon. "International Investment and International Trade in the Product Cycle", The Quarterly Journal of Economics, 1966, 80 (2): 190 – 207.

[126] Raymond Vernon. "The Technology Factor in International Trade", Publisher: UMI, 1970.

[127] R. Dornbusch, S. Fischer, P. A. Samuelson. "Comparative Advantage, Trade, and Payments in a Ricardian Model with a Continuum of Goods", American Economic Review, 1977, 67 (5): 823 – 839.

[128] Robert W. Staiger. "International Rules and Institutions for Trade Policy", Chapter 29 in Handbook of International Economics, Volume Ⅲ, G. Grossman and K. Gofoff, eds. , Amsterdam: Elsevier, 1995.

[129] Robinson R. "Factor Proportions and Comparative Advantage: Part I", Quarterly Journal of Economics, 1956, Vol. 70.

[130] Roy J. Ruffin. "The Missing Link: The Ricardian Approach to the Factor Endowments Theory of Trade", American Economic Review, 1988, 78 (4): 759 – 772.

[131] Schor A. "Heterogeneous Productivity Response to Tariff Reduction: Evidence from Brazilian Manufacturing Firms", Journal of Development Economics, 2004, 75 (2): 373 – 396.

[132] Serge Shikher. "Capital, Technology, and Specialization in the Neoclassical Model", Journal of International Economics, 2011, 83: 229 – 242.

[133] Serge Shikher. "Putting industries into the Eaton – Kortum model", Mimeo Boston University and Suffolk University, 2004.

[134] Shinji Teraji. "Borrowing Constraints, Non – homothetic Preferences and Trade", Research in Economics, 2003, 57: 165 – 184.

[135] Srinivasan, T. N. "Optimal Savings in a Two – Sector Model of Growth", Econometrica, 1964, 32: 358 – 373.

[136] Stephen J. Redding. "Theories of Heterogeneous Firms and Trade", NBER Working Paper, 2010, No. 16562.

［137］ Stephen S. Golub, Chang – Tai Hsieh. "Classical Ricardian Theory of Comparative Advantage Revisited", Review of International Economics, 2000, 8 (2): 221 – 234.

［138］ Stiglitz, Joseph E. "Factor Price Equalization in a Dynamic Economy", Journal of Political Economy, 1970, 78: 456 – 488.

［139］ Svaleryd H. Vlachos J. "Financial markets, the pattern of industrial specialization and comparative advantage: Evidence from OECD countries", European Economic Review, 2005, 49: 113 – 144.

［140］ Takayama, A. "Economic Growth and International Trade", Review of Economic Studies, June 1964: 207 – 220.

［141］ Toshihiro Okubo. "Firm Heterogeneity and Ricardian Comparative Advantage within and across Sectors", Economic Theory, 2009, 38 (3): 533 – 559.

［142］ Trefler Daniel. "International Factor Price Differences: Leontief was Right!", Journal of Political Economy, 1993, 101 (6): 961 – 987.

［143］ Vanek. "Economic Growth and International Trade in Pure Theory", The Quarterly Journal of Economics, 1971, 85 (3): 377 – 390.

［144］ Wynne J. "Wealth as a Determinant of Comparative Advantage", American Economic Review, 2005, 95 (1): 226 – 254.

［145］ Xin Xie. "Contagion through Interactive Production and Dynamic Effects of Trade", International Economic Review, 1999, 40 (1): 165 – 186.

［146］ Yong – Seok Choi, Pravin Krishna. "The Factor Content of Bilateral Trade: An Empirical Test", Journal of Political Economy, 2004, 112 (4): 887 – 914.

后　记

在人类思想的历史发展长河中，有关国际贸易的理论繁茂纷呈，研究文献可谓汗牛充栋。如何穿越这片茂密的森林，让人们更方便和更深入地了解国际贸易理论的传承之道与发展趋向，从而窥其堂奥，是我们在长期从事国际贸易理论研究与教学过程中的一个夙愿。因此，本书既可以为研究者进一步研究国际贸易理论提供有益素材，同时也可以作为读者学习国际贸易理论的辅助性读物。

本书各章的具体分工和写作情况是：第一章，庄惠明；第二章，郭界秀，陈阳，赵春明；第三章，赵春明，陈阳；第四章，郭界秀，赵春明；第五章，庄惠明；第六章，陈昊；第七章，陈昊，赵春明；第八章，郭界秀，赵春明。全书由赵春明统稿。

本书是国家社会科学基金重大项目"加快劳动力要素自由流动的对外贸易战略转型研究"（14ZDA082）的阶段性成果并得到兰州财经大学"兴隆学者"特聘计划项目的支持，特此致谢。

最后，感谢经济科学出版社王柳松编辑为本书付梓所付出的辛勤劳动！

赵春明

2017 年 2 月于北京师范大学